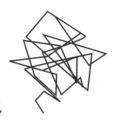

誤解網際網路

Misunderstanding the Internet

James Curran
Natalie Fenton
Des Freedman————— 著

馮建三—————譯

國家圖書館出版品預行編目（CIP）資料

誤解網際網路 / James Curran, Natalie Fenton,
Des Freedman 著；馮建三譯 . -- 初版 .
-- 高雄市：巨流，2015.06
面；　公分
譯自：Misunderstanding the Internet
ISBN 978-957-732-504-4（平裝）

1. 資訊社會　2. 網路社會

541.415　　　　　　　　　　　　　104008423

誤解網際網路

原　書　名	Misunderstanding the Internet
原　作　者	James Curran, Natalie Fenton, Des Freedman
譯　　　者	馮建三
責 任 編 輯	邱仕弘
封 面 設 計	Lucas

發　行　人	楊曉華
總　編　輯	蔡國彬

出　　版　巨流圖書股份有限公司
　　　　　80252 高雄市苓雅區五福一路 57 號 2 樓之 2
　　　　　電話：07-2265267
　　　　　傳眞：07-2233073
　　　　　e-mail：chuliu@liwen.com.tw
　　　　　網址：http://www.liwen.com.tw

編　輯　部　23445 新北市永和區秀朗路一段 41 號
　　　　　電話：02-29229075
　　　　　傳眞：02-29220464

劃 撥 帳 號　01002323 巨流圖書股份有限公司
購 書 專 線　07-2265267 轉 236

法 律 顧 問　林廷隆律師
　　　　　電話：02-29658212

ISBN ／ 978-957-732-504-4（平裝）
初版一刷 · 2015 年 6 月

定價：400 元

目　錄

前言

有了網路，政治（還）沒有改變 從柯 P 說起[1]

馮建三

﹡

　　有了網路，如果其他條件不變，那就什麼都無法改變，特別是長期的、廣義的政治效果。但是，因為我們都在用，整日電腦不離身，網路不離口，手機不離手，我們自己造就了自我實現的預言：通過每日的生活實踐，太多的人都聽到了這樣的說法，那樣的高聲朗誦與同義反覆，再三認定網路衝擊了這個，衝擊了那個，包括衝擊了狹義的、選舉的政治。

　　一個月前完成的台灣九合一選舉，結果既可預期，也是意外。大家知道國民黨會輸，但很少人預料輸這麼多。何故？大家都說，重要原因之一是，青年人加上新媒體，又因新媒體的重度使用者就是青年人，兩個原因也就是一個原因：新媒體。表面看，這個說法有道理。台北市長當選人柯 P 早就心知肚明，幾乎完全繞過傳統媒體，選戰期間僅有一次付費廣告，是因網路版點擊高而在十一月十九日，推出六十秒版的「這一票，你聽孩子的話」電視廣告。連勝文單是在選前五天，仍然抱著報紙不放，在四家綜合報紙刊登半版廣告十八次半，三分之一在頭版！

---

[1]　原刊登於http://www.kpwan.com/news/viewNewsPost.do?id=1055（「兩岸公評網」2015年1月）。

不過，柯文哲的網路有多成功？就看標準怎麼定。柯 P 在 Youtube 推出了三類廣告片。一種是所謂國際都會研習之旅，美國篇選前點擊 1.4 萬次，日本篇 6.7 萬。第二種是 30 則市政主張，第三種是 15 支情感訴求影片，平均分別有 3.7859 與 9.8112 萬次點擊。台灣收視人口最高的前 20 名頻道（很不幸，包括了 7 或 8 個 24 小時「新聞」頻道，也包括定點播放新聞的台、中、華與民視）平均收視率約在 0.35-0.45%，亦即 7-10 萬人。

在 Youtube 的柯 P 影片，觀看（點擊）人數是累積至選舉當日，十或二十多天的人次，總計 269 萬，並且，觀看的人是柯 P 支持者的機會，挺大。電視新聞收看則比較不同，儘管也會反映既定立場，但成分低於網路收看者。假使一個（新聞）頻道一天有柯 P 新聞 2 則、重播 1 次，那麼，七個（新聞）頻道一天就有 196-280 萬人次（這還不包括五家無線台）。網路影片與電視新聞的收視質量，是無法直接比較；但是，這是重量不重質的年代，我們何妨只是比較收看的人數？若這樣比較，很明顯，傳統電視超過網路的人次，很多很多倍。

因此，比起電視，網路的宣傳效果不會更大。若看報紙，選前半年四報出現「柯文哲」的次數是 867（聯合報）、842（自由時報）、724（中國時報）與 609 次（蘋果日報），連勝文在前四報則依序是 761、843、682 與 630 次。假使只看出場次數，其餘不論，報紙大致「公平」對待兩人。如果報紙立場列入計算，支持柯 P 的自由時報之昨日閱報率，超過聯合與中時的總合；是以，蘋果就是關鍵，那麼，這家港報可能挺柯大於挺連嗎？不太可能，因此，依據報紙的報導數量，假使能夠預測候選人的輸贏，柯 P 早就勝出。

當然，新媒體不是只有網路或 Youtube，還有手機、臉書，

以及各種社交媒體……等等。但是，不要忘了，這些新媒體的內容有二。一種轉載大眾媒體。第二種則是傳統的口耳相傳與口語攻勢，轉而在這裡進行，因此，這個部分的新媒體傳播，其實是人際傳播的延伸或擴大。

總之，前面這些段落的舉例，主要是要說，新媒體對柯 P 是有正面效益，但幅度不宜誇大，老媒體對柯 P 並沒有更壞，若不是更好。就此理解，網路等新媒體究竟在這次選舉的作用是啥，在沒有詳細研究之前，無法斷言。

近年來，政府的執政成績低迷、各種事故頻仍，無一不使社會氣氛沉鬱，無一不對執政黨不利，那麼，若用更為傳統的「賭爛票」解釋這次選舉結果，或許比青年人與新媒體的作用，來得大些？其中，最讓人詫異的新北市與桃園市，賭爛票的動力可能更是明顯：六都平均投票率是 66.31%，台灣省十二個縣市是 70.40，但新北市僅 61.65%，桃園是 62.73%，雙雙吊在車尾。傳統上投給兩市藍軍的人，以不投票表示賭爛，中間選民則投給非藍軍，以示賭爛。選後民進黨不敢浮誇，估計也是深知此番勝選，來自本身的實力，低於賭爛票的威力。

網路等新媒體與青年人足以帶來勝選，這是迷思。2008 年，歐巴馬從一般公民身上募集了可觀的捐款、贏得了民主黨初選及總統大選。但，不要忘了，歐巴馬也得到企業大捐款，選戰也由昂貴的專業人士操盤（當年贏得行銷大獎），斥資電視廣告就有 2.359 億美元。這些傳統因素，加上當時經濟低迷已有多日、小布希也讓很多人怒氣衝天，又有金融核爆，才讓歐巴馬勝選。柯 P 也許比歐巴馬更不傳統，但與其說這是新媒體帶來了勝利，不如說政經與社會文化等總體面向，乘以馬政府的表現實在給人太惡劣的印象，引爆於九合一的選票。

2010-2011 年，俗稱「阿拉伯之春」的出現，也很難說是新媒體促成。在六個起義的國度，巴林在 2010 年的網路普及率，確實名列阿拉伯國家前五名。但全球 5,200 萬推特用戶，僅有 0.027% 在埃及、葉門與突尼西亞。臉書普及率在敘利亞是 1%，利比亞是 5%，埃及與敘利亞使用網路的人口不到四分之一，在利比亞是 6%。沙烏地阿拉伯與阿拉伯聯合大公國的新媒體普及率高出許多，但統治者高枕無憂。若有阿拉伯之春，這是不滿與怨懟已有數十年，是日積月累所催生，不是推特與臉書的產物。敘利亞在 1982 年就有叛變，葉門內戰 1994 年才停止，巴林、埃及、利比亞與突尼西亞在 1980 年代、1990 年代與 2000 年代，再三上演抗議事件。

網路與手機所激盪的效能，在單一議題如洪仲丘案，或是台灣的太陽花社運（學運），以及香港的雨傘革命時，是產生了讓參與者培力（empowering）的感覺與作用。然而，另一方面，新媒體固然有助於這類臨時的、快速的、經常變動的「組織」的建立，但卻與這類組織是否能積累經驗與力量，沒有必然關係。這樣一來，這些假借新媒體動員與創建新型態組織的社會運動，是有後現代的嘉年華性質，它對於改變固有秩序的作用，若沒有更為傳統的組織與訴求，那麼，不一定能夠高估。究竟，這類抗議或起義行動，是會演變成為新穎且昭示了時代精神的實用組織，又足以創造實際與延長的效果，最終匯聚成為翻轉並引領新社會秩序的因子，導向不奪權，但改變社會的果實；或者，它（們）會是二十一世紀的薛西佛斯，不滿現狀的人群結合了新媒體，重回滾石上坡卻又不斷捲土重來的神話故事，在網路時代的搬演？這些不但是實踐問題，也是理論所應該問津與研判的課題。

就傳統的選舉政治來說，新媒體不是柯 P（與民進黨）大勝

的要素，更沒有人會說這是國民黨大敗的原因，但這不是指網路不起作用，而是指網路不起「獨立」作用，並且，這種有用但不是獨立的作用，多有突發效應的性質。率先大膽使用的人（組織或政黨）算是創新，若有作用、即便不是獨立作用，仍然可以看作是率先使用者得到的獎賞與報酬。往後，其他政治人都會跟進與模仿，到了所有人都在使用的時候，決定輸贏的因素，就不會是新媒體，此時，新媒體仍然只是工具的事實，就會更清楚，決定勝負的關鍵，就得在新舊媒體以外，另做定位。

柯P說要「推倒意識型態的高牆」，他說的高牆是藍綠統獨。但是，政治大學逐年民調的「台灣民眾統獨立場趨勢分析」（1992-2014）早就展現，主張急統或終極統一的比例，連年下降，最近（2014年6月）的調查僅有10.2%。藍綠作為主要政黨，都必須在這個框架下爭取將近九成民眾的支持，那麼，從這個事實看，要說藍綠在統獨會有差異，那就怪了；即便什麼是統，什麼是獨，政大的民調問得太過簡化，未能包括邦聯、大一中、一中屋頂等等主張。

很諷刺的是，台灣真正必須推倒的意識型態高牆，是截至目前為止，藍綠當中的主流力量都還緊抱不捨。藍綠要角很少挑戰當今的財經政策，優待資本與土地利得世界第一，致使稅收占GDP比例世界最低，不會駕馭市場，反而誤解市場。柯P挑戰錯了，所謂藍綠中間有統獨的高牆，其實是誤會。

柯P錯了，有趣或說弔詭的是，雖然朱立倫可能低標準，也可能是虛晃一招，但如果「玩真的」，他倒是有潛力，可以打破真正的高牆。朱在參選國民黨黨主席時，發表〈找回創黨精神和人民站在一起〉的千言聲明。這份文件的重點之一，或說應該是最重要的宣稱，如同「國王新衣」，說出了「市場經濟和資本

主義的黑暗面已在台灣顯現，國民黨必須重建核心價值，提出各種符合公平正義的財稅制度及法令規章，使財富分配更合理；長期重視經濟成長的迷思更應轉化為追求有效率、更公平的分配；青年世代只要肯努力，就應有成功的機會；土地正義與環境永續都應是我們的主張。」

　　朱立倫是否低標準、是否虛晃一招，或是真正要再造孫中山主張的價值，只有他知道。但我們的大眾媒體無意就此探討追索，應該是千真萬確。朱發言之後，四家綜合報紙除轉載（於紙版或網路空間）之外，其後，所有評論重點全都在修憲與內閣制打轉。看來，傳統媒體對於朱的文件，採取「買櫝還珠」的認知，新媒體能夠撼動這個只知修憲而不知回歸憲法的「高牆」嗎？孫中山早就說了，「民生主義」就是「共產主義」，只是實踐過程不是共產黨的作法，何況共產黨現在是不是掛羊頭，世人自有判斷。朱立倫的說法自然不會取用孫中山當年的演講詞，即便如此，台灣是不是應該走向歐洲，相對民主化的經濟與社會化市場的模式，有沒有可能？假使新媒體能夠將這個議題設定為未來選舉的主軸，引領傳統媒體，那麼新媒體的政治效果就算落實。

　　真正結合新政治與新媒體的例子，可能是西班牙的新興政治組織「我們夠力」（Podemos）。今年五月，它在歐洲聯盟民代選舉一舉得到 8% 選票，半年後，它已經與主導西班牙政治的傳統左右政黨，幾乎並駕齊驅。十一月十五日，「我們夠力」召集大會，前來結盟的歐洲與拉美政黨，都對如何馴服而不是順從（金融）市場及其脫韁的力量，已有共識。這個政黨的組織與支持者，正是嫻熟網路等新媒體，運用舊媒體也很自如的青年教師與政治活躍份子，現任黨魁是 10.7 萬網民投票選出的 Pablo Iglesias，這位 36 歲的政治人在電視談話節目中，大受歡迎。

PART I 綜 論

Overview

第 **1** 章
重新詮釋網際網路

James Curran

　　知名人士，從專家、公職官員、商界領袖與記者，無不在 3
1990 年代紛紛預言，網際網路勢將改變世界。①他們說，網際網路必定致使工商組織發生變化，有如革命一般；其後，就是繁榮與昌盛（Gates 1995）。②新世代的文化民主就要降臨，主動權能在握的使用者（其後，人們稱之爲「產消者」'prosumers'）更要當家作主，既有的傳媒怪獸形將土崩瓦解（Negroponte 1996）。民主將要更新，機會來了；有些人更是說，通過公民投票，直接的 e 政府階段已可預期（Grossman 1995）。世界各地的弱者與邊緣者，從此更能培力，專制獨裁必將倒臺，權力關係就要重組（Gilder 1994）。盱衡趨勢，作爲全球媒介的網際網路已經縮小世界，促進國家與國家之間的對話，促進了全球各界之間的相互瞭解（Jipguep 1995; Bulashova and Cole 1995）。簡而言之，網際網路的力量無法阻遏：如同印刷術、火藥，網際網路永遠改變社會的勢頭，不可逆轉。

　　這些論點大多出於推測，純就網際網路的技術說技術。據其說法，網際網路具有獨到的技術性質，有利人們的交往與互動、行走全球無遠弗屆、價格低廉、速度飛快、串連成網、儲藏能量

超乎想像。論者還認為網際網路無人可以控制，這些性質即將改變世界，讓人再也無法認識。所有這些預言必須先行假設，網際網路的技術必然重新設定所有的環境條件。以網際網路作為本位的信念於焉出現，等於是說網際網路是所有科技當中最為重要的一環，它認為網際網路促進變化，跨越所有的障礙，是大多數諸如此類預言的核心。

乍看之下，這些預言似乎即將成真，顯得權威十足。中東的人民起義了，我們的互動方式、我們的購物型態，都在改變，新的方式出現了，境由心生，立刻就有說法隨之，指社會之所以改變，就是在回應新的傳播科技。對於新局面視若無睹的人，就是那些恐懼科技的人，他們藏匿在時光之繭，所有人都一清二楚的事情，他們全無感應：這就是說，網際網路重新打造世界。

有關網際網路衝擊力道的各種說法日顯真實，正從未來進入現在之際，反作用力卻已醞釀。麻省理工學院的大師雪利・特克爾（Sherry Turkle）以叛徒的身分，扮演一葉知秋的角色。還在 1995 年，眼見人們可以線上匿名交往，她曾大表慶賀，因為人們在此馳騁想像之能，進入「他者」，感官有了更多的解放潛能（Turkle 1995）。③十六年後，她的看法已經改變，思路作了調整。讓人扼腕，她說，線上傳播可能相當淺薄、也會讓人成癮，人們內涵更為豐富、更為充實的人際關係，開發之路受阻（Turkle 2011）。④另一位叛徒是白俄羅斯的積極活躍份子葉夫根尼・莫羅佐夫（Evgeny Morozov）。以前，他總認為網際網路勢將削弱獨裁者，如今，他的宣告是，這個想法純屬「幻覺」（Morozov 2011）。[1]其他例子在所多有，最初，雖然還是謹慎小

---

[1] 譯按：莫羅佐夫的近作包括《點擊這裡，解決一切：科技作為解方的謬誤》（*To Save Everything, Click Here: The Folly of Technological Solutionism*）。主要論

心，他們仍然對於網際網路的解放力量，寄以希望，如今則徹底懷疑。後面這個類型的人，或許可舉約翰・福斯特及羅伯特・麥克切斯尼作爲代表（John Foster and Robert McChesney, 2011: 17），現在，他們這樣寫著：「網際網路的巨大潛能，在十多年之間，蒸發消失殆盡。」我們因此看到了左支右絀、讓人無所適從的矛盾證詞。大多數見多識廣的論者都說，網際網路注定是一種轉變社會的科技。如今事件的進展似乎確認了他們的預言。然而，另有少數一派，不願屈從，他們信心飽滿地抨擊，多數派的看法乖張悖謬。誰，哪一派，以及，什麼是正確的？

　　我們將以導論這一章，勾勒答案。依我們之見，對於網際網路將要帶來何種衝擊，其預測可以分作四組，逐一說明後，本章再逐次檢視，確認其虛實，同時檢視其預測是否成眞。[5]本章最後還將總結，檢視造成網際網路產生大小不一的效果，需要哪些條件。

經濟轉變

　　1990 年代，人們莫不宣稱網際網路就要創造財富與繁榮。這類預測的典型代表文字，可以舉《連線》（*Wired*）刊登的長文爲例，這是一本美國網際網路社群的聖經，作者是該雜誌主編凱文・凱利（Kevin Kelly, 1999）。該篇文章的題名，以及標題下方的粗體解釋文字，設定了基調：「財源滾滾（The Roaring Zeros）：好消息，你很快就會成爲百萬富翁。壞消息，每個人都會是百萬富翁。」

　　點是，網路雖然充斥海量資料，無助於解決問題所需的細膩思考質地，參見 'Technology and the future: feel the force', *Economist*, 2013/5/4: 72-3。

多少具有投機性質的這類預測熱潮，早在 1995 年就已經傳染遍及主流傳媒。《西雅圖郵訊報》逕自宣布：「網際網路金礦開採熱潮已經絡繹上路。」（*Seattle Post-Intelligencer*, 6 December 1995）。「數以千計的人與公司都在放膽相搏。毫無疑問，千千萬萬金礦就在眼前，因爲某種無比重要的東西，起於網際網路。」大西洋彼岸的《週日獨立報》（*Independent on Sunday*, 25 July 1999）也傳送了相同的訊息，「網路小子呼嘯而來」，「盡是財富」，相形之下，「（英國）彩券累計的獎金實在是小兒科，倫敦金融業的紅利也似乎只是飯店服務生的小費⋯⋯。」這些呼嘯而來的網路小子創辦了行號，如果投資這些首次公開募股的公司，下注之人必能致富。力邀個人投資致富的請柬，另有權威的報告爲其背書，財經刊物《商業週刊》宣稱，網際網路的財富就要如泉湧現（*Business Week*, October 1999）。「我們即將目睹的結果是：經濟與生產力成長首先會在美國**炸出**，其他國家隨後很快就能跟進。」（粗體強調是此處所加）。

5 　　諸如此類的預測在本世紀捲土重來，僅多了一項：解釋何以先前弄錯，但接下來很快就會實現。如今，我們聽到的說法是，1990 年代是網際網路的先導階段，發生了很多出乎人意料的錯誤。所幸，網際網路現在進入了全面發展的階段，網路自我證成，網路確實是轉變經濟的力量（Atkinson et al. 2010）。

　　這個預言揮之不去、再三重來、已經自成傳統，它的核心想法是，有了網際網路有了數位傳播，「新經濟」即將誕生。這個概念並沒有確鑿不一的內涵，也就多變，但通常挪用某些訴求。我們得到的說法是，網際網路提供了新的、更有效率的連結方式，供應商、生產者與消費者之間的聯繫爲此愈來愈見緊密，生產力與成長也就爲之增加。網際網路是具有突破也有顛覆力的科

技，催生了熊彼得模式（譯按：創造性毀滅）的創新風潮。網際網路有助於新資訊經濟的成長，西方社會的製造業固然式微，但其主要財富來源不再是重工業，實不相妨，因為取而代之的是新資訊經濟。

　　這個論理方式的核心要旨，可說相當神秘。它宣稱的是，網際網路在大型企業與新創公司之間，搭建了**公平的環境**，競爭條件已經為之改觀。網際網路既出，重新改寫了市場競爭的動力，捲起了旋風般的力量，商業創造力盡出。有了網際網路，現有的零售中介公司變成可有可無，新的市場機會分離了出來。有了網際網路，成本降低了，無法量產的成品也可以在全球市場找到安身之地，過去屢被忽略的利基（niche）需求，如今可以盡情伸張。我們得知，網際網路還對水平的、彈性化的組織情有獨鍾，它們能夠快速回應市場需求的變化，完全不是頭重腳輕、自上對下、福特組織那類巨型企業所可比擬。「小」還不只是靈巧，更是可以在網際網路年代的新經濟，得到培力與增長的機會。這就是賈伯斯（Steve Jobs）1996 年的自恃之言，他說網際網路簡直就是讓人「難以置信的民主力量」，這是因為「小公司的表現可以如同大公司，同時還能讓人親近⋯⋯」（引自 Ryan 2010: 179）。

　　「新經濟」這個概念經常披著專家的語言。如果想要知曉其見解，似乎就得學習新的詞彙：要能辨別「門戶」（portal）與「垂直的門戶」（vortal）的差別，必須知道網際網路、內聯網與外聯網的不同，還要能夠吸收一些惱人的概念，比如，「虛實整合企業」（click-and-mortar）、「資料倉庫」（data-warehousing），同時還要熟悉永無止境的縮寫詞，比如 CRM（客戶關係管理）、VAN（加值網路）、ERP（企業資源規劃）、OLTP（線上交易處理）、ETL（提取、轉換和加載）。假使想要加入陣容，成為瞭解

這個未來趨勢的新鮮人，首先就得掌握這個新的教義問答。

　　網際網路的經濟衝擊具有累加的性質，尚未完成，因此，目前這個階段若要評估並予確認，實屬困難。雖說如此，積累至今的證據仍屬充分，我們仍有能力審慎地提出若干結論。第一，網際網路確實已經修改了經濟的神經系統，舉凡資料蒐集、供應商與生產者及消費者之間的互動、各種市場的構造、全球金融交易的數量與速度，以及工商行號的內部傳播之性質，無不改變，同時，大型企業如谷歌與亞瑪遜因應出現與興旺，以及新的產品與服務亦告湧現，這些均屬真實。然而，我們另得注意的是，網際網路並沒有讓過去與現在完全斷裂，因為在它問世之前，企業集團業已廣泛使用各種電腦，各種電子資料交換系統（如電報與傳真）也是早就存在（Bar and Simard 2002）。

　　第二個結論是，多年演練下來顯示，網際網路不是財富的湧泉，並沒有逐層分潤於投資人及一般公眾。1995 與 2000 年之間，網際網路公司的股市價值是有海量巨量的增加。但是，遽增的部分真相是，其內裡是泡沫，如同往後我們所看到的美國房市泡沫，兩者相同的是，1990 年代中期採取金融解禁以後，信用繁榮一時直至破滅（Blodget 2008; Cassidy 2002）。泡沫化的加速與惡化，又因投資分析人在金融誘因的蠱惑下，廣為推薦資金投入網際網路部門（Wheale and Amin 2003）。這個現象又在集體錯覺（group-think）的強化下，鼓動了一種信念，認為一般投資標準不能適用於「新經濟」，這些情勢導引人們投機，大興想像網路投資的獲利空間，因此也就投資下注，然而，內中有很多投資分析其實來自於全然背離事實的商業計畫（Valliere and Peterson 2004）。就事論事，網際網路金礦到頭來是愚人金。大多數網路新興初創的公司吸引了大量投資，卻沒有任何利潤可言，其

中，還有些例子在不到兩年之內，燒掉了大量金錢（Cellan-jones 2001）。就是因為這些損失太過嚴峻，致使美國經濟在 2001 年進入了衰退。

　　大約在公元 2005 年前後，原本已有清楚跡象，顯示網際網路股市又要進入另一個榮景。但是 2007 年的信用緊縮，以及 2008 年的金融核爆乍現，榮景之像也就崩盤。其後（迄今大約三年）的進展（也就是本書出版之日），股票價格下跌；西方社會的收入停滯不前，若以實質收入來說，甚至下跌；西方國家的經濟成長也急速下跌。就此來看，網際網路實在不是繁榮新時代的泉源。

　　第三個結論是，「網際網路經濟」的價值很有可能說得太過火了。比如，哈佛商學院曾有研究，關注的是就業所得，據其發現，從廣告賺取收入的網際網路對於美國國內生產毛額（GDP）的貢獻，大約是兩個百分點，或者，假使是計算網際網路對於國內經濟活動的間接貢獻，那麼數字或許可以增加至三個百分點（Deighton and Quelch 2009）。另一個估算來自歐洲，它說「公司對消費者」的電子商務占了歐洲 GDP 的 1.35%（Eskelsen et al. 2009），還有一個谷歌出資延請顧問公司研究的報告，倒是一劑強心針，它聲稱網際網路對英國 GDP 的貢獻，在 2009 年是 7%（Kalapese et al. 2010）。最後這個數字實在堪疑，但由於 1990 年代晚期的預測（譯按：太過樂觀），以致該數字即便為真，竟然已屬溫和。

　　網際網路並沒有致使逛街購物的行為，發生革命性變化。是有超過 40% 的日本人、挪威人、南韓人、英國人、丹麥人與德國人在 2007 年，多少都會上網購物，匈牙利人、義大利人、葡萄牙人、希臘人、墨西哥人與土耳其人卻不到 10%（OECD 轉

引自 Atkinson et al. 2010: 22）。即便是在那些線上購物比較普遍的國家，人們購買的產品與服務大抵也是集中在限定的範圍。線上購物占了英國銷售營業額的 7%，在歐陸是 4%（European Commission 2009）。不過，這個線上購物的數字到了 2010 年卻有 16%，這個飛躍增長的部分原因，理當是來自不同的方法論所導致（Atkinson et al. 2010）。

　　線上購物未來還會更爲頻繁，因爲近用網路的人口增加，網路安全的考量很有可能也會減少。但是，消費者若對線上購物會有抗拒，部分原因可能是在眞實世界逛街血拼，有心人難以割捨，他們也會想要立即購買，這些習慣都有可能持續存在。還有一個更爲根本的障礙：電子零售商務所能帶來的經濟大優勢，僅限於倉儲與物流配送成本較低的產品部門。截至目前爲止，線上購物在某些產品業已起飛，原因在此：比如，旅遊及保險，而不是在其他領域如汽車與食物。

　　第五個，也是最爲重要的結論是，網際網路並沒有讓大型企業與小型企業的競爭關係變得更爲平等。「新經濟」論旨的主要成分有如福音，在於它所堅持的核心信念是，網際網路能夠掀起創新與成長的浪潮。[6]這個信念沒有念及小型與中型公司若要滲透進入海外市場，困難持續存在。實情是這樣：網際網路作爲進軍海外市場，取得生意的有效性，受到了約制，語言、文化知識、電信基礎設施的品質，以及電腦普及度，都得考慮（Chrysostome and Rosson 2004）。還有很重要的一點是，「新經濟」論旨沒有能夠考量，公司規模的經濟優勢，並未消失。[7] 比起小型公司，大型公司的預算大得多，借貸資金的空間也更爲充裕。大型公司也有較大的規模經濟優勢，其單位生產成本較低；同時，其範疇經濟也會更大，因爲其勞務能夠共享，進行交叉促

銷也更為有利；它的專業技能與資源也更為集中，有助於推出新的產品與服務。他們有不少手段，可以用來削弱資源不足的競爭對手，比如，暫時壓低售價、利用其行銷與促銷優勢。還有，他們可以「購買成功」，新公司只要「年輕有為」，他們就買——這也是企業財團的標準策略。

網際網路的年代來了，大型企業依舊是支配市場的領導者，原因在此，無論是製造業或是零售雜貨超級市場，都是這樣。可不是嗎？經濟龍頭（美國）的「**製造**」業，其前四大集團50%以上的貨物價值，在1997與2007年間，穩定地增加（Foster et al. 2011：圖一）。美國**零售**業主要部門的前四大集團所占的市場份額，同樣在1997與2007年間，貨真價實地有所上升（Foster et al. 2011：表一）。我們還可另舉兩個例子。在同樣期間，四大電腦與軟體公司占有的市場份額，從35%增加到了73%，四大量飯店則是從56%到73%。更一般地說，美國前兩百家集團的毛利，占美國經濟的所有毛利份額，在1995與2008年間也是急速陡增（Foster et al. 2011：圖三）。

簡而言之，網際網路年代是已降臨，但是小型公司沒有勝出，因為競爭依舊並不平等。企業巨人歌利亞還是壓扁了進入商場，僅持虛擬吊繩和卵石的大衛。

全球共識

回想1990年代，當時，網際網路可望增加全球的相互瞭解，可說是廣泛存在的共識。美國共和黨政治人物韋恩‧埃勒斯（Vern Ehlers 1995）說，網際網路「勢將創造一個社群，人們消息靈通也互通消息，這裡是寬容的天地，世界公民在此寓居。」

8

布拉夏瓦和科爾（Bulashova and Cole 1995）也說，網際網路讓你我得到了龐大的「和平紅利」，因為我們「與其他民族、國家與文化的溝通與傳播情境，得到了改善，我們的相關知識，同樣得到了改進」。作家哈雷・哈恩（Harley Hahn 1993）認為，這個美好境界的出現，原因還不只是網際網路是通向全球的媒介，更有網際網路提供的機會，遠多於傳統媒介，一般人可以在此交往溝通。他的結論是，「在我看來，網路是我們最佳希望之所在……整個世界最終將要就此開始走向全球社群，每個人都可跟每個人相隨相伴。」許許多多的評論方家又說，另一個樂觀的理由是，比起傳統媒介，網際網路比較不會受制於國家檢查之害，因此更有可能擔當主人，讓所有公民在此進行自由、不受限制的全球言說與論述。在法蘭西斯・康克羅斯（Frances Carrncross 1997: XVI）眼中，這是因為「人與人的溝通與傳播，可以更為自由；熱情來自世界各個角落，人們彼此汲取熱情」，「整體效果就是，人們更加相互瞭解，培育了寬容的精神，最終，促進了世界和平」。本世紀以來，這些主題（網際網路愈來愈見普及、使用者參與其間，自由發揮）再三反覆，力邀人們產生一種印象，以為網際網路行將讓世人的連帶更為緊密友好，世界一家的前景日益可期。

許多知名的批判文化理論方家紛紛出手支持，增添這些論點的效力。喬恩・斯特拉頓（Jon Stratton 1997: 257）論稱，網際網路對於「文化全球化」以及「超級的去疆域化」，可說是一大佳音；他的意思是說，民族與地理空間的紐帶即將鬆弛。這類論點其來有自，許多年來，這是文化研究的傳統論調，媒介全球化孕育了世界大同的思緒，心靈為此開放，人們迎向他者，進入他方（比如 Tomlinson 1999）。

　　素以批判聞名的政治理論家，同樣亦見類似論點（Fraser 2007; Bohman 2004; Ugarteche 2007，另有他人）。假使套用南希・弗雷澤（Nancy Fraser 2007: 18-19）的用語，他們說的就是「傳播基礎設施不再受限於國家」，「網際網路的各色連結失去了中心」。新興面貌浮現眼前，彼此聲援相互連署，對話與辯論的國際公共空間，就此創造。奠定在此基礎，他們又宣稱「跨國倫理」、「全球的公共準則」，以及「國際輿論」刻正浮現。依照這些論點，新情勢就是人民力量的新基礎，促使跨國的、經濟的與政治的權利，向人民負責。這派理論諸家雖有差異，各人對這個論點的適用範圍，看法並不相同，比如，眾所周知，弗雷澤（Fraser 2007）比較審慎。不過，他們自有共通之處，這個派別的說法有其基本主軸：網際網路是接生婆，促進全球世人的瞭解，這個解讀角度已經超越了常見的人本修辭。網際網路更是墊腳石，新的、進步的社會秩序順此建構。

　　這類論理有個最嚴重的缺點，它評估網際網路的衝擊，不是有幾分證據說幾分事，而是從網際網路科技潛能，逕行推論。然而我們所能看到的資訊，述說了不同的故事：網際網路的衝擊全然不是單線進行，不是由其技術條件設定。反之，網際網路的影響是經由社會的各種結構與過程而篩選。網際網路促進全球共識的角色，至少受到七種方式的約制。

　　首先，這個世界非常不平等，這就設定了參與門檻，即便存在著網際網路所中介的全球對話。現存的財富與資源分配不但已經相當巨大，並且這個差距似乎還在拉大（Woolcock 2008: 184; Torres 2008）。以 2000 年為例，世界上最有錢的 2% 成年人，擁有了超過半數以上的全球家戶財富，最富有的 1% 則擁有全球資產的 40%（Davies et al. 2006）。全球人口的半數總共加起來所持

9

有的全球財富，還不到1%。大衛等人提出，財富集中在北美、歐洲，以及亞太國家的高收入群體；這些國家的人掌握了全球財富的90%。

這些富裕區域的人使用網際網路的機會，比起貧窮地區的人，多得太多。能夠使用網際網路的人，占了北美人的77%，占了大洋洲／澳洲的61%，歐洲是58%（Internet World Stats 20l0a）。只是，還有很多開發中國家，他們的網際網路滲透率還比上不這些富裕國家的百分之一（Wunnava and Leiter 2009: 413）。白羅克與德尼托佛（Beilock and Dirnitrova 2003）研究各國人均所得與其網際網路滲透率的關係，他們發現人均所得是最重要因素，其實是各國基礎設施及社會開放程度。[8]因此，很清楚的是，經濟不對等的因素扭曲了網際網路社群的組合成分。吳納瓦與雷特（Wunnava and Leiter 2009: 414）的結論是，「至今，歐洲與北美雖然僅有設界人口的17.5%，但他們將近占了全世界網際網路使用者的百分之十。」

這個分配狀態將隨時間前移而修正，畢竟貧窮國家也會日趨富裕。不過，這個世界實在太過不平等，貧窮國家要能到達富裕國家的網路滲透水平，還要需時良久。同時我們還得看到，網際網路沒有讓世界更能走在一起：它主要只是讓富裕階層更能彼此相通。世界總人口在2011年有百分之三十是網際網路用戶（Internet World Stats 2011a）。大多數世界上的窮人不是「相互瞭解」神奇魔力圈的一環。

第二，世界仍由語言分割。大多數人僅能運用一種語言，因此進行網路傳播時，也就不能瞭解外國人。最接近線上分享語言的英語，但據國際電信聯盟（International Telecommunications Union 2010）估計，僅有15%世界人口能用英語。因此，網際

網路據攏人們的角色，必然因爲彼此不解而減色。

第三，語言是權力的中介。能說英語或能寫英語的人，相對來說就能通達挺大規模的全球公眾。相形之下，操持阿拉伯語的人所能潛在傳播的人，大約緊急網際網路用戶的百分之三（Internet World Stats 2010b）；使用馬拉地語（Marathi）的潛在網際網路用戶，實在太小，若要測量，只能以小數點表達。「全球共識媒介」容許誰的聲音得人聽聞，通常就得取決於他們所使用的語言。

第四，這個世界仍由價值、信念與利益分割，衝突激烈。我們不難發現這個現象，如各種網站充斥，助長而不是舒緩敵意。因此種族仇恨群體成爲網際網路先鋒，當時是「白雅利安人作戰組」（White Aryan Resistance）領袖、前種族主義者 3K 黨人的湯姆・梅茨格，就在 1985 年設置了本社群佈告欄（Gerstenfeld et al. 2003）。既有這些網絡前沿的起源，種族網站隨後激增不止。雷蒙・富蘭克林（Raymond Franklin）列出的仇恨言論網站，厚達 170 頁（Perry and Olsson 2009），另一份由西蒙・維森塔爾（Simon Wiesenthal Centre 2011）編纂的《數位恐怖與仇恨》報告，列出了一萬四千個社群網站、論壇、部落格、推特及其他線上來源。這類網站有些大有基礎：「暴鋒」（Stormfront）是最早僅限白人參與的網站，在 2005 年有 5 萬 2,566 位積極使用者（Daniels 2008: 134）。

許多詳細研究這些仇恨網站的人，有個結論：它們不僅維護，並且還用各種方式擴展種族仇恨（Back 2001; Perry and Olsson 2009; Gerstenfeld et al. 2003）。種族仇恨網站能夠助長一種集體認同的意識，重新再讓激進的種族主義覺得並不孤單。助長設群意識的方式，不僅只是通過「雅利安人約會簿」之類的功

10

能，其他更爲一般的內容也出現了，比方討論健康醫療、健身及家庭裝修等等論壇。更爲複雜的規劃設計則另有擅長，專門訴求學童與年輕人，比如，提供線上遊戲吸引他們或提供實際協助。種族仇恨群體日趨運用網際網路，發展國際的支持網絡，他們就在其間共享想法與資訊。當然，他們的大宗內容就是用來增加恐懼與仇恨，其典型就是提出警示，指外國人入境本國生產，是「時間定時炸彈」。這些網路空間的「白人壁壘」還不只是助長不和諧。種族言論與種族暴力行爲是存在著關係（Akdeniz 2009）。

這個現象說明了一個核心要點：網際網路是噴出仇恨的地方，是助長誤解與延續敵意的地方。網際網路並不因爲它具有國際與互動面向，就必然會只是鼓勵「和風細雨」。我們確實是有證據，得悉活躍的恐怖社群已經在運用網際網路爭取人心轉軌，也藉以延伸國際連結，還不只是調動資金與洗錢（Conway 2006; Hunt 2011: Freiburger and Crane 2008）。

第五，各國民族主義文化深刻植根在大多數社會，網路國際主義的精神勢必爲此大見侷限。以民族作爲中心的文化，積累已經有了數個世紀，傳統媒介也都給予大力支持。以 2007 年爲例，美國電視網的播報外國新聞的比例僅有 20%，與此對照，即便是比較具有國際主義精神的兩個北歐國家，也只是 30%（Curran et al. 2009）。狹隘的新聞價值也塑造了這些與其他國家的新聞內容（Aalberg and Curran 2012）。

這個文化遺產也就塑造了網路內容。我們因此看到有項研究，分析了九個國家的主要新聞網站，其發現是，它們主要都在報導國內新聞。其實，各國這些最大新聞網站的報導，也僅只是比其電視新聞節目，略少一些本國中心。[9]

　　對於使用者參與網路的性質，民族文化同樣產生影響。就此來看，中國就是具有強烈民族主義色彩的社會。原因是過去百年，西方與東方帝國主義強權加諸中國的民族屈辱，也因近年來中國經濟成就的傲人；同時也是共產黨政權刻意培育民族主義，藉此作為維持人民支持與社會凝聚力的機制。強烈的民族主義在中國網站與其他線上聊天室，找到了表述的空間。這個感性性質還會擴散，成為對日本人的深邃敵意，網路空間在這個議題並未提供多少有助理解的素材（Morozov 2011）。[10]

　　第六，威權政府已經有了能力，他們現在可以管理網路，也有方法恫嚇威脅可能的批評者。我們稍候還會對這個議題有更完整的討論。[11]這裡，我們僅需說，世上有很多地區的人，無法在免除恐懼的前提下，與人互動或盡情在線上暢所欲言。就在國家威嚇與檢查之下，全球網際網路的言說與論述就有了扭曲。

　　第七，國內之間的不平等，還不只是國與國之間的不平等，同樣扭曲了線上對話。原因還不僅只是高收入所得的人比低收入者，有較高比率能夠在家使用網際網路（Van Dijk 2005; Jansen 2010）。擁有文化資本的人往往能夠帶頭開始。面向國際發行的重要刊物電子雜誌《開放民主》（*openDemocracy*），其專文作者有81% 擁有菁英職業。作者群不具代表性的指標，還可從其他角度觀察：71% 住在歐洲或北美，72% 是男性。真實世界的情境已然如此，菁英擁有更多時間、知識，也有更流暢的書寫能力，男性則比女性在政治上有更多發言機會，擁有英語知識的人在地理上集中限縮，這些無不顯示以這個例子來說，能夠站在台面說話的人是誰（Curran and Witschge 2010）。放大更為周延地說，撰寫部落格的主要寫手，通常來自英國、美國及其他地方具有菁英背景的人（Cammaerts 2008）。

　　簡而言之，網路空間是自由的、開放的空間，來自不同背景與國家的人們，可以在此彼此溝通，建立更爲具有審議的、寬容的世界，固然是流行一時的說法，卻忽略了不少事情。這個世界並不平等，彼此並不瞭解對方（眞是如字面所說）；價值與利益互見的衝突，撕裂了這個世界；各個民族與地方的文化又根深蒂固（還要加上其他認同模式，如宗教與氏族），更是進一步又切割了世界；有些國家仍陷入威權政體的統治。眞實世界既有這些不同的面向，滲透進入網路空間後，就是巴別塔的倒塌崩解，我們生活在多種語言、充斥仇恨言論的網站、民族主義色彩濃厚的言說、備受檢查困擾的表述，以及優勢階層得到太多表徵的世界。

　　然而，是存在另一些不同的力量，對於社會的發展另有其影響力。跨國移民、廉價出遊、大眾旅行、全球市場的整合，及娛樂的全球化，確實對於跨國連結的意識增長有幫助。這些發展是有一些可以從網際網路得到支持。影音頻道 YouTube 可當成是分享經驗、品味、音樂與幽默的櫥窗，來自世界各地的人都可分享，促成了「我群的感覺」（比如，引起共鳴會讓觀眾歡呼的單口相聲中國話喜劇，眞是可以帶來巨大的趣味，相形之下，字幕的效果就顯得黯淡無光了）。[12] 吸引人注意的一些影像，在網際網路的中介下，確實也達到了快速的全球流通的效果，因此也就強化了一絲休戚與共的感覺，人們對於受困的人群有了同理心，無論是遠方的地震災民，或是面臨鎮壓的抗議人群。網際網路還會有潛能，可以協助我們建立更有凝聚力、更有共識也更爲公平的世界。但是，這些改變的動力泉源，得來自社會，不是來自科技。

　　促成這些變遷的一個關鍵途徑是民主。網際網路將要擴散、將要活化民主的預言，眞可在已經發生的事件中，得到證實嗎？

網際網路與民主

有種宣稱，定期規律地浮現，它說網際網路將會削弱獨裁者，方式是結束他們對資訊的壟斷（比如，Fukuyama 2002）。這類預言所未能看到的是，網際網路也會被納入控制。比如，我們可以看看早在 1994 年就已經建設了網際網路連結的沙烏地阿拉伯的例子。雖有，但社會大眾使用網路的時間，被推遲到了 1999 年，運用這個方式，沙國政府給予自己充分時間，妥善安排相關的檢查措施。這些措施包括創設國家控制的網路服務單位，所有連外流量必須通過該渠道進行，預先列管網站，以便納入封鎖對象，同時組織社會維安志願軍，請其建議更多的管制辦法（Boas 2006）。大約在相近的時期，中國研發了更為複雜的裝置，用來處理更為大量的網際網路流量。這就包括，通過國家控制的國際互聯局，也通過國家給予執照的網路服務公司，封鎖網站，線上討論網站必須取得政府批可，同時還對各種中介行號聯合施壓，責成它們規範網吧，另外也研發監控網路內容的軟體（Boas 2006）。

在一般情境下，威權國家對於網路的監控檢查，還不能說是包山包海，但若說有效箝制，那是不成問題的。確實如此，有一研究，納入八個國家進行比較，其結論是「許多威權政體先發制人，加緊發展網際網路，使其得以服務，而不是挑戰國家所界定的利益」（Kalathil and Boas 2003: 3）。我們將在下一章再作分析，指出在具有組織力作為後盾的抵抗下，威權政府的檢查能力是會被消減。但是，即便是在這些情境下，網際網路也無法「造成」抵抗，僅只是強化而已。

另一類型的預測，特別是 1990 年代中期流行一時，曾經

說網際網路可望建立一種新的民主形式。勞倫斯‧格羅斯曼
（Lawrence Grossman）在 1995 年是這樣寫的，「再過不了多久，
美國人就可以坐在家中，或在工作的地方，使用電腦終端機、微
處理器與電腦鍵盤，按下按鈕就可以讓政府知道，任何重要的國
家事務應該怎麼做。」（Grossman 1995）這等遠景並沒有發生，
因為線上直接民主對於那些無法使用網路的人，形同剝奪其權
利，若以西方國家來說，這些人就有不成比例是窮人與老人。我
們所看到的「電子政府」形式，通常是邀請社會大眾給予評論，
提出請願，或是對線上官方網站有所回應。這個形式可以相當
有用：比如，英國 1997 年所提出的一項新法律案，提出線上回
應的人，有百分之三十來自個別的人，這個比例遠比線上諮詢
年代降臨之前，來得高了許多（Coleman 1999）。不過，總地說
來，累積至今的研究證據顯示與政府的線上對話，大致出現三種
侷限。公民的要求通常與決策的真實結構沒有連結；公民通常
也因為這個理由，怯步於參與諮商之路；最後，有些時候，「電
子民主」的內涵也無非僅只是單向傳播，政府藉此提供有關政
府服務資訊，試圖增加其使用頻次（Slevin 2000; Chadwick 2006;
Livingstone 2010）。簡短言之，線上資訊雖然增加了某些民主功
能，但並沒有造成太大差異。[13]

　　然而，很長一段時間以來，有關網際網路將以其他方式重新
活絡自由民主的說法，由來已久。社會大眾可望經由史無前例近
用資訊的機會，可以更能控制政府（Toffier and Toffier 1995）。網
際網路也可以削弱菁英對政治的控制，因為，在馬克‧波斯特看
來（Mark Poster 2001: 175），網際網路正可「培力先前被排除在
外的群體」。確實，網際網路是可延伸水平傳播通路，讓各社會
群體更能交流，與此同時，可以消滅自上而下，由菁英向一般大

眾說法的傳播方式。在這個嶄新的新世界，這派見解的希望是，草根人民可以重新取回權力，進入「民主復興」的新年代（Agre 1994）。⑭

　　在美國，有些人認為，網際網路無須昂貴的電視廣告，也無須企業財團補助，就能創造有利於草根基層的政治，必可使美國走進新的方向。對他們來說，2008 年的歐巴馬（Barack Obama）證實了這個夢想。網際網路確實協助歐巴馬從一般公民身上，募集了可觀的捐款、贏得了 2008 年民主黨初選及其後的總統大選。即便有這些成績，經濟危機日甚一日很有可能才是歐巴馬贏得總統大為的主要原因。⑮ 就寫作本書的宗旨來說，更為重要的是歐巴馬結合了新舊選戰方法。他的團隊斥資在電視廣告的金額是 2.359 億美元，他的選戰是由昂貴的專業人士操盤（當年還贏得了行銷大獎）。為求資金，除了向一般公民募款，歐巴馬必須尋求大企業捐款（Curran 2011）。歐巴馬在這起選戰僱用了數量龐大的政治與金融部門的局內人，他所遵循的自由派，不是激進派議程。雖然人們曾經如此寄望，但網際網路並沒孕育新種類的政治。

　　西方國家的低收入戶（與高收入戶截然不同），似乎也沒有在網際網路年代得到「培力」。史密斯等人（Smith et al. 2009）的發現是，美國的情況是，居於社會優勢的人更有可能在政治領域積極活躍，線上的活躍程度則又複製了線下的不均衡。英國也有相近的發現，根據迪葛納羅與達頓（Di Genarro and Dutton 2006）的研究，政治上積極活躍的人，有更多可能是來自於較高社會經濟群體，教育程度較高而年齡較高的人。線上參與人口更是偏向富裕與高教育程度階層，雖說他們通常比較年輕。迪葛納羅與達頓的結論是，網際網路似乎是增加政治排除，不是納進更多。

14

　　低收入群體線上政治活動比較不積極，一個理由是網路服務耗用金錢。不過，還有一個理由，與政治不滿有關。弗雷德里克・叟特（Frederick Solt 2008）曾對 22 個國家進行比較研究，發現經濟不平等會抑制政治興趣、政治討論與投票意願，除非是富裕階層的人。在非常不平等的社會（如美國），優勢階層是有強大誘因參與政治，因為他們從中可有不錯的作為。與此對照，劣勢階層介入政治的誘因顯得少之又少，因為他們即便參與，其獲得的優勢也不多。因此，在叟特看來，低度參與是理性反應，因欠缺影響力。他也挺有信心地指出，很多研究確實都已發現，美國及其他國家的財富與有權群體，對於公共政策的影響力，不成比例地高。

　　貧窮造成人們的邊緣化，也使人失去動力，還有其他原因。人一貧窮，就會再三遭遇跌跌撞撞鼻青臉腫的經驗，加上人們並不尊重窮人，就會使得他們心中產生無力感，「長期貧窮就會讓人們覺得，要做任何改變已無可能」，何以如此？英國貧窮、參與及權力委員會（the UK Commission on Poverty, Participation and Power 2000: 4）的報告對此已作凸顯與說明。露絲・利斯特（Ruth Lister 2004）也有相同見解，她說，有些低收入族群還都認為，貧窮是個人缺陷所造成，這就使得他們迎向尋求個人而不是集體的政治解方。許多研究都再三指出，英國貧窮家庭的小孩的成就動機較低，早年的社會化過程，也讓他們信心漸減，也不認為自己應該享有哪些權利（Hirsch 2007; Sutton et al. 2007; Horgan 2007）。數說網際網路這個科技可以給人權利、能夠「培力」，這個通論聽來頗能滋潤人心，卻通常沒有看到真實世界當中，強大有利的影響力已經讓人們無法享有權利，無法培力。

　　網際網路當然是將便宜的傳播工具放到了公民手上。但是，

人們如今可以較低的成本對人傳播，傳播能力是增加了，但這並不等同於能夠讓人聽到。⑯社運活躍份子老是發現，要讓主流傳媒注意相當困難（Fenton 2010b）。他們在網路的暢所欲言也淹沒在虛擬空間。部分原因是他們的聲明出現在搜索引擎的排序，多在後端。辛德曼（Hindman 2009: 14）說的很簡潔，這就是網際網路並沒有「讓政治生活被排除在外的情境消失：並非如此，它只是將排他的界線，從政治資訊的生產端，移轉到了篩選端」。活躍份子還得面對一個額外的問題，社會大眾對政治的興趣可以相當有限。這就是近日美國一項研究的發現，其網際網路使用者使用網路的典型是，38% 只是上線「找些有趣的事情」，或者「打發時間」，真正上線找政治新聞或資訊的人，僅有 25%（Pew 2009a）。

不過，網際網路確實是活躍份子「**之間**」非常有效的傳播模式。它可使他們彼此聯繫，扶助了他們之間的互動，也能動員活躍份子在很短時間內，前往特定地方聚集。這也就時而促成活動，贏得傳媒與公眾的注意。

不妨舉個例子，2010 年 10 月有一群人，為數約十位，在北倫敦一家大眾酒吧聚會，他們決定設置一個部落格，名喚「英國不減支」（UK Uncut）。在短的讓人驚訝的時間，他們讓企業逃稅的問題，登時進入公共議程。他們開始組織公開抗議行動，第一個對象是沃達豐（Vodafone），這家公司已經與相關單位協商退稅協定，英國知名諷刺雜誌《私家偵探》（*Private Eye*）那個時候也剛好以它作為報導主題。接著這起抗議，其他知名大型企業也成為抗議對象，當時，英國正在削減支出，它們則用力逃稅。2011 年初（譯按：原文是 In early 2001，應是筆誤），這個運動團體舉辦了宣講會（teach-in），其口號是削減預算的「冰雹之

15

災」（bail-in），地點就在先前由國家出資救回的多家銀行之前，此時，剛好又是多家大型銀行宣布其總裁獲配大筆紅利。六個月之內，「英國不減支」得到了無數的電視與收音機的報導，英國主要報紙也就此發出四十則特稿。⑰ 如果沒有網際網路，這群在大眾酒吧相聚的人，就不可能捲動這波衝擊。

　　「英國不減支」得道多助，原因也在其訴求與英國大眾義憤的暗潮洶湧緊密相連有關。不過，以下還要舉個例子，顯示即便活躍份子與當下氣氛不合，網際網路仍可協助活躍份子串連齊聚。「繼續前進」（MoveOn）是美國 9/11 恐怖攻擊事件後成立的群體，反對冤冤相報的軍國對抗作法。根據事後的相關訪談與觀察，我們可以知道，這個線上活動提供了匿名的安全天堂，在這段愛國主義情緒高漲的時候，異端在此有了棲身之地。線上抗議與訴求運動的另一個助力，是讓各自的區域內，其他相近想法的人，得以彼此接觸，藉此同理心的人就能產生刺激作用，部分僅只是坐而言的異端，可能會成為政治活躍份子。由於有網際網路的促成，「繼續前進」美國成員人數從 2001 年的 50 萬，到了 2005 年 12 月已有 300 萬（Rohlinger and Brown 2008）。若以其運動目標衡量，「繼續前進」相對來說還是失敗的，但它在集結與維續異端的存在，是有作用的。

　　如果網際網路的民主用途，就在它能聯繫積極活躍份子，其另一個功能就是「盲目」訴求消費者力量。1990 年代反對耐吉（Nike）品牌就是一個例子。當時，社運人士得悉，其昂貴的培訓球鞋是由工人在不安全環境下，長時工作、以僅能維持生計的工資所生產，以此為由，他們發起了網路所協助進行的抵制運動。耐吉公司對該抵制運動的回應是，它不能為不是其擁有的工廠之工作環境負責。其後，就在公眾壓力下，耐吉在 2001 年轉

變了立場，同時也向公眾承諾，日後如果承攬其外包業務的契約商是壞雇主，它會對契約商「運用槓桿力量」。這樣說來，這起運動的焦點是，針對耐吉承諾要肩負更大的企業責任，公開予以評估（Bennett 2003）。[2]

　　與此接近的另一個例子是喬恩・摩特（Jon Morter），英國兼職 DJ，他與朋友決定針對操縱流行音樂的商業手法，發動抗議。他們選定的目標，是傳媒對英國電視選才秀 X Factor 的飽和

---

[2] 倫理訴求運動可以改善跨國公司生產鏈的勞動大眾嗎？許多年來，外界改善勞動條件的壓力與訴求為許多比較進步的跨國公司吸納，紛紛採取了不等的作業手則，以求保障勞工權益，但這些標準及執行嚴格程度都不同，甚至同一大品牌將這些相近或相同的手則，運用至其各地（國）之協作廠商的監督報告，也不一定公布。

比如，雖然耐吉（Nike）在1992年就已要求供應商遵守行為準則，並在1996年協助創設一個組織，後1999年轉身成為非政府組織「公平勞動協會」（the Fair Labour Association, FLA）。但Nike在2000年才公開其監督報告的整體情況，且各地工廠的詳細勞工權益調查與監督報告，在2006年才見公布。「蘋果」（Apple）公司在2005年才要求其供應鍊廠商遵守行為準則，2012年才首度公開監督報告。NGO在這個保護過程中，是助力，還是阻礙？以下這本書認為：「視情況而定」（Locke, Richard. 2012. *Promoting Labour Rights in A Global Economy*）。該書作者說服耐吉、可口可樂、惠普，以及全球最大服裝集團美商PVH，讓他分析這些公司對其協作工廠的詳細監督報告，從2005起連續六年。他的研究有四點結論：

1. 作業守則及其執行與監督「無法持續產生改善勞動條件的效果」，這些調查與監督只是蒐集資訊，凸顯問題，但沒有解方；
2. 投注時間及金錢於協助工廠改善其經營與技術能力，是能改善若干工作條件，但：
3. 假使要能產生持續的顯著改善，總公司及其供應廠商的關係，需要改變，雙方要更有協作關係，特別是要改善生產過程；
4. 最困難的挑戰其實內在於這些大公司的商業模式：即時生產（just-in-time）的製造過程，就會迫使供應鍊更緊迫，要減少庫存就意味公司的作業愈來愈快，生產週期若縮短，競爭力就能增強，但代價是新產品推出時，就會對供應商有更大即時供應的壓力（要不，常得罰款）。

耐吉表示，他們已經為保障勞工權益，因此將設計環節與其生產過程整合了。（以上整理自*Economist*, 2012/3/31: 67-69）

報導，形同是定期地將秀場贏家推進聖誕音樂排行榜的榜首。他們通過臉書與推特，發起「怒目對抗機械」的運動，他們選了〈幹，我不會照你說的做〉作為其聖誕節首選歌曲。運動啓動了，得到了民眾的背書，也得到了傳媒的廣泛報導。他們選的歌曲變成 2009 年聖誕節的冠軍，等於是對商業控制的集體抗議。

16

　　網際網路也能增加公民要求傳媒負責的能力。有個例子，特倫特・洛特傳奇（Trent Lott）可說傳誦一時，這個憤怒難平的部落格空間在 2002 年抨擊主流傳媒，指其沒有顯耀地報導與譴責共和黨政治人參議員洛特，他意有所指，懷念往昔的種族隔離政治。《紐約時報》專欄作家保羅・克魯格曼（Paul Krugman）贊成部落格的批評見解，接著就有多個電視網調查了這起事件，發現參議員洛特過去也有相似的講話。再來就是政治上大起風波，洛特最後被迫辭去參議院多數黨領袖的職務。通過網際網路的穿梭，許多無論是共和黨或民主黨的個別人物，都有成功挑戰傳統新聞價值的例子，在這個過程，政治上能為人接受的界線，默契也建立了起來（Scott 2004）。

　　格外有意義的是，網際網路行遍國際，因此是不同國家 NGOs 協調作業的有效機制。較早的一個例子在 1992 年，當時，國際禁止地雷運動啓動了。發起人是喬迪・威廉斯（Jody Williams），訪問尼加拉瓜之後，她注意到了交戰各方留下的地雷，造成了恐怖的傷害情況。她在美國推動教育運動，但少有進展。後來，得知全世界有許多反地雷組織，她就有了一個結論，認為向前推進的方法就是所有這類社團必須聯合。喬迪與她的同仁運用網際網路、電話與傳真，串連了七百多個談體，共同發起簽署國際條約的運動。到了 1997 年，他們的努力總算有所成，120 個國家簽署了（殺傷人員）禁雷，後來還為此獲頒諾貝爾和

平獎（Klotz 2004; Price 1998）不過，美國與中國都拒絕簽署。

　　相近的例子還有，1997年，經濟發展暨合作組織（OECD）會員國已經準備批准多邊投資協定（MAI），這時，反對運動又藉由網際網路推進。世界各地的進步人士通過電子郵件奔走相告，警示 MAI 將是國際競相低下，傷害勞工權益、人權、環境保護與消費者福祉。接下來，NGO 無不振奮，法國社會主義政府奪冠而出，她成功地反對 OECD 簽署 MAI（同時，她也公開向這場網路動員致敬）（Smith and Smythe 2004）。其後，就是世界貿易組織 WTO 部長會議首次在美國本土，也就是西雅圖（Seatle）舉行時，更大抗議組織的人群蜂擁進入（1999），熱那亞（Genoa）G8 高峰會議受挫（2001），這些成績都在很大範圍裡，受惠於網路（Juris 2005）。這兩次抗議活動都出現暴力場面，格倫伊格爾斯（Gleneagles）G8 高峰會議（2005）相對之下是和平抗議，大會當時公布了舒緩窮國債務的方案。然而，有些國會來並沒有履行其舒緩債務的承諾。

　　這些個案研究都能讓我們再無懷疑，是可看到網際網路增加了政治活躍份子的效能。然而，儘管網路研究者相當具有選擇性的個案探討，網路並沒有任何特別就是屬於左翼政治之事。實際上美國保守派比自由派，還要更有效益也更早地運用網路（Hill and Hughes 1998），網際網路似乎還在晚近興起的美國茶黨運動，扮演了重要的角色（Thompson 2010）。

　　不同派別的人都在利用網路，強化了民主的基礎結構。但是，更大的政治環境所出現的負面趨勢，抵銷了這個正面進展。1980 年代以來，企業財團與國家機器的公共關係投資，海量增加（Davis 2002; Dinan and Miller 2007）。[3]與此相伴，同時出現了

17

---

[3] 譯按：Robert McChesney 與 John Nichols 依據美國普查資料得知，公關人數在

滑入民粹政治的趨向，焦點團體、民意測驗與政治顧問公司予以護航（Crouch 2004; Marquand 2008; Davis 2010, among others）。就在這個時刻，許多國家的政黨組織也愈來愈有空洞化的樣子，黨員人數銳減，義大利（前總理）貝盧斯科尼（Berlusconi）成功地創辦了義大利力量黨（Forza Italia），這是黨員沒幾人的「塑料合成黨」，此舉可說是對這個趨勢的最佳諷刺（Ginsborg 2004; Lane 2004）。所有這些發展的加總，就是政治權力的集中化增加了。

網際網路協調與聯合國際政治抗議的角色，還得放在特定的角度才能另見真章。治理的全球系統之發展，日漸聯繫於上升中的新自由主義之秩序（Sklair 2002）。世貿組織與國際貨幣基金（IMF）這類型的主要跨國體制，相對不對人民負責（Stiglitz 2002）。彼得・達爾格倫（Peter Dahlgren 2005）說的不錯，「我們根本就還沒有建立機制，責成跨國決策既要符合民主，又要具有約束力。」網路加持的國際量相對來說還很虛弱，幾乎不太能夠影響全球政策。

最為能夠接受民主影響的公共制度，至少是相比於其他中介與全球的治理結構，仍然是國家。然而，晚進全球金融市場的解禁及跨國公司的流動，無不致使國家的效能減少。如此，就又使得本國選舉的民主力量為之削弱（Curran 2002）。

簡短地說，網際網路是讓維權行動充滿活力，但其發生作用的情境，充斥著政治不滿、來自中心位置的政治操弄、不對人民負責的全球秩序及選票力量的弱化，就此來說，網際網路還沒有振興民主。[18]

1980年與記者人數的比例是1.2：1，2008年是4：1。'The media: no news isn't good news', *Economist*, 2013/3/30: 35。

新聞事業的復興

　　依照魯珀特・梅鐸（Rupert Murdoch）的說法，網際網路使得新聞事業民主化了。他宣稱，「權力正在從我們這個產業的傳統菁英——編採記者、總經理，以及，就讓我們坦承，事業主——手中」，移轉至部落客、社群網站，以及從網路下載的消費者（Murdoch 2006）。英國的保守派健將，也是部落客的圭多・福克斯同樣也是這樣說，「傳媒巨亨由上而下，採取福特模式決定新聞的年代已經結束了……大媒體即將失去其中介地位，因為科技已經急遽減少散播新聞的成本。」（Fawkes 引自 Beckett 2008: 108）激進的學院人、也有律師身分的尤查・本科勒（Yochai Benkler 2006）也很贊同，他說新聞事業的壟斷產業模式已是明日黃花，興起取代的是多元網路模式，混合了營利與非營利，個人及組織化的新聞實踐。激進的報業史學者約翰・內羅內（John Nerone）說得更火，他指**舊政權舊制度**已成往事。他有咯咯笑語，「舊的老的（新聞事業）死亡若有讓人扼腕之時，那麼最大的損失是，沒有紙張讓我們包便當了。」（Nerone 2009: 355）許許多多的評論者，誰又不這樣說呢？不分左不分右，來自新聞業界的大老，也來自公民記者及學院專家，他們的結論都相同：網際網路終結了媒介大亨的年代，新聞事業備受財團控制的年代，一去不再復返。

　　第二個主題，仍與這個讀之令人愉悅的評論有關，它說，網際網路將以更佳形式再造新聞事業。菲利普・埃爾默－德威特表示（Philip Elmer-Dewitt 1994），網路將是「新聞事業的最終解放，因為任何人只要擁有電腦、加上數據機，自己就可作記者、編輯與發行人——散播新聞與觀點給世界的百千萬讀者」。這個

願景的一個版本又說，傳統媒介大抵就要由公民記者取代，公民記者將讓我們回到「原生基礎，重回傑佛遜模式的公民對話情境」（Mallery cited Schwartz 1994）。另一個版本則說，專業記者可望與熱心的志願者聯手並進，重新振興新聞形式（比如 Beckett 2008; Deuze 2009）。這類觀點如今是新聞產業的肺腑之言了。路透社媒體總監克里斯‧埃亨（Chris Ahearn）宣稱，「新聞事業必然繁榮，只要新聞創造者與發行人擁抱新科技的協作力量，重組產製與發行策略，同時不要再想所有事情都自己執行」（Ahearn 2009）。

因此，趕走傳統新聞控制者、新聞事業再更新，可以說是這股預測風潮的兩個核心主題。至少從表面視之，這股預測的某些成分已在成真。在某些情境下，公民記者造成了實質影響。是有這些例子，2009 年德黑蘭示威現場，旁觀者相機拍到了妮達‧蘇丹尼（Nada Soltan）被殺的一幕，伊恩‧湯姆林（Ian Tomlinson）在倫敦示威遭誤殺的新聞，傳遍了世界。相近的情況還包括 2011 年的中東起義影片，以及當局企圖壓制這些抗議行動的畫面，也有不少是由參與者提供，許多新聞機構順手播出。

自我傳播也是源源不斷的湧現，據悉，美國就有 14% 成年人在 2010 年寫過部落格（Zickuhr 2010）。與此相隨，社群媒體的流量增加，壯觀驚人（Nielsen 2011），雖說大多數社群媒體的內容與新聞沒有什麼關係。除此之外，新的獨立線上媒體，如《赫芬頓郵報》（*Huffington Post*）[19]、《政治》（*Politico*）與《民主開放》（*openDemocracy*）都已嶄露頭角。

但是，世紀千禧年的死訊與再造的預言，終歸一廂情願。舊有秩序持續不變的理由之一是，電視在多數國家還是最重要的新聞來源。針對六個國家的調查顯示，英國、法國、德國、義大

利、美國與日本的受訪者，更多人說他們依靠電視作爲本國新聞 　19
的主要來源，不是網路（Ofcom 20l0b）。

　　更重要的是，主要的新聞組織自己也創生，將網路的新聞部
門納入了自己的麾下。先發制人，他們無不設置從屬自己的新聞
網站。這些網站很快就占據了支配地位，因爲它們得到了大量
的交叉補助；充分運用了新聞採集資源，他們的強大母公司早就
名聲在外。美國皮優（Pew 2011）調查中心因此就有這個發現：
2010 年有百分之八十的網路新聞與資訊之流量，集中在百分之
七網站。大多數（67%）這些網站的控制者，是前網路年代的
「傳統」新聞組織。另 13% 是內容聚合商所有。排名在前的這
些網站，只有 14% 來自線上原生媒體，也就是大多數報導內容
均屬首次在網路出現。

　　換句話說，網際網路興起之後，各大新聞組織的影響力未遭
削弱。反之，藉由多種科技，網路讓傳統媒體得以延伸其意識
領導能力。具體言之，2010 年 11 月年間，人們最常造訪的「新
聞」網站，僅有一家是獨立的原生網路媒體（《赫芬頓郵報》）；
其餘九家都是前網路年代，業已排名在前的新聞組織，比如《紐
約時報》、新華社等等（*Guardian* 2011）。再以美國 2011 年 3 月
的統計來看，當月美國十大新聞網站也是僅有一家獨立的線上媒
體（再次是《赫芬頓郵報》）；其餘是四家主要電視集團，三家
主要報紙與兩家內容聚合公司網站（Moos 2011）。若說英國，那
麼，前十大新聞網站沒有任何一家獨立的原生網路媒體：所有獨
占鼇頭的網站都是各大「傳統」電視與新聞組織及內容聚合公司
（Nielsen 2011）。

　　內容聚合公司通常不會凸顯另類新聞來源。娜雷登和維特塞
格的研究，正有此發現（Redden and Witschge 2010）。他們檢視

谷歌與雅虎的內容清單，隨時間推移，若以五大主要公共事務議題爲例，卻察覺「任何另類新聞網站，都沒有能夠出現在搜索頁面的第一頁」。他們指出，誰先誰後是很重要的，因爲研究顯示首頁比其他頁次更有可能得人青睞。娜雷登和維特塞格還發現，谷歌與雅虎偏愛主要新聞組織，因此等於是複製了其優勢。

各大新聞品牌成功地捍衛了自己的寡占地位，原因也出在其挑戰者積弱不振。獨立線上新聞事業迄今仍然沒有成功的營運模式。大多數這類網站察覺，無法找到足夠的訂閱人群，因爲社會大眾習慣免費上網瀏覽閱讀。另外也是因爲線上獨立網站通常只能吸引小量閱聽人，廣告營收也就低落。皮優研究中心的研究（Pew Research Center 2009b）有一結論，指出「即便熱情存在，好作品也存在，但這些網站很少獲利，甚至很少能夠財政自立」。《哥倫比亞新聞評論》在 2009 年也有類似結論，它的研究說，「（線上）新聞組織的主要收入要從現有的線上營收取得，數量可說勢將少之又少。」（Downie and Schudson 2010）這些網站通常瘦骨峋嶙，資源不多，他們的首要之務大致就是活著。

20 　　數量甚夥的部落客也未能通過網路找到大量閱聽人。比如，**英國網路使用者**在 2008 年所受調查顯示，在過去三個月內未曾讀過任何部落格的人，占了 79%（ONS 2008）。大多數部落客欠缺時間，無法從事查訪，他們是業餘人士，得從事其固定日常工作才能生活（Couldry 2010）。這是事實，減少了他們打造大量閱聽人的能力。那麼，網路改進了新聞事業的說法，可信嗎？乍看之下，這似乎相當有說服力。有了網路之後，記者是更快有了更多的資訊及新聞來源。記者因此可以較快地確認事件的眞僞虛實，也可以讓不同的觀點得到表達的機會。記者還可以更容易方便地從其閱聽人，得到意見回饋與建議。

　　不過，這個樂觀期待並沒有考慮網路現身後，傳統媒體失去廣告所造成的災難後果。經濟高度發達的國家現在已有大量網路閱聽人：如今，設定特別的消費族群作為目標，又便宜效果也不錯（「搜索」引擎現在是網路廣告收入的最大宗，原因在此）。網路廣告的起步相當慢，卻在這些優勢之下，網路廣告的增加如同流星般竄升，受損的卻是電視與報業。美國的網路廣告總量在 2010 年超過了報紙廣告（稍早之前則已經超過有線電視頻道）（Gobry 2011）。英國的網路廣告也已經占了 2010 年廣告支出的相當大的比例（25%），高於報紙的 18%（Nielsen 2011）。網路致使廣告重新分配的規模，表現在分類廣告或許是最為激烈的。英國分類廣告在 2000 年僅有 2% 屬於網路，但到了 2008 年，已經增加到了 45%，地方及區域報紙的比例則從 47% 減少至 26%。英國全國發行的報紙所占的分類廣告，相同期間從 14% 降低到了 6%（Office of Fair Trading 2009）。

　　廣告既失，傳媒不是關門大吉就是萎縮。2008 年 1 月至 2009 年 9 月 20，就有 101 家地方報紙關閉，美國則有些重要報紙也不再印製紙版了，如《基督教科學箴言報》（*Christian Science Monitor*）。[20]許多美國地方電視頻道不再製播本地新聞，英國的主要私有商營電視頻道「獨立電視網」（ITV）也表示想要中斷地方新聞編採製播。美國 2000 至 2009 年的記者人數減少了 26%（Pew 2011），英國則在 2001 至 2010 年間，「主要新聞集團」的人力少了 27-33% 之間（Nel 2010）。由於新聞預算遭刪減，即便是美國大都會日報與電視網的新聞，也被迫節約，減少調查報導與國際新聞的高額成本。

　　針對英國新聞事業所做的重要研究也提出相同結論，它指無所不在的、深廣的惡化過程正在發生，完全不是新聞事業即將更

新再造所預言那回事（Fenton 2010a; Lee-Wright et al. 2011）。研究所示，新聞編採人力裁減，線上與線下新聞採集的整併，以及新聞愈來愈得 24 小時更新，致使記者人數愈來愈少，但卻得受命生產更多的內容。這就使得記者有了誘因，不得不重複依賴人們早從再三測試的過程，所得悉之主流新聞來源，若不如此又怎麼能夠增加產出數量。這也助長了記者從競爭對手的網站擷取新聞，這個作法變成增加生產力的方法，甚至是使用與對手相同的新聞框架、引述與圖片。資源枯竭就是另一額外原因，使得記者愈來愈依賴剪刀與糨糊、內勤的新聞學。假使從阿根廷的一份調查作個研判，我們可以說相近的趨勢也在其他地方出現，新聞事業滑進了相互模仿、躲在編輯室發號施令的方向了（Boczkowski 2009）。

　　簡單總結，具有支配地位的新聞組織，由於占有線下與線上新聞產製及消費的制高點，它們的地位更為根深蒂固與穩固了。此外，網際網路興起而成為廣告媒介，卻又致使預算遭刪減，記者的時間壓力日增，有些時候主流新聞業的品質也下降了。新的獨立新聞單位之出現，無法抵銷這個負面情勢，因為這些新起之秀大多數太小，火力也太小，無法馳援。

　　作了前述總結之後，我們還是得提醒，不同國家的差別還是相當大。比如，網路作為根基的公民新聞事業的表現，在英國相對失敗了，不過，它在南韓是一大成功。我們必須貼近觀察國與國之間的差異，這樣，外在脈絡影響網際網路的衝擊方式，我們才能有較好的掌握。

情境不同／結果有別

　　世紀之交，激進的政治與文化變化在英國少見跡象。2002
年的投票率降至歷年的最低，顯示社會大眾對於政治的不滿
（Couldry et al. 2007）。工黨政府的新自由主義路線，以及英國
在 2003 年加入美國入侵伊拉克，使得左派失去了方向。青年人
爲主的文化反叛，已經是四分之一世紀以前的事了。因此，「民
主開放」（*openDemocracy*, OD）網站在 2001 年啓動的時候，這是
相對平靜蕭瑟的時候，求變之風在英國已經銷聲匿跡。它也是國
際型規劃，僅有部分是以英國作爲基地。這個網站成爲同類型事
業的要角，原因在於，它有基金的實質支持，擁有核心工作團
隊，也有才情不俗的寫手群體。最高的時候，每個月有獨特訪
客 44 萬 1 千人，當時是 2005 年，其後訪客數量急遽下跌。2007
年，它的財政出現危機，其後從來沒有完全恢復（Curran and
Witschge 2010）。

　　強大反差對比的是南韓，那裡，壓力鍋交相催，政治與文化
的變遷躍然登場。1960 年創建議會民主的短暫嘗試，很快就遭
軍事政變摧毀。不過，其後年間，民主運動取得了愈來愈多的
能量，最後遂有 1987 年的重大憲政改革。文人總統在 1992 年
入主青瓦台，開啓了更進一步的自由化運動。1990 年代，市民
組織的數量已經倍增，比 1980 年代多了一倍（Kim and Hamilton
2006: 553，表 5）。追求不受政府控制，爭取更大傳媒獨立空
間的運動，得到了不滿之情日漸升高的記者之支持（Park et
al. 2000）。社會大眾的攻勢此起彼落，大企業與政府的共謀、
1997-98 年亞洲經濟危機後採行的新自由主義政策、大量美軍持
續駐在南韓卻對當地人並不負責、政治人盧武炫脫穎而出表徵了

22

反對力量的集結並在 2002 年當選總統。這股政治激進主義另有文化反叛相生伴隨，對抗威權主義的服從齊一作風。

「我的新聞」（OhmyNews, OMN）在 2000 年創辦，旋即成為這股政治與世代抗議的聚焦點。[21]該線上新聞與三大傳統日報不同，它們無不與既有統治集團緊密相連，OMN 與盧武炫當選所賴以進行的政治動員，關係匪淺。OMN 也是文化異議的管道，不肯順服於儒家文明禮儀和服從教義的觀點，在此得到表意空間。

就在這些非常特殊的境遇中，OMN 如同氣球凌空而起了。創辦人是年輕的激進記者吳連鎬，他在 2000 年以不多不少的 8 萬 5 千美元推出這個媒體，起初僅有 4 位工作骨幹，另有 727 位志工「公民記者」（Kim and Hamilton 2006）。該網站註冊有案的公民記者人數到了 2001 年已有 1 萬 4 千人，2002 年是 2 萬人，2003 年是 3 萬人，2004 年是 3 萬 4 千人，此時，核心員工人數也增加到了 60 人（包括 35 位全職記者）。志工數量的急速膨脹，同時就是讀者的飛速增長。有家獨立投資公司委託所做的調查顯示，OMN 在 2004 年有獨特訪客一個月 220 萬人次。贏得了這麼大量的年輕讀者，且大多數是來自富裕階層，登時間解決了獨立網路出版人的長年問題——收入短缺。OMN 在 2003 年已能獲利，因為相當可觀的線上廣告蜂擁而進。與此對照，捐贈及用戶的志願訂閱還是很低，比起它的紙版所得之不多不少的收入，還要低得許多（Kim and Hamilton 2006: 548，表 1）。

OMN「再造」新聞事業，成功原因在它很有技巧地動員了專業及業餘的投入。在 2000 年代中期的時候，其核心專業記者的文稿，僅占了網站內容的大約 20%。不過，他們還選用並編輯「公民記者」送進的稿件，然後也在網站的主要部位刊行這些

文字。各篇文稿旁側，都有讀者可以回應的空間，該網站也設置了聊天室，題材各有不同。如果公民記者的作品刊行在主要部位，就可得到象徵性質的支付。該網站還另設「火種」部位，所有未曾得到支付，也未被編審的文稿，都在這裡刊行。專業人士與公民記者代表聯合組成委員會，經營與監督網站的所有運作。到了 2004 年，OMN 每日刊行 150 至 200 則新聞，事實上這已是一張網路「日報」的規模。

這個可圈可點的成就——吸引志工、打造了大量閱聽人、能負盈虧、影響公眾生活，是因為背後已有如潮洶湧的進步力量給予支持。然而，洶湧的力量退潮了，因為他們對於盧武炫總統的政府，愈來愈見失望。他們原已預期的改革沒有付諸實行，或者，面對堅定的政治與商業反對力量之抵制下，行而不果難以為繼。在盧武炫執政年間，南韓的經濟表現也落後了。盧之後的大選（2007 年），保守派候選人（李明博）贏了，韓人投票率甚低。2009 年前總統盧武炫面對賄賂與腐敗的刑事案件，墜崖自殺了。

由於得到盧武炫總統的密切支持，加上左派力量的下降，OMN 為此無法不受波及。再者，新網站的滋生問世愈來愈多，OMN 也不再理所當然就是文化異端的表述場所。另一個明顯的後見之明是，志工人群的來源相對地也是太窄：2005 年註冊志工人數高度集中在大首爾地區，幾乎全部不滿 40 歲，77% 是男性（Joyce 2007: 'exhibit' 2）。2006 年這個網站不再賺錢，財政困難也日漸清楚。OMN 的黃金歲月現在似乎已經結束。

事後諸葛，我們很清楚看出，新科技對於 OMN 的成功，居功厥偉，因為新科技降低了成本，襄助志願者貢獻文稿，也讓各方能在其網站活潑熱鬧地互動。但是，好風憑藉力，送 OMN

23

上青雲，沒有這陣風，OMN 固然離不了地。只是，隨著風勢減弱，OMN 的動能也就消失了。

外在情境與條件有其重要性，能夠促成網際網路科技潛能的實現，也可以使其失靈，對這個道理，我們還可另作說明如後。2006 年，OMN 的日本版創行了，它的資源雄厚，因爲合夥出資者是電信大廠。但是，日本是個講求集體共識的統合社會，不是新創事業的沃土。OMN 日本版很難找到心懷不滿的好記者：日本的專職記者與外來志願撰稿者，常有衝突（後者不願接受大量增刪）。因此其網路流量一直很低，來自志願撰稿者的稿量也只有南韓 OMN 的十分之一還不到（Joyce 2007）。創辦人用了其他方式，如內容多些軟調、聚焦在生活風格，但這些改變沒有能夠拯救網站。OMN 日本版在 2008 年就關門大吉了，從一開始就走向失敗之路，與 OMN 南韓原版這位姊妹報，對比強烈。

OMN 在 2004 年也創設了英文版作爲國際網站。同樣，其後並沒有相同的政治動能，這又是與原創的南韓國內網站的情勢，並不一樣。OMN 國際版吸引的撰稿人與使用者，數量相對少了許多。這就拖累了其品質（比如，網站刊載的世界各地之新聞與議題，顯得非常飄忽不定與不平均），同時也讓其財政問題爲之加重，似乎已經成爲不太可能解決的難題（Dencik 2011）。

培育權力 / 剝奪權力

外在情境條件的重要性，亦可從另兩個國家的比較得知。乍看之下，馬來西亞與新加坡相當近似。兩國都是威權式民主政體，其執政黨在兩國獨立後，一直都執政未曾下野。兩國都有違反自由主義的法律，包括傳統媒體的執照管制，每年公民社會組

織還得申請換發核可證件。然而，兩國也都同樣對網路採取自由政策，原因是要更進一步促進其各自的經濟現代化綱領。雖說新加坡的網路政策名目上，採取更多的限制措施，因為其網站必須提出正式的申請而後取得授證，但實務的運作顯示，她與馬來西亞的差別很小。

新加坡的網路普及率比馬來西亞高。在 2011 年，新加坡有 77% 人口可以使用網路，馬來西亞是 59%（Internet World Stats 20llb）。接觸這些數字，我們或許會因而認為，相對自由的網路會讓新加坡人比馬來西亞人，更有培育力量的經驗。事實上，結果相反，這是因為兩國的政治環境存在緊要的差別。

馬來西亞的統治菁英內聚力低於新加坡。馬來西亞執政黨是不同政黨的聯盟，彼此之間存在長年的緊張關係。由於兩人的經濟政策廣泛分歧，前任總理馬哈地博士（Dr Mohamad Mahathir）對其副手安華（Ibrahim Anwar）下了重手之後，執政黨登時功能減退。安華被罷黜，遭警方毆打，最後被投入監獄，外界多認為貪污和雞姦都是捏造的罪名。情勢一發，反對勢力在 1998 年推動「烈火莫熄」運動，當時，政治建制的內部與外部，都有人予以支持（Sani 2009）。[4]

馬來西亞市民社會的發達水平，高於新加坡（George 2007）。馬來西亞市民社會包括積極的人權運動者、憲政改革與重要的伊斯蘭群體。1990 年代以來，其政治反對力量愈來愈為敢言，部分原因是馬來西亞受創於 1997-98 年亞洲經濟危機的程度，更甚於新加坡，也用了更久時間才恢復元氣。馬來西亞的伊

---

[4] 譯按：關於1998年事件及其對馬國政情特別是傳媒的意義，另見莊迪澎（2009），〈威權統治夾縫中的奇葩──馬來西亞獨立運動方興未艾〉。《新聞學研究》99: 169-199。

斯蘭基本教義派之虎（新加坡則沒有類似的群體）也出現了徵象，逸出於其政府的圈限。

就在這個背景下，網際網路日趨成為重要的空間，馬來西亞的異端與批判在此進行。市民社會群體設置了獨立網站。異端而讀者較少的報紙在馬來西亞存活了下來，同時也有了線上網站。到了 2000 年代中期，網路活躍份子已有了組織，彼此也發展了堅強的連結，這個情況從來沒有在新加坡存在過。喬治・切里安（Cherian George 2005）發現，馬來西亞網站更為經常更新其內容，資源也比較好些，批判力道也大些，同時閱聽人比新加坡網站也多了許多。

馬來西亞政治網站得到愈來愈多的閱聽人青睞，部分原因是人們日漸不信任主流傳媒。隨著反對政府的力量增加（雖然時而中斷，不全連續），獨立網站成為聚攏公共批評的焦點。這個情勢持續進展，有了積累效果，侵蝕了政府集團的支持基礎（Kenyon 2010）。2008 年，新創的反對勢力聯盟取得可觀進展，贏得將近 37% 聯邦議會席次。這是 1957 年馬來西亞獨立以來，執政聯盟無法取得三分之二多數。[5]

25　　對比馬來西亞，新加坡是由單一的「人民行動黨」（PAP），不是聯合政黨執政。反對力量得到的支持甚少，以致歷次僅能取得少數國會議員席次。執政黨取得支配位置的根本原因，不只是嚴刑峻法，還可歸功於 PAP 建立了具有意識領導能力的民族意識型態，它強調亞洲價值、公共道德與社會和諧（Worthington

---

[5] 譯按：最近的馬來西亞大選（投票日是2013年5月5日）投票率達85%，選情激烈，是馬國獨立以來僅見，執政聯盟的挫敗擴大了。但因選制及選區劃分對執政黨有利，執政聯盟雖獲47%選票，仍有222國會席次的133席（60%），反對聯盟席次雖增加，仍僅89席。選後，〈抗議大選舞弊 大馬15萬黑衫軍示威〉的新聞持續了數日。（《自由時報》，2013/05/10）

2003; Rodan 2004; George 2007）。這個城邦國家的經濟成功，對於這個意識領導的霸權亦有背書之功，人們爲此而願意務實地接受這個政制。統治菁英支配新加坡社會的徹底程度，大到網際網路的異議空間角色，大致也中性化了（Ibrahim 2006）。安德魯‧凱尼恩（Andrew Kenyon 2010）確實有此發現，他跨國比較澳洲、馬來西亞與新加坡，分析三個國家的批判報導——最後他不得不捨棄新加坡，因爲其網路線上內容的批判文章太少，無法構成足夠的樣本數。[22]

　　簡短總結，外在政治情境與條件對於兩國的網路，意義有別，馬來西亞的網路成爲異端代理人，在新加坡卻是合作與控制。這個事實就是我們的結論：情境不同，結果有別，惟實情儘管如此，網際網路的總體理論文風不動，依舊單在科技層面作文章，致使實情隱晦不顯。

註釋

① 喬安・娜雷登（Joanna Redden）的非凡研究襄助，讓本書第一與第二章得以完成，在此致謝。尼克・柯爾椎（Nick Couldry）閱讀這兩章草稿，給予深刻見解的評論，亦申謝忱。

② 哈佛引述系統在句子與句子之間，插入多個相關文獻，阻礙了閱讀，讓人生厭。本章首段每個主題僅引述一份出版品，通常考量的因素是該文獻是否容易取得。本章諸如此類的論點，還會有許多例子。

③ 這本書的核心主題，曾在 1993 年《紐約客》（*New Yorker*）的一幅諷刺漫畫出現，該漫畫描繪電腦前坐著一隻狗，圖文是這樣說的：「上了網路，沒人知道你是一隻狗」（重製於 Anderson 2005: 227）。

④ 雪利・特克爾並沒有一百八十度大轉彎，因為她有樂觀也有悲觀的階段，且都兩邊押注，設定不少但書。

⑤ 這個取向與文森・莫斯科（Vincent Mosco 2005）不同，他檢視的是各種網路預言，將其當作是言說與論述，莫斯科藉此闡述這些預言賴以產生的各種假設與情境條件。這個取向就使得他將這些預言說成是「各種神話」，他並沒有從經驗層面，偵察它們是否成真或證實為偽。我們的取向也與安德森（Anderson 2005）不同，他採取更為描述的角度，書寫網際網路的歷來預言。

⑥ 我們得在此順帶一提，這個論旨的子題是，任何公司，只要其結構與功能得以全盤並完整利用網路的互動特性，就可望在「新經濟」繁盛昌榮。柯司特（Castells 2001: 68）因此說，思科系統（Cisco Systems）是「（網路）商業模式的先驅，網路經濟以此為

其特徵」，網路的活力正以此作為範例。然而，2000-01 年間，思科的股價跌了 78%，該公司也裁減了 8,500 位員工。2011 年，思科再次宣布大量裁員，其總裁約翰‧錢伯斯（John Chambers）這樣寫著：「我們的投資人失望，我們的員工迷惘。基本上，我們失去了（我們得以）成功的某些……公信力，我們必須挽回名譽。」（Solaria Sun 2011）這家公司雲霄飛車般的起落歷史，凸顯了一個簡單要點，擁有熟練結構得以運用新傳播科技，只不過是經濟成功的眾多要素之一。

⑦ 相關文獻相當大量。有用的介紹可見 Porter(2008a and b)；Dranove and Schaefer (2010) 與 Ghoshal(1992)。

⑧ 福克斯（Fuchs 2009）提供類似但略有差異的分析，他強調的是國家內部的不平等、民主水平與都市化程度，他認為這些是影響一國網際網路何時起飛的變數。

⑨ 這個得自 ESRC 及其他贊助所完成的比較研究，成果將在 2012 年出版。

⑩ 民族主義文化塑造網路與網際網路使用方式，第二章（原文頁碼 p.57）會進一步討論。

⑪ 參見原文頁碼 p.5，以及第二章的原文頁碼 pp.49-51 與 53。

⑫ 參見 http://www.youtube.com/watch?v=iailMSUVenA（2011 年 8 月 15 日近用）。

⑬ 科爾曼和布倫勒（Coleman and Blumler 2008: 169 ff）強健有力地論稱，線上諮詢是會更有用、與今有別，如果「**公眾所支持的**」網路市民共有地得以創生，並使其與政治決策有關。

⑭ 這類預言的更多說詞可參見 Anderson (2005)。

⑮ 網路對美國 2008 年大選的影響，有其限度，更多的討論請見第

五章。

⑯更多這類觀點，見第五章。

⑰參見 http://www.ukuncut.org.uklpress/coverage?articles....page=5（2011
年 4 月 4 日近用）。

⑱網際網路「擴散民主」的角色，見第二章。

⑲2011 年《華盛頓郵報》（*Huffington Post*）不再獨立，爲「美國線
上」（AOL）購併。（譯按：《華》的發跡簡歷是，2005 年 5 月創
辦，次年 8 月 SoftBank Capital 投資 500 萬美元，2008 年底增資
至 1,500 萬，2011 年 2 月 AOL 以 3.15 億美元蒐購，引起原志工
集體寫手抗議及訴訟。以罷傳，不再對 *The Huffington Post* 供稿。
參見 Lasarow, Bill "Why our writers are on strike against the Huffington
Post." *The Guardian*, 2011/03/05。

⑳這些資料由英國報業公會以電郵提供，2010 年 2 月 19 日。

㉑伊麗莎白・鮑曼—莫勒（Elisabeth Baumann-Meurer）研究了
Ohmynews 的歷史背景及情境，在此致謝。

㉒2011 年大選，PAP 國會席次少了幾席，或許這是網路批評文章增
加所致。不過，PAP 幾乎囊括所有席次，反對力量僅得六席。（譯
按：該年 PAP 得票率從 70% 左右降低至 60.14%，選前擁有 87
席的 84 席，因此外界認爲〈新加坡國會大選 反對黨輸得漂亮〉
〔《經濟日報》，2011/05/09，A6 版〕。關於網路是否造成影響，
雖然多見這類評論，但讀其內文，其實僅少數段落提及網路，因
此或可推論編輯的標題選擇，反映了渠所任定的「社會期待」？
如顧長永，〈新加坡大選 網路通訊衝擊父權政治〉〔《聯合報》，
2011/05/07，A17 版〕，又如〈靠網路拉票 反對黨勢力大漲〉〔《聯
合報》，2011/05/08，A13 版〕。）

參考文獻

Aalberg, T. and Curran, J. (2012) (eds) *How Media Inform Democracy*, New York: Routledge.

Agre, P. (1994) 'Networking and Democracy', *The Network Observer*, 1 (4). Online. Available HTTP: <http://polaris.gseis.ucla.edu/pagre/tno/april-1994.html> (accessed 4 May 2011).

Ahearn, C. (2009) 'How Will Journalism Survive the Internet Age?', *Reuters*, 11 December. Online. Available HTTP: <http://blogs.reuters.com/from-reuterscom/2009/12/11/how-will-journalism-survive-the-internet-age/> (accessed 10 June 2011).

Akdeniz, Y. (2009) *Racism on the Internet*, Strasbourg: Council of Europe Publishing.

Anderson, J. (2005) *Imagining the Internet*, Lanham, MD: Rowman and Littlefield.

Atkinson, R., Ezell, S. J., Andes, S. M., Castro, D. D. and Bennett, R. (2010) 'The Internet Economy 25 Years After. Com: Transforming Commerce and Life', The Information Technology & Innovation Foundation. Online. Available HTTP: <http://www.itif.org/files/2010-25-years.pdf> (accessed 2 February 2011).

Back, L. (2001) 'White Fortresses in Cyberspace', UNESCO Points of View. Online. Available HTTP: <http://www.unesco.org/webworld/points_of_views/back.shtml>(accessed 4 June 2011).

Bar, F. with Simard, C. (2002) 'New Media implementation and Industrial Organization', in L. Lievrouw and S. Livingstone (eds) *The Handbook of New Media*, London: Sage.

Bartels, L. M. (2008) *Unequal Democracy: The Political Economy of the New Gilded Age*, Princeton: Princeton University Press.

Beckett, C. (2008) *Supermedia*, Oxford: Blackwell.

Beilock, R. and Dimitrova, D. V. (2003) 'An Exploratory Model of Inter-country Internet Diffusion', *Telecommunications Policy*, 27: 237-52.

Benkler, Y. (2006) *The Wealth of Networks*, New Haven: Yale University Press.

Bennett, L. W. (2003) 'Communicating Global Activism', *Information, Communication & Society*, 6 (2): 143-68.

Blodget, H. (2008) 'Why Wall Street Always Blows It ... ', The Atlantic

Online. Online.Available HTTP: <http://www.theatlantic.com/magazine/archive/2008/12/whywall-street-always-blows-it/7147/> (accessed 12 February 2011).

Boas, T. C. (2006) 'Weaving the Authoritarian Web: The Control of Internet Use in Nondemocratic Regimes', in J. Zysman and A. Newman (eds) *How Revolutionary Was the Digital Revolution? National Responses, Market Transitions, and Global Technology*, Stanford, CA: Stanford Business Books.

Boczkowski, P. (2009) 'Technology, Monitoring and Imitation in Contemporary News Work', *Communication, Culture and Critique*, 2: 39-59.

Bohman, J. (2004) 'Expanding Dialogue: The Internet, the Public Sphere and Prospects for Transnational Democracy', *Sociological Review*, 131-55.

Bulashova, N. and Cole, G. (1995) 'Friends and Partners: Building Global Community on the Internet', paper presented at the Internet Society International Networking Conference, Honolulu, Hawaii, June.

Cairncross, F. (1997) *The Death of Distance*, Boston: Harvard Business School Press.

Cammaerts, B. (2008) 'Critiques on the Participatory Potentials of Web 2.0', *Communication, Culture and Critique*, 1 (4): 358-77.

Cassidy, J. (2002) *Dot.con: How America Lost its Mind and Money in the Internet Era*, New York: Harper Collins.

Castells, M. (2001) *The Internet Galaxy*, Oxford: Oxford University Press.

Cellan-Jones, R. (2001) *Dot.bomb: The Rise and Fall of Dot.com Britain*, London: Aurum.

Chadwick, A. (2006) *Internet Politics: States, Citizens and New Communication Technologies*, Oxford: Oxford University Press.

Chrysostome, E. and Rosson, P. (2004) 'The Internet and SMES Internationalization: Promises and Illusions', paper delivered at Conference of ASAC, Quebec, Canada, 5 June. Online. Available HTTP: <http://libra.acadiau.ca/library/ASAC/ v25/articles/Chrysostome-Rosson.pdf> (accessed 23 October 2011).

Coleman, S. (1999) 'New Media and Democratic Politics', *New Media and Society*, 1 (1): 62-74.

Coleman, S. and Blumler, J. (2008) *The Internet and Democratic Citizenship*, Cambridge: Cambridge University Press.

Commission on Poverty, Participation and Power (2000) 'Listen Hear: The

Right to be Heard', Report of the Commission on Poverty, Participation and Power, Bristol: Policy Press. Online. Available HTTP: <http://www.jrf.org.uk/publications/listen-hear-rightbe-heard> (accessed 10 January 2011).

Conway, M. (2006) 'Terrorism and the Internet: New Media - New Threat?', *Parliamentary Affairs*, 59 (2): 283-98.

Cook, E. (1999) 'Web Whiz-kids Count Their Cool Millions', *Independent*, 25 July, p. 10.

Couldry, N. (2010) 'New Online Sources and Writer-Gatherers', in N. Fenton (ed.) *New Media, Old News*, London: Sage.

Couldry, N., Livingstone, S. and Markham, T. (2007) *Media Consumption and Public Engagement*, Basingstoke: Palgrave Macmillan.

Crouch, C. (2004) *Post-Democracy*, Cambridge: Polity.

Curran, J. (2002) *Media and Power*, London: Routledge.

—— (2011) *Media and Democracy*, London: Routledge.

Curran, J. and Witschge, T. (2010) 'Liberal Dreams and the Internet' in N. Fenton (ed.) *New Media, Old News: Journalism and Democracy in the Digital Age*, London: Sage.

Curran, J., Lund, A., Iyengar, S. and Salovaara-Moring, I. (2009) 'Media System, Public Knowledge and Democracy: A Comparative Study', *European Journal of Communication*, 24 (1): 5-26.

Dahlgren, P. (2005) 'The Internet, Public Spheres, and Political Communication: Dispersion and Deliberation', *Political Communication*, 22: 147-62.

Daniels, J. (2008) 'Race, Civil Rights, and Hate Speech in the Digital Era', in A. Everett (ed.) *Learning Race and Ethnicity: Youth and Digital Media*, The John D. and Catherine T. MacArthur Foundation Series on Digital Media and Learning, Cambridge, MA: MIT Press, 129-54.

Davies, J., Sandström, S., Shorrocks, A. and Wolff, E. (2006) 'The World Distribution of Household Wealth', United Nations University, World Institute for Development Economics Research. Online. Available HTTP: <http://www.wider.unu.edu/events/past-events/2006-events/en_GB/05-12-2006/> (accessed 10 January 2011).

Davis, A. (2002) *Public Relations Democracy*, Manchester: Manchester University Press.

—— (2010) *Political Communication and Social Theory*, London: Routledge.

Deighton, J. and Quelch, J. (2009) *Economic Value of the Advertising-Supported Internet Ecosystem*, Cambridge, MA: Hamilton Consultants Inc.

Dencik, L. (2011) *Media and Global Civil Society*, Basingstoke: Palgrave Macmillan.

Deuze, M. (2009) 'The People Formerly Known as the Employers', *Journalism*, 10 (3): 315-18.

Di Genarro, C. and Dutton, W. (2006) 'The Internet and the Public: Online and Offline Political Participation in the United Kingdom', *Parliamentary Affairs*, 59 (2): 299-313.

Dinan, W. and Miller, D. (2007) *Thinker, Faker, Spinner, Spy*, London: Pluto.

Downie, L. and Schudson, M. (2010) 'The Reconstruction of American Journalism', *Columbia Journalism Review*. Online. Available HTTP: <http://www.cjr.org/reconstruction/the_reconstruction_of_american.php> (accessed 10 January 2010).

Dranove, B. and Schaefer, S. (2010) *Economics of Strategy*, 5th edn, Hoboken, NJ: John Wiley.

Edmunds, R., Guskin, E. and Rosenstiel, T. (2011) 'Newspapers: Missed the 2010 Media Rally', *The State of the News Media 2011*, Pew Research Center's Project for Excellence in Journalism. Online. Available HTTP: <http://stateofthemedia.org/2011/newspapersessay/>(accessed 20 August 2011).

Ehlers, V. (1995) 'Beyond the Cyberhype: What the Internet Means to the Congressman of the Future', *Roll Call*, 1 October.

Elmer-Dewitt, P. (1994) 'Battle for the Soul of the Internet', *Time*, 144 (4): 50-57.

Eskelsen, G., Marcus, A., and Ferree, W. K. (2009) *The Digital Economy Fact Book*, 10th edn, The Progress and Freedom Foundation. Online. Available HTTP: <http://www.pff.org/issues-pubs/books/factbook_10th_Ed.pdf> (accessed 2 April 2011).

European Commission (2009) *Eurostat*. Online. Available HTTP: <http://epp.eurostat.ec.europa.eu/portal/page/portal/eurostat/home/> (accessed 14 August 2011).

Fenton, N. (2008) 'Mediating Hope: New Media, Politics and Resistance', *International Journal of Cultural Studies*, 11: 230-48.

—— (ed.) (2010a) *New Media, Old News: Journalism and Democracy in the Digital Age*, London: Sage.

—— (2010b) 'NGOs, New Media and the Mainstream News: News from Everywhere' in N. Fenton (ed.) *New Media*, Old News, London: Sage.

Foster, J. and McChesney, R. (2011) 'The Internet's Unholy Marriage to Capitalism', *Monthly Review* (March). Online. Available HTTP: <http://monthlyreview.org/110301foster-mchesney.php> (accessed 4 June 2011).

Foster, J., McChesney, R. and Jonna, R. (2011) 'Monopoly and Competition in Twenty-First Century Capitalism', *Monthly Review*, 62: 11.

Fraser, N. (2007) 'Transnationalizing the Public Sphere: On the Legitimacy and Efficacy of Public Opinion in a Post-Westphalian World', *Theory, Culture and Society*, 24 (4): 7-30.

Freiburger, T. and Crane, J. S. (2008) 'A Systematic Examination of Terrorist Use of the Internet', *International Journal of Cyber Criminology*, 2 (1): 309-19.

Fuchs, C. (2009) 'The Role of Income Inequality in a Multivariate Cross-National Analysis of the Digital Divide', *Social Science Computer Review*, 27 (1): 41-58.

Fukuyama, F. (2002) *Our Posthuman Future*, New York: Farrar, Straus and Giroux.

Gates, B. (1995) 'To Make a Fortune on the Internet, Find a Niche and Fill it', *Seattle Post-Intelligencer*, 6 December, p. B4.

George, C. (2005) 'The Internet's Political Impact and the Penetration/Particpation Paradox in Malaysia and Singapore', *Media, Culture and Society*, 27 (6): 903-20.

—— (2007) *Contentious Journalism and the Internet*, Seattle: University of Washington Press.

Gerstenfeld, P. B., Grant, D. R. and Chiang, C. (2003) 'Hate Online: A Content Analysis of Extremist Internet Sites', *Analyses of Social Issues and Public Policy*, 3 (1): 29-44.

Ghoshal, S. (1992) 'Global Strategy: An Organizing Framework', in F. Root and K. Visudtibhan (eds) *International Strategic Management: Challenges and Opportunities*, New York: Taylor and Francis.

Gilder, G. (1994) *Life After Television*, New York: Norton.

Ginsborg, P. (2004) *Silvio Berlusconi: Television, Power and Patrimony*, London: Verso.

Gobry, P.-E. (2011) 'It's Official: Internet Advertising is Bigger than Newspaper Advertising', *Business Insider*, 14 April. Online. Available HTTP: <http://

www.businessinsider.com/internet-advertising-bigger-than-newspaper-advertising-2011-4>(accessed 15 August 2011).

Grossman, L. K. (1995) *The Electronic Republic: Reshaping Democracy in the Information Age*, New York: Viking.

Guardian (2011) 'The World's Top 10 Newspaper Websites', 19 April. Online. Available HTTP: <http://www.guardian.co.uk/media/table/2011/apr/19/worlds-top-10-newspaper-websites?intcmp=239> (accessed 20 August 2011).

Hahn, H. (1993) *Voices from the Net*, 1.3, 27 October. Online. Available HTTP: <http://www.spunk.org/library/comms/sp000317.txt> (accessed 7 November 2010).

Hill, K. and Hughes, J. (1998) *Cyberpolitics*, Lanham, MD: Rowman and Littlefield.

Hindman, M. (2009) *The Myth of Digital Democracy*, Princeton: Princeton University Press.

Hirsch, D. (2007) 'Experiences of Poverty and Educational Disadvantage', Joseph Rowntree Foundation. Online. Available HTTP: <http://www.jrf.org.uk/publications/experiencespoverty-and-educational-disadvantage> (accessed 5 January 2011).

Horgan, G. (2007) 'The Impact of Poverty on Young Children's Experience of School', Joseph Rowntree Foundation. Online. Available HTTP: <http://www.jrf.org.uk/publications/impact-poverty-young-childrens-experience-school> (accessed 20 January 2011).

Hunt, J. (2011) 'The New Frontier of Money Laundering: How Terrorist Organizations use Cyberlaundering to Fund Their Activities, and How Governments are Trying to Stop Them', *Information & Communications Technology Law*, 20 (2): 133-52.

Ibrahim, Y. (2006) 'The Role of Regulations and Social Norms in Mediating Online Political Discourse', PhD dissertation, LSE, University of London.

International Telecommunications Union (2010) 'ITU Calls for Broadband Internet Access for Half of the World's Population by 2015', ITU News, 5 June. Online. Available HTTP: <http://www.itu.int/net/itunews/issues/2010/05/pdf/201005_12.pdf>(accessed 10 January 2011).

Internet World Stats (2010a) 'Internet Usage Statistics, the Internet Big Picture', Miniwatts Marketing Group. Online. Available HTTP: <http: www.internetworldstats.com/stats.htm> (accessed 10 January 2011).

—— (2010b) 'Internet World Users by Language: Top 10 Languages', Miniwatts Marketing Group. Online. Available HTTP: <http://www. Internetworldstats.com/stats7.htm> (accessed 10 January 2011).

—— (2011a) 'Internet World Stats: Usage and Population Statistics'. Online. Available HTTP: <http://www.internetworldstats.com/stats.htm> (accessed 14 August 2011).

—— (2011b) 'Asia Internet Usage'. Online. Available HTTP: <http://www. internet worldstats.com/stats3.htm> (accessed 21 August 2011).

Jansen, J. (2010) 'The Better-Off Online', *Pew Research Center Publications*, Pew Internet & American Life Project, 24 November. Online. Available HTTP: <http://pewresearch. org/pubs/1809/internet-usage-higher-income-americans> (accessed 7 June 2011).

Jipguep, J. (1995) 'The Global Telecommunication Infrastructure and the Information Society', Proceedings ISOC INET '95. Online. Available HTTP: <http://www. isoc.org/inet95/proceedings/PLENARY/L1-6/html/ paper.html> (accessed January 2010).

Joyce, M. (2007) 'The Citizen Journalism Web Site "OhmyNews" and the 2002 South Korean Presidential Election', Berkman Center for Internet and Society of Harvard University. Online. Available HTTP: <http://cyber.law. harvard.edu/sites/cyber.law.harvard.edu/files/Joyce_South_Korea_2007. pdf > (accessed 24 July 2011).

Juris, J. (2005) 'The New Digital Media and Activist Networking within Anti-Corporate Globalization Movements', *The Annals of the American Academy*, 597: 189-208.

Kalapese, C., Willersdorf, S. and Zwillenburg, P. (2010) *The Connected Kingdom*, Boston Consulting Group. Online. Available HTTP: <http:// www.connectedkingdom.co.uk/downloads/bcg-the-connected-kingdom-oct-10.pdf> (accessed 14 August 2011).

Kalathil, S. and Boas, T. C. (2003) *Open Networks, Closed Regimes: The Impact of the Internet on Authoritarian Rule*, Washington: Carnegie Endowment for International Peace.

Kelly, K. (1999) 'The Roaring Zeros', *Wired*, September. Online. Available HTTP: <http://www.wired.com/wired/archive/7.09/zeros.html> (accessed 10 December 2010).

Kenyon, A. (2010) 'Investigating Chilling Effects: News Media and Public Speech in Malaysia, Singapore and Australia', *International Journal of*

Communication, 4: 440-67.

Kim, E.-G. and Hamilton, J. (2006) 'Capitulation to Capital? OhmyNews as Alternative Media', *Media, Culture and Society*, 28 (4): 541-60.

Klotz, R. J. (2004) *The Politics of Internet Communication*, Lanham, MD: Rowman & Littlefield.

Lane, D. (2004) *Berlusconi's Shadow*, London: Allen Lane.

Lauria, J. (1999) 'American Online Frenzy Creates Overnight Billionaires', *Sunday Times*, 26 December.

Lee-Wright, P., Phillips, A. and Witschge, T. (2011) *Changing Journalism*, London: Routledge.

Lister, R. (2004) *Poverty*, Cambridge: Policy Press.

Livingstone, S. (2010) 'Interactive, Engaging but Unequal: Critical Conclusions from Internet Studies', in J. Curran (ed.) *Media and Society*, 5th edn, London: Bloomsbury Academic.

Mandel, M. J. and Kunii, I. M. (1999) 'The Internet Economy: The World's Next Growth Engine', BusinessWeek Online, 4 October. Online. Available HTTP: <http://www.businessweek.com/1999/99_40/b3649004.htm?scriptFramed> (accessed 2 February 2011).

Marquand, D. (2008) *Britain since 1918*, London: Phoenix.

Moos, J. (2011) 'The Top 5 News Sites in the United States are. ... ', Poynter Institute. Online. Available HTTP: <http://www.poynter.org/latest-news/romenesko/128994/the-top-5-news-sites-in-the-united-states-are/> (accessed 5 August 2011).

Morozov, E. (2011) *The Net Delusion*, London: Allen Lane.

Mosco, V. (2005) *The Digital Sublime*, Cambridge, MA: MIT Press.

Murdoch, R. (2006) 'Speech by Rupert Murdoch at the Annual Livery Lecture at the Worshipful Company of Stationers and Newspaper Makers', *News Corporation*, 3 March. Online. Available HTTP: <http://www.newscorp.com/news/news_285.html> (accessed 1 September 2010).

Negroponte, N. (1995; 1996) *Being Digital*, rev. edn, London: Hodder and Stoughton.

Nel, F. (2010) *Laid Off: What Do UK Journalists Do Next?* Preston: University of Central Lancashire. Online. Available HTTP: <http://www.journalism.co.uk/uploads/laidoffreport.pdf> (accessed 20 August 2011).

Nerone, J. (2009) 'The Death and Rebirth of Working-class Journalism', *Journalism*, 10 (3): 353-55.

Nielsen (2011) 'Media and Information Sites Thrive in Popularity as Consumers Seek the "Real World" on the Web', Nielsen Press Room. Online. Available HTTP: <http://www.nielsen.com/uk/en/insights/press-room/2011-news/media_and_information-sitesthrive.html> (accessed 2 August 2011).

Ofcom (2010a) 'Perceptions of, and Attitudes towards, Television: 2010', PSB Report 2010 - Information Pack H, 8 July. Online. Available HTTP: <http://stakeholders.of com.org.uk/binaries/broadcast/reviews-investigations/psb-review/psb2010/Perceptions. pdf> (accessed November 2010).

Ofcom (2010b) *International Communications Market Report*, London: Ofcom. Online. Available HTTP: <http://stakeholders.ofcom.org.uk/binaries/research/cmr/753567/icmr/ICMR_2010.pdf> (accessed 23 August 2011).

Office of Fair Trading (2009) *Review of the Local and Regional Media Merger Regime*. Online. Available HTTP: http://www.oft.gov.uk/news/press/2009/71-09 (accessed 23 December 2009).

Olmstead, K., Mitchell, A. and Rosenstiel, T. (2011) 'Navigating News Online', Pew Research Center, Project for Excellence in Journalism. Online. Available HTTP: <http://pewresearch.org/pubs/1986/navigating-digital-news-environment-audience>(accessed 20 August 2011).

ONS (2008) *Internet Access 2008: Households and Individuals*, London: Office of National Statistics.

Park, M.-Y., Kim, C.-N. and Sohn, R.-W. (2000) 'Modernization, Globalization and the Powerful State: The Korean Media', in J. Curran and M.-Y. Park (eds) *De-Westernising Media Studies*, London: Routledge.

Perry, B. and Olsson, P. (2009) 'Cyberhate: The Globalization of Hate', *Information & Communications Technology Law*, 18 (2): 185-199.

Pew (2009a) Pew Project for Excellence in Journalism, *State of the News Media 2009*, Pew Research Center Publications, 16 March. Online. Available HTTP: <http://www.stateofthemedia.org/2009/narrative_overview_intro. php?cat=0&media=1> (accessed 10 December 2009).

—— (2009b) 'Trend Data', Pew Internet & American Life Project. Online. Available HTTP: <http://www.pewinternet.org/Static-Pages/Trend-Data/Online-Activities-Daily.aspx> (accessed 2 April 2010).

—— (2011) 'The State of the News Media 2011: An Annual Report on American Journalism', Pew Research Center's Project for Excellence in

Journalism. Online. Available HTTP: <http://stateofthemedia.org/2011/newspapers-essay/#fn-5162-39> (accessed 20 August 2011).

Pew Research Center for the People and the Press (2011) 'Internet Gains on Television as Public's Main News Source', 4 January. Online. Available HTTP: <http://pew research.org/pubs/1844/poll-main-source-national-international-news-internet-televisionnewspapers>(accessed 7 January 2011).

Porter, M. (2008a) *On Competition*, Boston: Harvard Business School Press.

—— (2008b) 'The Five Competitive Forces that Shape Strategy', *Harvard Business Review*, January: 79-93.

Poster, M. (2001) *What's the Matter with the Internet*, Minneapolis: University of Minnesota Press.

Price, R. (1998) 'Reversing the Gun Sites: Transnational Civil Society Targets Land Mines', *International Organization*, 52 (3): 613-44.

Redden, J. and Witschge, T. (2010) 'A New News Order? Online News Content Examined', in N. Fenton (ed.) *New Media, Old News*, London: Sage.

Rodan, G. (2004) *Transparency and Authoritarian Rule in Southeast Asia*, London: RoutledgeCurzon.

Rohlinger, D. and Brown, J. (2008) 'Democracy, Action and the Internet after 9/11', *American Behavioral Scientist*, 53 (1): 133-50.

Ryan, J. (2010) *A History of the Internet and the Digital Future*, London: Reaktion Books.

Sani, A. (2009) *The Public Sphere and Media Politics in Malaysia*, Newcastle: Cambridge Scholars Publishing.

Schwartz, E. I. (1994) 'Power to the People: The Clinton Administration is Using the Net in a Pitched Effort to Perform an End Run Around the Media', *Wired*, 1 January. Online. Available HTTP: <http://www.wired.com/wired/archive/2.12/whitehouse_pr.html> (accessed 10 January 2010).

Scott, E. (2004) '"Big Media" Meets the "Bloggers": Coverage of Trent Lott's Remarks at Strom Thurmond's Birthday Party', Kennedy School of Government Case Study C14-04-1731.0, Cambridge, MA: John Kennedy School of Government, Harvard University.

Scott, T. D. (2008) 'Blogosphere: Presidential Campaign Stories that Failed to Ignite Mainstream Media', in M. Boler (ed.) *Digital Media and Democracy: Tactics in Hard Times*, Cambridge: MIT Press.

Simon Wiesenthal Centre (2011) '2011 Digital Terrorism and Hate Report Launched at Museum of Tolerance New York'. Online. Available HTTP: <http://www.wiesen thal.com/site/apps/nlnet/content2.aspx?c=lsKWLbPJ LnF&b=4441467&ct=9141065>(accessed 8 July 2011).

Stiglitz, J. (2002) *Globalization and its Discontents*, London: Penguin.

Stratton, J. (1997) 'Cyberspace and the Globalization of Culture', in D. Porter (ed.) *Internet Culture*, London: Routledge, 253-76.

Sklair, L. (2002) *Globalization*, 3rd edn, Oxford: Oxford University Press.

Slevin, J. (2000) *The Internet and Society*, Cambridge: Polity.

Smith, A., Schlozman, L., Verba, S. and Brady, H. (2009) 'The Internet and Civic Engagment', Pew Internet & American Life Project, 1 September Online. Available HTTP: <http://www.pewinternet.org/Reports/2009/15-The-Internet-and-Civic-Engage ment.aspx> (accessed 10 May 2010).

Smith, P. and Smythe, E. (2004) 'Globalization, Citizenship and New Information Technologies: from the MAI to Seattle', in M. Anttiroiko and R. Savolainen (eds) *eTransformation in Governance*, Hershey, PA: IGI Publishing.

Solaria Sun (2011) 'Cisco Systems Financial Crisis', 4 August. Online. Available HTTP: <http://solariasun.com/3521/cisco-systems-financial-crisis/> (accessed 12 August 2011).

Solt, F. (2008) 'Economic Inequality and Democratic Political Engagement', *American Journal of Political Science*, 52 (1): 48-60.

Sutton, L., Smith, N., Deardon, C. and Middleton, S. (2007) 'A Child's-eye View of Social Difference', Joseph Rowntree Foundation: The Centre for Research in Social Policy (CRSP), Loughborough University. Online. Available: <http://www.jrf.org.uk/publications/childs-eye-view-social-difference> (accessed 10 January 2011).

Taubman, G. (1998) 'A Not-so World Wide Web: The Internet, China, and the Challenges to Nondemocratic Rule', *Political Communication*, 15: 255-72.

Thompson, D. (2010) 'The Tea Party Used the Internet to Defeat the Internet President', The Atlantic, 20 November. Online. Available HTTP: <http://www.theatlantic.com/business/archive/2010/11/the-tea-party-used-the-internet-to-defeat-the-first-internet-president/65589/> (accessed 22 August 2011).

Toffler, A. and Toffler, H. (1995) *Creating a New Civilization*, Atlanta: Turner.

Tomlinson, J. (1999) *Globalization and Culture*, Cambridge: Polity.

Torres, R. (2008) 'World of Work Report 2008: Income Inequalities in the Age of Financial Globalization', International Institute for Labour Studies, International Labour Office, Geneva. Online. Available HTTP: <http://www.ilo.org/public/english/bureau/inst/download/world08.pdf> (accessed 9 December 2010).

Turkle, S. (1995) *Life on the Screen*, New York: Simon and Schuster.

—— (2011) *Alone Together*, New York: Basic Books.

Ugarteche, O. (2007) 'Transnationalizing the Public Sphere: A Critique of Fraser', *Theory, Culture and Society*, 24 (4): 65-69.

Valliere, D. and Peterson, R. (2004) 'Inflating the Bubble: Examining Investor Behaviour', *Venture Capital*, 4 (1): 1-22.

Van Dijk, J. (2005) *The Deepening Divide*, London: Sage.

Volkmer, I. (2003) 'The Global Network Society and the Global Public Sphere', *Development*, 46 (1): 9-16.

Wheale, P. R. and Amin, L. H. (2003) 'Bursting the Dot.com "Bubble": A Case Study in Investor Behaviour', *Technological Analysis*, 15 (1): 117-36.

Witschge, T., Fenton, N. and Freedman, D. (2010) *Protecting the News: Civil Society and the Media*, London: Carnegie UK. Online. Available HTTP: <http://www.carnegieuktrust.org.uk/getattachment/1598111d-7cbc-471e-98b4-dc4225f38e99/Protecting-the-News-Civil-Society-and-the-Media.aspx> (accessed 9 June 2011).

Woolcock, M. (2008) 'Global Poverty and Inequality: A Brief Retrospective and Prospective Analysis', *Political Quarterly*, 79 (1): 183-96.

Worthington, R. (2003) *Governance in Singapore*, London: RoutledgeCurzon.

Wunnava, P. V. and Leiter, D. B. (2009) 'Determinants of Intercountry Internet Diffusion Rates', *American Journal of Economics and Sociology*, 68 (2): 413-26.

Zickuhr, K. (2010) 'Generations 2010', Pew Internet and American Life Project. Washington: Pew Research Centre. Online. Available HTTP: <http://pewinternet.org/Reports/2010/Generations-2010.aspx> (accessed 20 August 2011).

第 2 章
重新思考網際網路歷史

James Curran

導論

　　網際網路在 1980 年代與 1990 年代初期擴張之際，浪漫的氣氛籠罩瀰漫。[①]網路先鋒使用者發明了獨特的一些隱語，引進了縮寫詞如 MOO 與 MUD（指探險與角色扮演線上遊戲）。在這段時期使用網路，如同信教一般的歸屬感，有自己的內規秘密、次文化風格，以及嚴格的技術能力作為入行標準。絕大多數使用者是年輕人，並且他們各自在相關領域見多識廣。

　　即便時序進入了 1990 年代中期，網際網路已經相當主流，網路使用仍然保留了一些早期歲月的異國風情。擁有高文化聲望的報紙刊登了一篇一篇的長篇文稿，說明了網路的運作方式，解釋了網路能做些什麼事情。「賽伯空間」（cyberspace）等等字眼出現了，該詞是網路先鋒對科幻小說的浪漫想像，也就成為部分的通用詞彙。認真研究網路的起源及其發展的嚴肅嘗試，也從這個時候開始。不過，我們可以說，這類早年的歷史研究仍然處於心生震撼與敬畏，受到這個約制的寫作，也就反映在網際網路（internet）的拼寫方式，此時，internet 是一個大寫的「I」

34

（Abbate 2000; Gillies and Cailliau 2000; Berners-Lee 2000; Rheingold 2000）。① 雖然這些說法不失其啓發，卻都是對於網路的美稱讚揚。它們的核心主題是烏托邦的美夢，彼此互惠與彈性務實最終創造了這個必將帶來轉型能力的科技，可以引領人類進入更好的社會。

　　這種書寫歷史的方式，可說已有前例。早在 1850-87 年間，維多利亞時代英國報業史的先驅寫作者，就持這個論調。當時的人，特別是自由派的書寫，無不對新印刷科技寄以重任，認爲其後的大眾報業必然具有轉變時代的力量。如同今日書寫網路歷史的人，一百多年前的這些研究者可以說同樣在科技祭壇前，卑躬屈膝，它們同樣也是將「報紙印刷機」英文兩字的前兩個字母，以大寫表示，成爲 Newspaper Press（比如 Hunt 1850: 178; Grant 1871-72: 453）。他們同樣也是美稱讚揚不絕於口，大眾報業的興起在其筆下，聯繫於理性、自由與進步的向前行。

　　後來，隨著時光推移，批判的距離方始得以拉開，原因是大眾報業的各種負面趨勢也已經相當突出，無法視而不見，也只有到了這個時候，這些先驅報業史的核心主題，才算遭遇到了挑戰。③ 網際網路歷史書寫的修正觀點，時刻還沒降臨。是有一些特定研究頗見啓發，不過，總體來說，網路歷史的書寫還是亦步亦趨，跟隨前人在先鋒時期所設定的軌道，安步當車；它們是科技與進步的歡樂編年史（Flichy 2007; Banks 2008; Ryan 2010）。④

　　本章試圖以兩種方式，脫離這種標準模式。大多數的網路歷史書寫，還是聚焦在早期的英雄階段。對比之下，本章固然注重早年的網路發展，但同樣強調與著重近期的演變。如同後文即將展示，作此調整之後，網路歷史的軌跡也就改變了。

　　對於非西方推進網路的一些面向，本章也將試圖勾勒。標準

的網路歷史書寫僅只是談及網路是西方的現象。放在早期階段，這樣的視野不無道理，畢竟西方人確實是網際網路的發明者。不過，網路既然已經朝向全球，關於網路的歷史書寫，也就必須納入後來的這些情況。我們即將在後文得知，不再將網路歷史限縮在西方，眼前圖像就會更加複雜多彩。

網際網路的技術發展

網際網路的技術史可以簡短綜合如後。美國公眾擁有的小型電腦網路在 1969 年建成，可以看作是網際網路的起源。電腦語言及成套的技術協定亦經共享與發展，整個網絡就此擴張。電郵（email），當時其名稱是網絡郵件（network mail），在 1972 年已經引進。「網際網路」這個術語在 1974 年浮出檯面，意思是許多電腦之間相互聯繫，共構作業。

到了 1980 年代與 1990 年代，早先主要集中在美國的網路發展，如今進入了國際化階段。關鍵的轉變時刻到了，「歐洲核能研究組織」（the European Organization for Nuclear Research, CERN）在 1985 年採用了其第一個內部電腦網絡的網路協定（IP），到了 1989 年，它公開了第一個對外連結 IP。然後就是 1991 年創設的萬維網（the world wide web），這個使用者介面所提供的組織方式，以及藉此發布所有電腦網路資料的機制，相當簡便。亞洲在 1980 年代末已經有了網際網路服務，不過，非洲第一個網路服務直到 1995 年才告問世。到了 1998 年，網際網路已經走入世界各地有人居住之處。

1990 年代與 2000 年代可以說是重疊的時期，網路在這段期間快速流行。1993 年第一個網路圖形瀏覽器出現後，網路的推

進速度更快了，其後，隨著搜索引擎及網路指南的推出，就又讓更多人可以使用網路了。1983 年，可以連結上網的電腦是 562 部，到了 2005 年已有 30 億（譯按：英文原寫 300 billion，也就是 3 千億，疑有誤）（Comer 2007）。到了 2010 年，據估計全世界有 20 億網路使用者，相當於世界人口的四分之一以上（ITU 2010）。

36　　　這個令人矚目的進展得力於一些關鍵研發成果。其一，電腦的體積先前得占據整個房間，還得由白領人員悉心照料，如同神職人們那般。現在，電腦是強大有力，很容易使用的工藝品，可以放在人們的雙膝，也可以把握於手掌之中。其次是電腦網路通過共用編碼的方式，能夠傳送與定址傳播。第三，互聯軟體起到轉換作用，資訊的近用、連結與儲存更加便利（萬維網的創造又是關鍵的突破點）。第四，先前已經建設完成的國際電話系統，協助了各國相關操作的相互聯繫。國際電話系統「承載」著網路，協助網路快速地向全球擴展。

　　不過，網際網路的演化並不只是科學創新所決定的技術過程。出資研發、創造並使其具有現在這個形式的人，其所設定的目標同樣塑造了網路。這些目標終將交鋒產生衝突，最後就是爭奪網際網路「靈魂」的戰鬥。

軍事贊助

　　人們將網際網路當作是和平的代理人，但它卻是冷戰產物，已經有許多人談及這個矛盾。蘇聯在 1957 年成功將衛星發設置地球軌道時，它拔得了「太空競賽」的頭籌。經此刺激，美國國防部創設了「尖端研究計畫署」（the Advanced Research Projects

Agency, ARPA），其下眾多計畫就包括世界第一個尖端電腦網絡
（ARPANET）的研發，藉此，電腦運算的互動水平可望提高。
這個網絡最初是為了分攤昂貴的電腦運算時間之成本，不過很快
地它就有了另一個理由。這時，出現了一個論點。網絡對於複雜
的軍事指揮與控制系統的發展，會有相當助力，使其能夠承受蘇
聯的核武攻擊。整套規劃的思維經過這個重構之後，促成重要公
共投資的出現，網絡科技得以擴張（Edwards 1996; Norberg and
O'Neil 1996）。

　　這個結果同時也導致早年網際網路的設計，受到軍事目標
的影響，這是日後人們予以淡化的事實（比如 Hafner and Lyon
2003）。軍事的考量勢不可擋，目標就是要創造電腦網絡，能夠
承受蘇聯攻擊。這就促使軍方贊成也贊助分散系統，沒有指令中
心，也就無虞敵人的摧毀。這個系統與美國企業 IBM 所研發使
用的中央化、科層體制的資料系統，非常不同。實際的結果就
是，不但很難「排出」，也很難控制的網絡就此創造了出來。

　　出於這些軍事考量，網絡科技的發展方向就是要讓系統仍可
運作，即便其部分已遭摧毀。對於軍事需要來說，一個關鍵的吸
引力就是數據的分封交換（這是網際網路發展的核心），據此，它
略過了發送者與接收者之間的開放，因此容易遭受侵害的線路。
不作線型傳輸，而是將所有訊息分散打包（「分封」），然後才是通
過不同的路線開始傳送，路線就由當時的訊息流量及網路條件決
定，到達所要傳送的地點時，再予重新集合打包。各個分封包等
於是都有各自的數位信封，明訂了傳輸與內容的規格或規範。

37

　　軍事的另一個目標就是，相同的網絡系統要能同時發揮不同
的、相當特別的軍事職掌。這就提供動力，誘發多樣系統的創
造，這樣就能容許不同的網絡得以合併連結，僅需各自遵守最低

限度的要求。接著就是衛星與無線通訊加入這個網絡聯繫工程，因為衛星與無線傳輸設備輕易之間，就能裝置在吉普車、船艦與飛機。

因此，軍事目標的印記已很清楚地烙印在網際網路的設計原理。為了對抗邪惡的蘇維埃帝國，網際網路在受孕之始，就是國防策略的一環。網際網路是「奇愛博士」（*Dr Strangelove*）的宏圖大業，其理由近似於 1964 年一部諷刺電影的文案：「不再擔憂，我已經學會愛上炸彈。」

國家出資贊助亦以其他方式，間接協助了網際網路的建立。美國國防預算在 1946 年首度出資建立了美國第一個電子數位電腦，這對美國電腦業的技術先進，產生補助作用（Edwards 1996）。美國國家機器也支持美國太空計畫，其副產品（軌道衛星）有助於承載網絡傳播的大量訊息。其實，美國國家機器承攬了網路研究與發展的主要成本。

若是單就私人部門來說，他們並不會想要投入，因為電腦網絡與國防計畫有關，似乎並沒有好的商業前景。確實如此，美國電信巨人 AT&T 在 1972 年拒絕政府邀約，無意參與 ARPANET 這個現代網際網路的前身，它的理由就是此事無利可圖。然而，斥資支持研發，也斥資打造相當數量的使用人群之後，美國政府「放養」網際網路於市場。1991 年美國撤除禁止公共網際網路的商業使用禁令，1995 年公共商業網際網路私有化了。

科學家的價值

軍事贊助者對網際網路自有其目標設定，電腦科學家則居間解釋與中介。雙方的合作關係良好，因為事實上軍方與科學家的

目標重疊。這就是說，因擔心蘇維埃攻擊，軍方才有系統能否存續的目標，順此則採取了分散網絡結構的方案。但這也是大學相關科系的欲望，它們與早期的網路發展有其關係，它們同樣不願意受制於中央化的網絡控制。

與這層道理類似，網際網路的模塊式結構，契合於軍事的彈性需要。它也契合學院的需要，其目標就是提升網際網路作為研究工具的價值，因此就得納進更多的網絡。網際網路所具有的加載性質因此能夠滿足雙方的旨趣。

1960 年代末與 1970 年代初，喧鬧一時的美國校園反越戰抗議聲浪，並未影響科學家與軍方的和諧關係，原因可能是雙方擁有互惠關係（Rosenzweig 1998）。後來，雙方因為安全的議題，曾經出現衝突，軍事或學術關切應該優先關照，有了矛盾，這時是 1983 年，雙方後來採取了友好的解決方案：網際網路一分為二，軍事網絡與民用網絡。

軍方與科學家彼此互信，最後，科學界得以取得相當可觀的自主空間。是以，學院科學界的價值就此成為第二股塑造力，作用於網際網路的發展。科學文化的宗旨是研究成果應向公眾揭露，彼此理當進行集體對話，為了未來的科學進展，知識界應該講求合作。出於這個合作的文化傳統，各種網絡協定也就得到長足的發展，並對外公開釋出。各種網路創建期形成的傳統之一，就是這個公開與互惠的原則。

然而，科學社群大力鼓吹的「開放」，其形式是專家揭露與使用，不是將網際網路開放作為大眾消費。箇中原因是，學院科學界的工作成品從以前到現在，通常都是互以側身相關知識社群的人為訴求對象，有其技術與自我指涉的參照形式。這個排他的傳統也是早期網際網路的特徵之一。若要上線，就得擁有相當基

38

礎的電腦技能；電腦科學家起初並沒有多大興趣改變這個局面。

反文化價值

　　若說軍事－科學複合體形塑了早期的網際網路，其後的發展則受 1980 年代美國反文化風潮（以及，其後的歐洲反文化風潮）的強大影響。這股反文化風潮另有不同的流派，但彼此之間經常相互交織。其中，社群主義（communitarian）的流派就想促進天下一體的團結感覺，方式就是扶持彼此的同理心與瞭解。另一股是嬉皮（hippy）次文化，試圖尋求個人的自我實現，使個人自由而不受傳統常規的壓抑；再有一股則是激進的次文化群體，他們希望權力能夠移轉至一般人，藉此轉換社會。反文化之內的這些不同流派，影響了浮現中的網路文化及其使用。

　　弗雷德・特納（Fred Turner 2006）有一極有創見的研究，書中記錄了嬉皮記者與嬉皮文化企業家，該書描述二者的中介角色，描述了代表兩種趨向的群體，究竟是怎麼聯手打造了具有創造力的夥伴關係。他們的中介能力展現在禮讚希望及喚醒希望。原先，電腦科學家習慣於讓外界當作是書呆子，現在，嬉皮記者與嬉皮文化企業家說，他們是很酷的彌賽亞，就要轉變世界；兩類嬉皮人還對反文化的活躍份子說（原先這類人在 1980 年代已是強弩之末），是有一種科技存在，能夠讓他們已經枯萎的美夢回春。這些中介者宣稱，電腦科學家與反文化活躍份子如果聯手，必然可以讓電腦掙脫功利的目標，重返為人文而作的精神。

　　變革的風向已經浮現。1980 年代商業的線上服務在公共網絡之外，已有發展，人們付費就可以在線上購物與聊天，雖然不太成功。即便沒有這些反文化的力道進入，網際網路當時也已出

現轉向的跡象，新的用途快要破繭而出了。但是（譯按，同樣不　39
能否認的是），科學家及反文化活躍者的普羅米修斯合作關係，
在重新想像電腦的用途時，扮演了重要角色。

　　1980 年代，加州出現了許多社群主義主開發完成的地方網
絡，通常是由使用者支付低額連網費，取得由志工提供的勞務服
務。其中的一個典型是「全地球電子連結」（WELL, Whole Earth ’
Lectronic Link），1985 年它在舊金山灣區成立，最早是撥號上網
的電子布告欄系統。這是斯圖爾特・布蘭德（Stewart Brand）這
位搖滾音樂會掌門人，以及左派醫生同時也是為第三世界發言
出聲的拉里・布雷李恩特（Larry Brilliant）的心血結晶。布雷李
恩特招收了許多前「農莊」（Farm）成員，那是建立在田納西州
的大型、自給自足的農業公社（commune）。他們創造了電子公
社，後來成長到了三百個電腦中介的「會議」，社會與政治活躍
份子來此相遇，還有其他各種各樣熱情洋溢的人。WELL 最大
的次群體是激進搖滾樂團「死之華合唱團」（the Grateful Dead）
的粉絲。外人出言不遜，指這些人是「死人腦袋」（Deadheads）
的人，耗時間在線上討論「死之華合唱團」迷一樣的歌詞，他
們交換在各種現場音樂會錄製的音樂──搖滾樂團支持這個作
法，並以之作為公開立場的部分，藉以表示他們贊成「盜用」其
音樂。不過，參與 WELL 的人數其後幾年開始減少，1994 年，
鞋商布魯斯・卡茨（Bruce Katz）買下了電子公社。轉手之後，
另件衝突致使兩敗俱傷，參與人數大幅下滑（Rheingold 2000:
331-34）。

　　歐洲也有類似的公社實驗，通常是由地方政府作為接生產
婆。其中最知名的例子是阿姆斯特丹的「數位城市」（荷蘭稱之
為 DDS）。起初，它只是 1994 年由地方市鎮支持的一項實驗性

質的計畫，1995 年旋即重新定位爲「虛擬城市」，同時也得到了基金會的贊助。這座「城市」分作不同的方塊，各個都有特定的題目（如政治、電影與音樂），這些林林總總的賽伯咖啡室，每一個設計都是要作爲相聚相遇的地方。這場實驗引來許多人群的注意，如占據空屋運動者、大學生、創意產業的工作人員，以及居住在阿姆斯特丹的其他人。最多的時候，這個規劃捲入了數以千計的人，推動了大眾使用線上服務，動員人們針對許多議題進行網路投票。不過，在初始實驗階段的熱情疲弱之後，社會大眾捲入其間的程度在 1990 年代末期退潮了。最後由於內部衝突，這個計畫削弱了，也沒有取得長期的資助。

有些實驗的延續時間比較長，多屬連結地理上四散的草根網絡，有些是受到北美激進學生的影響（Hauben and Hauben 1997）。這些網絡包括了 Usenet（1979）、BITNET（1981）、FidoNet（1983）與 PeaceNet（1985）。其中，依據 UNIX 系統的 Usenet 新聞群體是所有這類網站當中，最重要的一個。該網站最早是使用者建立，用來討論與 UNIX 軟體有關的問題，也用來討論如何解決使用時遇到的困難，後來入列的議題轉趨多樣，從墮胎到伊斯蘭等等，無不進入討論的光譜。Usenet 的新聞群體從 1979 年的 3 個，增加到了 1988 年的 1.1 萬個，再到 2000 年是 2 萬多個（Naughton 2000: 181-82）。這個服務雖然稍遜一籌，最早是起於撥接，其後得到許可，進入 ARPA 網絡漫遊，然後再轉進於網際網路。

40 　　反文化的嬉皮流派也在這個時候，協助將電腦轉爲遊戲場地。1990 年代早期，以文字爲主的探險遊戲迷戀出現了，參加者可以自創身分認同，藉此與他人互動，沒有年齡、性別、種族、階級與殘障與否的視覺標誌。有人高聲歡呼，指這是人們探

索眞正自我空間，斬斷日常生活的約制與偏見，獲得他人更多的同理心，進而在主體得到解放以後，創建更好的世界（Turkle 1995）。還有人說，在這個解放人身心的環境，人們可以擁有更爲混雜的、虛擬的性事（自己會比眞實生活中的身分，更爲年輕與苗條），不再受制於線下世界的各種常規（Ito 1997）。

　　對於嬉皮電腦資本主義的出現，反文化亦有促成之力。這就是史蒂夫・喬布斯（Steve Jobs）和史蒂夫・沃茲尼亞克（Steve Wozniak）在 1980 年創辦蘋果電腦的背景，這股動力起自另類運動。在此之前，喬布斯在印度行走多時，追求個人的啓蒙，沃茲尼亞克則積極參與激進搖滾。1982 年沃茲尼亞克以個人身分，出資創辦了搖滾音樂節，說是要專爲「資訊時代」而作。這場音樂節所吸引的人，比起當年伍德斯托克（Woodstock）[1]所吸引的人還要多，現場架起巨大螢幕牆，投射了簡單的訊息：

> 資訊爆炸充斥於科技，我們覺得，這些資訊理當分享。
> 所有偉大的民主思想家都說，民主的關鍵在資訊使用。
> 現在我們手握機會，可讓人們掌握資訊，前所未有。
> （轉引自 Flichy 1999: 37）

經此轉折，反文化再次孕育了未來的願景，電腦理當作此使用，提振這個願景。投入其下的活躍份子轉換了網際網路，使其不再只是科技菁英的工具，而是虛擬社群、次文化遊樂場及民主代理機構的創造者。

---

[1] 譯按：另譯「胡士托音樂節」，1969年8月在紐約州貝瑟鎮（Bethel）舉行三日，吸引50萬人。

歐洲的公共服務

塑造賽伯空間的第三個影響力，來自歐洲的福利國家之傳統，它創造了宏大豐富的公共衛生健保及公共服務廣電系統。網際網路誕生在美國，萬維網則是提姆·伯納斯－李（Tim Berners-Lee）創生，當時他在政府機構工作，歐洲核子研究組織（CERN）的「歐洲量子物理實驗室」（European Particle Physics Laboratory）。

兩個關鍵想法鼓舞了提姆·伯納斯－李：開放公共財（儲藏在世界各地的電腦系統的知識）供人使用，促使人們彼此共融。伯納斯－李的雙親都是數學家，他爲能夠服務人群而備覺充實。伯納斯－李反對市場化，並不是不自覺地自動選擇，反之，他對於有人將市場價值高舉勝過其他，頗有反感。他說，在美國經常有人問（在歐洲則少些），是否他會因爲沒有從發明萬維網賺大錢而懊惱。他的回答反映了公共服務的價值：

41

> （這個提問隱然認爲）一個人的價值取決於其重要性與財務收穫，並且其測量又得以貨幣作爲依歸，這個概念相當可怕，讓人抓狂……我的成長經歷讓我的核心價值會將貨幣所獲，放在應有的位置。（Berners-Lee 2000: 116）

伯納斯－李無意委由私人公司提倡萬維網的使用，是因爲他深信若作此選擇，勢將引發競爭，最後就會分拆萬維網，致使淪爲私有的領域。如果出現這個轉折，他的想法，「追求分享資訊的媒介」就會形同遭致顛覆，他的構想宏圖就會遭致削弱。因此他

起而說服他所在職的單位，由公眾通過政府給予資助的機構，請其管理單位同意他在 1993 年將萬維網的代碼公諸於世，當作是致贈大社群的禮物。他後來出任規範萬維網機構（W3C）的首腦，目的是在「思考對於世界而言，什麼是最好的，不是思考對於商業利益而言，什麼才是最好」（Berners-Lee 2000: 91）。

　　這就是萬維網對世人的捐贈，知識與資訊的巨大聚寶盆任人自由使用。這是服務社會的理想所啓發，不是服務自己。

網際網路的商業化

　　影響賽伯空間發展的第四個力量是市場。先前已經提及。1991 年禁止使用公共網路作爲商業用途的規定，已經取消，這個決定似乎完全是良性效果。它鼓勵了瀏覽器與搜索引擎的出現，萬維網的使用更顯得可親容易了。伯納斯－李的認知是，它們的翩然降臨，「對於萬維網是非常重要的一步」（Berners-Lee 2000: 90）。

　　在 1990 年代中期，網際網路的所有面向似乎都是顯得極其正面。即便網際網路的出身是超級強權的戰爭機器，其軍事遺產也在 1990 年終結了，當時 ARPANET 將公共網際網路骨幹的控制權，交回國家科學基金會。學院的、反文化的及公共服務的價值在此結合，創造了開放的、公共空間，具有分散的、多樣的及互動的性質。人們使用網際網路的方式有了相當大的擴展與延伸。商務的影響力有增無已，似乎僅只是經由簡化其技術門檻，但卻延伸了這個新媒介所帶來的各種福利，促成更多人得以使用，並沒有偏離網路的根本性質。

　　1990 年代中期起，網路大步商業化，舉世一片歡呼，大抵

不見批評之聲，可說應合於時代的風潮。這是得意洋洋的必勝時刻，民主與資本主義擊潰了共產主義（Fukuyama 1993）。各類專家如潮水一般的湧出，強化了這個時期的音樂情調。麻省理工學院的大師尼古拉斯・尼葛洛龐帝（Nicholas Negroponte）在 1995年出版了一本各界交相讚譽的書，設定了時代基調，在這本書筆下，網際網路是民主化數位革命的整體之一環。他的預言是，公眾可望從網際網路與數位媒介**取得**他們所想要的東西，不是逆來順受，而只能**接受**傳媒大亨所推出的內容。他繼續說道，媒介消費刻正依據個別品味而「客制化」，「這些大眾傳媒的碩大無朋之帝國，行將解體成為山寨一般的產業」，這就使得「工業時代的交叉產權定律」過時了（Negroponte 1996: 57-58 and 85）。波斯特（Mark Poster 1995）這位人所尊敬的網路專家也有類似的預言，他的結論是，我們正在進入「第二個媒介年代」，壟斷就要由多樣取代，內容發送者與接收者的差異消除了，先前的被統治者如今即將成為統治者。這些及大多數的其他論點，全都未曾認為，市場將會限制了網路的解放力。

　　網際網路進入市場的年代以前，1990 年代的網路聯盟也出現了內部分裂。有些學院的電腦專家創業設置了網路公司，成為百萬富翁。另有些人則靜悄悄，默認而同意軟體授權，致使用戶為此受限，此時，大學行政單位也想找出途徑，借助其電腦資訊學系對外牟利。新世代的電腦產業領袖浮出檯面了，他們的不拘小節和平民作風顯得相當突出，前輩的企業文化則窒悶人心，二者對比，差異立刻顯現。環境有了這個變化，資本主義的作風似乎成為流行時尚：這是賺錢的方法，傳達個性並避免國家控制。用以討論新傳播科技的語言，改變了。「資訊超級高速公路」（information Superhighway）是個隱喻，來自 1950 年代的國家主

義之現代主義路線，必須在此讓路於浪漫的形象「賽伯空間」（cyberspace）（Streeter 2003）。所有東西看來都是那麼美妙神奇，帶來變革，積極正面。

商業化的後果

　　網際網路的商業化改變了它的性格。信用卡轉帳的標準協定在 1997 年通過並獲採行，這對線上銷售是重要的推力。網路現在的部分性質，已經有了商業購物城的身分，虛擬商舖在這塊空間擺攤兜售，產品與服務琳瑯滿目。

　　不過，事後的發展顯示，最容易上網兜售的**內容**，不是少數派藝文人士所創造的成品，雖然有些分析家詩意書寫之（比如 Anderson 2006），而是春宮色情與遊戲軟體（這個類目有雙重內涵，既是遊戲，也有賭博）。雖然色情春宮內容占了還不到網路內容的百分之一（Zook 2007），卻占了 1997 年所有搜索的 17%，到了 2004 年還是占有相當份量，4%（Spink, Patridge and Jansen 2006）。色情春宮內容所要訴求的市場，界定相當清楚，包括大量年輕人。舉個例子，平均年齡是 20 歲的加拿大學生，有 72% 男性與 24% 女性在受訪前十二個月，曾經造訪春宮色情網站（Boies 2002）。還不只是受人歡迎，線上使用者還願意支付金錢使用。美國成人娛樂產業在 2006 年的產值達 28 億美元，其中網路色情收入占了重要的部分（Edelman 2009）。相近的現象是，線上遊戲如今也是大為成功，全球營收估計達 119 億美元（DFC Intelligence 2010）。[2]

---

[2]　譯按：有一統計稱，以'porn'為關鍵詞通過谷歌搜索，2011年所得項次已比2004年增加三倍。2011年9月起，網路的頂級域名名稱，增加了「.xxx」網域

總體線上購物習慣的養成與起飛，耗時較長，有多種原因。⑤
直到 2008 年，英國僅有略多於多數的人曾經在線上買過東西
（Office for National Statistics, ONS 2008）。然而到了 2010 年之
時，該比例已經到了 62%（ONS 2010）。所有指標無不顯示，線
上購物將會快速成長，必然會支配某些產品與勞務的銷售。

商業化的副作用是，網路廣告可能變得更為具有侵入性質。
廣告產業最先引進的橫幅跨畫面廣告（橫向的水平長帶形，讓
人想起先前的報紙展示廣告）。其後，就是不同形狀與設計的廣
告，如「按鍵廣告」（button）、「摩天型廣告」（skyscraper）、「彈跳
插播廣告」（pop-up interstitials），以及內有影音元素的新形態廣告
（更為接近電視廣告片了）。3

有些人認為，這些進展就預示了未來的場景。它們顯示，先
前大抵是前市場的空間，各種內容自由流通，所有線上的人都可
使用，未來在轉變後，就會只是商品化空間，其間，銷售及廣告
得到了更大的凸顯，收費網站迅速滋生，退卻的是網站開放近用
的「公有地」，網路中立性不再存在，因為要打造更為快速的網
路，服務富裕階層（另設慢的網路，由預算有限的公民使用）。

市場向前進，影響所及，控制了使用者但人們卻毫無所悉。
企業財團界定期擁有電腦軟體的智慧財產權之方式，已經危及、
削弱了網際網路的開放協作傳統（Lessig 1999; Weber 2004）。財
團也向美國（及其他國家）施加壓力，隨時更新並給予更嚴格

專屬名，使用該專屬網域的內容，均與春宮色情有關。'Internet governance: in
praise of chaos', 'A plaything of powerful nations', *Economist*, 2011/10/1: 18, 59-60。
3 譯按：最近是「微電影」作為一種廣告形式。多數說法將2010年12月28日
《一觸即發》在中國央視的90秒「微電影」廣告形式，當作是這個新類型廣
告的誕生例子，見陳怡慈（2011），〈微電影高人氣 精華90秒吸睛〉。《經
濟日報》1月13日，A12版。

的智財權報漲。1976 年美國通過《著作權法》（Copyright Act），使其延伸著作權於軟體。1998 年美國強化了這個作法，《數位千禧年法》（Digital Millennium Act）大大強化了對抗侵權的法律條款，若其威脅數位傳媒公司的發展。但其效果卻是對智財權的過度保障，受損的是，合理的網路內容之「公平使用」範圍，縮小了（Lessig 2001）。

　　商業科技的發展所造成的限制效應，又以 1990 年代以降的監理設備最為明顯（Schiller 2007; Deibert et al. 2008; Zittrain 2008）。方法之一是監理特定網路（如谷歌的搜索）的資料與流量，循此可以追蹤使用者與蒐集者的資訊，得知他們造訪了哪些網站，以及使用者在這些網站作了哪些事情。另一種方法是在特定電腦裝置軟體，如此就可監理該電腦及其使用人的各種活動。這類軟體還有潛能，可以進入其他電腦的「後門」，藉此監理所有這些電腦的活動。第三個方法是，從不同來源蒐集資料，藉此即可編纂社會網絡分析，掌握人們的興趣、親友關係、各種結社與隸屬關係，以及使用者的消費習慣等等。

　　監理科技所受歡迎與部署的情況，相當廣泛。在美國，估計有 92% 商業網站會彙整、分類然後運用網路使用者的個人資料作為經濟用途（Lessig 1999: 153）。大多數人為了免費使用這些網站，也都放棄隱私，於是就讓自己暴露在監理的狀態中。隱私作為「人權」並給予至高保障的作法，在美國相當弱，雖說歐洲提供較大的保障。

　　這類科技首先是作為行銷與廣告目標而存在，其後則漸漸作為其他用途，不是原先所能逆料。2000 年發布的一項研究指出，73% 美國公司定期、也固定的檢視其工作人員使用網路的情況（Castells 2001: 74）。意義尤其重要的是，我們即將看到，專制

政府也採用了商業監控軟體，以便監理並控制網際網路的內容。

　　商業化還建立了各為細緻的控制方式，根基都是市場的力量。精品店、小型山寨產業及消費者主權，這個誘人但也騙人的願景是當年內格羅蓬特（Negroponte 1996）信誓旦旦推出的願景，如今顯然是離譜到了極點的一廂情願。到了 2011 年，四大巨人在網際網路的不同部門，各自建立了支配地位。若以它們的市值來看，它們還真變成了世界上最大規模的公司行列：蘋果（市值 3,310 億美元）、微軟是 2,200 億美金 、谷歌是 1,960 億美金，而甲骨文是 1,670 億（Naughton 2011a）。[4]它們的經濟力道還會另生作用，致使其產品對使用者來說，產生了限制作用。比如，蘋果在 2011 年推出的 iPhones 與 iPad 的設計優美則優美矣，卻容不得他人提供新的應用軟體，除非事先經由蘋果審批核可。若不照著蘋果規定的方法走，你的手提電腦就無法運作。這是新的控制層，因為智慧型手機與被控制的移動網站，綑綁拴住了（與此對照的是，電腦專家可以自由地寫作程式，經由地線系統連結成網）（Naughton 2011b）。

　　各大傳媒集團也鐵騎四出，著手要將賽伯空間納管殖民。它們有的是大量內容庫存、大量的現金與專業技能的儲備，另與廣告工業有密切聯繫，擁有品牌能見度，同時能夠進行交叉促銷。它們還創立與自己競爭的敵對公司，藉此讓本身的產品有更多組合。到了 1998 年，美國 31 家人們最常造訪的網站，有四分之三與大型傳媒集團有關（McChesney 1999: 163）。大約十年之後，主要的新聞組織支配了（如同我們在第一章所說）[6]人們最常造

---

[4]　譯按：市值與真實價值不同，變動大，如一年之隔的2012年底，蘋果與谷歌的市值已經是5,482億與2,228億美元，臉書則是569億（*Economist*, 2012/12/1: 13, 24-26）。

訪的新聞網站，在英國與在美國，都是這樣。媒介閱聽人的集中現象，在線上消費也是相當明顯，這與線下相同（Baker 2007），如果來了新的廠商，集中整合的類型還是相同。傳媒大廠入侵賽伯空間的效果是，現有成本的水平升高了。創造並維持多媒體網站，可以拉住閱聽人的網站，如今成為昂貴的事情，這就使得資源有限的局外人，更為難以進入其間從事有效競爭。

　　搜索引擎的興起也是喜憂參半之事。一方面，它們讓人在搜尋時，得以讓浩瀚網海有了意義，因此是巨大的長處。另一方面，這些搜索引擎設定了結構，將使用者導引至主流的網路地址（Miller 2000）。這樣一來，英國雅虎在 2002 年就將所有網路內容，以「頻道」劃分，於是有了購物、趣味、商業、個人及其連結等。它的首頁分類到了 2011 年已有比較多的變化，但還是相當簡化，由於其網路內容已經納入特定結構，勢必造成限制的效果。對照於雅虎，谷歌採取更為開放的作法。不過，名列特定主題的前十位項目，比較可能被人讀到，入列項目的依據，如同收視率調查的網路版。這就會造成一種效果，另類來源會乏人聞問，打入邊緣（Hindman 2009）。這個情況僅對少數嫻熟使用者不會造成影響，他們很會修正線上搜尋。

45

　　簡而言之，商業化扮演了重要角色，使得網際網路更為風行普及，更大範圍的人群為此能夠使用網路。不過，商業化之後也引入了經濟與大量資料的控制，新的監理科技也出現了，這就使得網際網路的多樣與自由，不得不受限縮。

書呆子的反叛

　　早期的網際網路由進步聯盟塑造，現在它們解組了，其中有一群人站穩了腳跟，採取實際的作法，試圖限制網際網路的商業作為。這群人是電腦資訊科學家的非正式社群，他們對於「所有權人軟體」施加其上的作風，屢屢抵抗，因為這樣一來，這些內容的使用就會遭到私人專利或著作權的限制。

　　書呆子的反叛始於 1984 年，理查德・斯托曼（Richard Stallman）是麻省理工學院的激進程式設計師，他創建了「自由軟體基金會」（the Free Software Foundation）。斯托曼有位同仁拒絕揭露印表機的代碼，理由是該機器的使用，如今已受執照限制；聞言，他很憤慨，拍案而起。對於斯托曼來說，這是自私自利的強制行事，違反了他的專業生涯所習以為常的合作常規。稍候，AT&T 宣布，打算將廣為人用，且先前毫無任何限制的 UNIX 操作系統，以授權方式供人使用，這就讓他更為震怒。在他看來，這簡直就是企業攫取了先前是由彼此共同研發的成品，且是在法律充分授權下強制完成之。

　　斯托曼的外表有點使徒保羅的樣子，滿臉鬍鬚，他辭去安穩的工作，幾乎以單人隻手之力，著手建立了自由又有別於 UNIX 的操作系統。新系統的名字就叫做 GNU（表示 G 不是 Unix，因此就是 GNU，G is Not Unix）。1984 至 1988 年間，斯托曼設計了編輯器與編譯器，很多人對此雀躍，指其是技巧和智慧之作。其後，斯托曼因重複且持續操作電腦時間太長，上肢勞損，他放慢了工作速度。GNU 計畫還沒有全部完成。當時還不為人知的芬蘭學生萊納斯・托沃茲（Linus Torvalds）起而填補了這個缺口，托沃茲曾經在赫爾辛基聽過斯托曼迷人的講話，得到了

很多朋友的協助，他在 1990 年研擬出了 GNU 系統年代還沒出現的核心。電腦社群集體協作，改進了經此過程所完成的 GNU/Linux，如今它已是世界上最爲可靠的操作系統之一了。這個系統續航力十足，相當成功，以致 IBM 在 1998 年決定搭上順風車，加入這個抗議運動的潮流。IBM 正式支持 Linux 系統，同意投資金錢使其有進一步的發展，但不行使任何財產權控制形式。

　　IBM 同時也以相同條件，擁抱了阿帕奇（Apache）伺服器。這個設計的來源是伊利諾大學的美國超導體應用中心，這個政府資金成立的機構釋出了程式。起初該程式有很多毛病，其後在駭客社群經由不斷而有累積作用的改進（「修補」）下，改頭換面而以阿帕奇之名問世。這個產品成爲廣泛使用的自由伺服器——其得以成功的原因，再次是因爲 IBM 採用了開放原始碼的作法。

46

　　然後就有了 2003-2004 年間，Mozilla 火狐（Firefox）瀏覽器作爲自由軟體的出現。到了 2011 年，它已經成爲世界第二受歡迎的網路瀏覽器。在 2000 年代所謂的第二場瀏覽器戰爭，火狐扮演了關鍵的角色，微軟當時占有支配地位的 IE 瀏覽器在各方瓜分下，其市場力量弱化了。火狐的吸引力之一就是它提供了方法，讓人能夠阻擋線上廣告。

　　前後有秩的這場抗爭，得以湊效的部分原因是它召來國家保護自己（徹底放任自由派往往會忘了這個事實）。斯托曼創建的自由軟體基金會釋出其各種計畫與成品，遵循「通用公共執照」（General Public Licence, GPL）的規定。它設有「著左權」（copyleft）條款（俏皮話、雙關語是電腦書呆子的典型幽默），要求其後據此而作的任何自由軟體之改進，同樣也必須以 GPL授權，方便整個社群的人都能使用。作此設計的用意，就是通過契約及著作權的部署，阻止任何公司逕自修改自由軟體後，宣稱

其後的版本是其財產。它也得以確保，未來自由軟體的任何改進，都是回饋社群的「禮物」。

開放原始碼運動（open source, OS）的成功，活絡了資訊公開揭示的傳統。它延續了科學社群的協作常規，人們在此改進，或研發新的產品（如萬維網），但卻又不是無中生有，是先已受惠於資訊的公開近用，後再投桃報李，將自己的發現提供讓所有人自由使用。它也對於學術科學的價值存有信念，相信合作、自由與公開辯論是追求科學進步的良方。整個運動的成就就是務實方案的創設，取代了財產權軟體。

OS 運動的人力來自訓練有素的電腦科學家，他們側身大學、研究實驗室、電腦產業界，以及技術高超的駭客。各個 OS 活躍份子往往認為，電腦的力量應該用來達到公共之善，他們分享的信念是，任何權威形式都要懷疑。他們具有利他動機，卻也從創造力的快感，以及來自同儕的認可，得到滿足（Levy 1994）。OS 社群也有自己的標準、規則、決策程序及懲罰機制。OS 運動能夠有效若此，部分原因在此（Weber 2004）。

使用者創生的內容

OS 運動另有連結，聯繫於其他協調一致的行動，其共同目標是復甦使用者的參與。比如，斯托曼在 1990 年代曾經與人聯手，想要創設線上百科全書，任何人都可以撰寫也可以修改，其集體作業的方式，悉如 OS 原始碼的生產過程。這個美夢最後由吉米‧威爾士（Jimmy Wales）和拉里‧桑格（Larry Sanger）實現了，他們在 2001 年發動了維基百科工程。事後證明，這項計畫取得巨大成功。至 2008 年，維基百科已經招來 7 萬 5 千位積

極寫手。到了 2011 年，維基百科已經達 1900 萬條目，擁有超過 47
200 種語言，涵蓋的主題範圍非常廣泛。雖說數量這麼龐大的產
出，品質必然無法均勻，惟自我訂正的機制是一種集體修為，撰
寫人也共同遵守正確事實的鋪陳，加上不會招人耳目的保障措施
顯眼，以及超連結的學院作法，這些總加起來，已能支持維基百
科全書達到較高水平的標準（Benkler 2006; Zittrain 2008）。維基
百科的價值高度得到認可，因此在 2011 年 6 月，它已經是世界
第七大最受歡迎的網站。⑦

　　維基百科興起的同時，社群媒體網站也急速成長。一群哈
佛學生在 2004 年創立了「臉書」，開始的時候是年輕菁英的社交
網站，很快地就以幾何級數增長，最後 2006 年向所有人開放。
它讓使用者可以只向其選定的朋友開放，同時可以排除不想讓人
知道、注意的部分。2005 年則有 YouTube 的出現，它以影像分
享網站的形式現身，很快就大為成功。一方面，它讓使用者能夠
分布流傳他之所愛，在此過程，原先僅在邊緣的藝文人士得到了
機會，有可能接觸到更廣大的公眾。雖說這些網站大多數是商業
性質（谷歌果然在 2006 年買了 YouTube），但在使用的當下，這
些服務是免費的，其維持也是它們所服務的社群，集體人才與資
源所肩負。它們相當成功地更新了「自己動手作」的、公社的傳
統，先前就有阿姆斯特丹數位城市 WELL 等實驗，開啟了先鋒。

　　早年網站的激進流派在 2006 年也冒出了頭，這就是維基解
密（WikiLeaks）的誕生。這是一個小型的，非營利組織，它從
爆料者及其他很多人取得資訊，然後編制處理後，對外公開。
2010 年，它公布了一段影片，⁵顯示美國軍用直昇機在 2007 年的

5　譯按：2010年4月7日，台北四家報紙均報導此事件，《中國時報》放在A3版
　　較醒目，標題是〈影帶曝光　駐伊美軍冷血濫射　記者孩童遭殃〉；《蘋果日

巴格達，對伊拉克平民開槍射殺，這段影片引起軒然大波。其後，美國外交密電大量洩漏，這些電文加上其他東西，提供了洞若觀火的內情，揭示了美國非正規帝國的運作。維基解密沒有在網路海量商業資訊的汪洋中滅頂，它逃脫了遭致忽視的命運，方式是它與主要的傳媒組織，發展了策略聯盟的關係。維基解密事實上是反敗為勝了：通過庋藏在電腦的資料，使用者監理了政府而不是人民。[6]

頑強抵抗的使用者

　　書呆子反抗有成，部分原因是得到了頑抗使用者的支持。網際網路進入市場化以前，已經使得人們習慣使用網路內容與自由，無須付費。由於這層道理，要再重新教育他們，必須付費、必須成為消費者，就很困難。

報》篇幅較長，網路版並轉該影片，〈駐伊美軍 濫殺12人影帶曝光〉；《聯合報》的標題似有誤導，〈伊戰影帶解密曝光 攝影機看成火箭筒 美軍錯殺記者〉；《自由時報》則說〈伊戰醜聞／路透記者 證實遭美軍誤殺〉。

[6] 譯按：維基解密與各國政府的爭鬥，在創辦人之一亞桑傑（Julian Assange）於2012年6月進入厄瓜多爾倫敦大使館尋求政治庇護後，發展至另一高潮。至2013年2月中旬，英國在財政緊縮中，已執意花用約1.33億台幣監視亞桑傑。至2014年8月雖有傳聞，指僵局將解除，後未落實。2013年6月另有史諾登（Edward Snowden）及隨後曝光，美英加澳紐等五個英語系國家（俗稱「五眼」）以分工方式，對歐日在內的各個國家遂行監督的事件爆發，有關傳媒揭露與國家安全的爭議，再次揚起。以上進展與討論，見〈英監控亞桑傑 8個月燒1.3億〉（《聯合報》，2013/2/17，A13版）、〈維基解密創辦人「受困」兩年多：亞桑傑稱 將離開厄國使館〉（《聯合報》，2014/8/19，A13版）、〈"五隻眼"監聽分工曝光〉（《南方週末》，2013/11/29），以及Petley, Julian (2014) 'The State journalism is in: Edward Snowden and the British press', *Ethical Space* (The International Journal of Communication Ethics),11(1/2), 2014/4/17讀取自http://journals.communicationethics.net/free_article.php?id=00057。

　　這個事實，展現在早先已有商業化網路的嘗試。1993年，由公共資金所成立的美國太空總署，免費在網上釋出其先鋒瀏覽器「馬賽克」（Mosaic）。六個月之內，該軟體有一百萬以上的下載次數。馬賽克團隊因此就自創私人公司，提供一個商業改進版「網景」（Netscape），供人在三個月內免費試用。不過，這個在免費試用三個月後必須開始付費的要求，沒人搭理。網景團隊至此不得不面臨一個決定，堅持付費或是更弦易轍。最後它決定提供免費服務，因恐若堅持付費，就會讓使用者轉而另找免費方案；這個掛慮很有可能是對的。網景就此轉從廣告以及顧問諮詢業務，取得主要營收（Berners-Lee 2000: 107-8）。

48

　　想要收取網路內容使用費的公司，也發現困難重重。很多公司在1990年代都失利了（Schiller 2000; Sparks 2000）。往後二十年間，銷售網路內容的進展也不大，除了三類特殊網路內容：色情春宮、遊戲賭博及金融資訊。即便是成功的另類網站同樣也已經察覺，假使要說服其使用者支付部分金錢，也是戛戛乎其難（Kim and Hamilton 2006; Curran and Witschge 2010）。眼見經濟危機日漸深沈，2010-11年間是有一些報紙試著想要找出另一個新的商業模式，也就是以前免費提供任人閱讀的內容，如今他們想試試是否能夠收費——其結果會是哪些光景，現在言之過早。[7]

---

[7] 譯按：第一份專為數位訂戶創辦的電子報（Rupert Murdoch創辦）在2011年初創辦，已在2012年底停刊，〈媒體寒冬…iPad電子報The Daily陣亡〉（《聯合報》，2012/12/5）至2013/14年的調查仍顯示，在英語系國家能從電子付費模式取得成績的傳媒仍以菁英綜合刊物或財經刊物為主，但前者不一定能獲利；接受調查的十個國家1.9萬人，2013年10個網民只有1位願意付費購買新聞，英國是7％、美國11％，巴西反而有22％，參見Reuters Institute Digital News Report 2014, June, 讀取自https://reutersinstitute.politics.ox.ac.uk/fileadmin/documents/report2014/Reuters%20Institute%20Digital%20News%20Report%202014%20-%20Full%20Report%20(low%20resolution).pdf；捷克可能是唯一有可能成功的

不過，音樂工業倒是略有所成，在很長一段時間遭受形同災難般的衝擊之後，如今雖已遲延，倒是有了一個面對線上音樂盜用的妥協方案：事實上，這也只能說是局部的成功，它降低了線上聆聽歌曲的收費額度。

起初，人們是挺嫌惡網路廣告。1994 年，美國有一法律公司坎特和西格爾（Canter and Siegel），它在數千個新聞群體網站刊登了一則通告，廣告自己的移民法律諮詢服務。次日，排山倒海的人可以說是濫用了回覆（有如「火海」），致使其網路服務供應商的網站多次遭致灌爆，接著就當機了（Goggin 2000）。1995 年，據調查，有三分之二美國人說不想要有網路廣告（McChesney 1999: 132）。其後，有了過濾垃圾電郵的軟體之後，人們接受線上廣告的意願增加了。現在確實有很大一群人，是會選擇上 Craigslist 與 Gumtree 之類的網站，看看廣告哩。

返身回顧

我們可以說，西方網際網路的歷史是一頁矛盾的編年史。在還沒有引進市場機制的年代，網際網路的價值走向受到幾股力量的強大影響，學院科學界、美國反文化，以及歐洲公共服務的價值。衍生自軍事計畫的研究工具，網際網路衍生了多重的新功能：虛擬社群的創造者、角色扮演的遊戲場，以及互動政治辯論的平台。網路第一階段的成就可以說是登峰造極，給予世界一大禮物，它創造了資訊糧倉，任人自由使用。

國家，重要原因可能是舉國多數報紙聯合加入付費機制，能降低訂費所致，已有數則報導，較近的是'Paywalls open doors: Startups in Slovakia', *The Economist* (Online) (2014/3/27), http://www.economist.com/blogs/babbage/2014/03/startups-slovakia。

　　不過，早期形構雖然頗爲正面，商業政制卻是後來居上、壓頂冠群。廠商鐵了心，就是要求人們付費才能使用先前免費的各種軟體。各大傳媒組織以資源充沛的後盾，建設了各大網站。各大搜索引擎也爲了廣求廣告，爲訪客配對，將他們導向流行網站。線上娛樂成長，政治論述進入冷宮。新的商業監理科技愈見發達，監理使用者行爲，相伴相隨的是國家立法，強化賽伯空間的智慧財產權管制。

49

　　不過，先前已經存在的秩序不肯屈膝投降，還得一戰。心懷異議的電腦工作者再次通過集體的努力，研究與開發，並提供 OS 軟體。使用者就在先前習慣的約制下，仍然堅定地執著於早期網路的常規，亦即拒絕付費使用線上內容，這個常規順此也就移轉到了提供免費服務的網站。1980 年代，想像電腦使用方式的精神曾經啓動，並且爲電腦找到了新的使用方式，這個精神在 2000 年代，再次得到強大有力的更新。就在這股精神的催生下，自由使用者創生了維基百科、社群媒體與爆料網站維基解密。

　　新舊之間如何平衡，本來就無法穩定。比起 15 年前，2012 年的賽伯空間更加商業化。網際網路可能還會快速變化，迎向市場政制。然而，意志堅強且心意已決的人數還是很多，他們努力要維持網際網路的創建傳統，至今，他們也取得了相當可觀的成績。

　　不過，若說西方進步力量的集結，主要是對抗市場力量對於網際網路的檢查，[8]這股力量在東方主要是用來對抗國家的檢查。因此本文接著就要針對這個部分發揮，即便此處所述必然只是非常基本，筆者仍希望藉此拓展網際網路歷史的範疇。

向民主邁進

人們在 1990 年代大肆預言，網際網路流向全球之日，邁進民主之路得有良伴。人們說，鍵盤會比秘密警察來得有力：獨裁者即將如同骨牌，應聲而倒，因為網路會激發人心，響徹雲霄要自由。⑨

但最近有一項比較分析，駁倒了這個預言。針對 1994 與 2003 年間，72 個國家的網路普及率及民主變革的測量，作者發現，「網際網路的普及，並非造成該國民主成長的特定因果機制。」（Groshek 2010: 142）是有三個國家（克羅地亞、印尼和墨西哥），網路似乎對於民主的變化，起了重要作用，不過，即便如此，真實的因果過程仍屬相當繁複。作者說，我們可以將網際網路看作是「因緣際會的發展條件」，是更大的社會與政治變革的一個面向，促進了該國的民主發展（Groshek 2010: 159）。

「網際網路是獨裁的掘墓人」，這是誇大的說法，理由之一是它未能體會到，民主只是治理正當性的一個來源。經濟成長（新加坡）、擔心強鄰（1996 年以前的台灣）、民族主義（中國）、種族歸屬感（馬來西亞）、上帝旨意（伊拉克），以及對民族解放的認同（津巴布韋），同樣也是政權取得正當性的部分來源，這些因素無不可以使得威權政體得以持續，堅韌存在。除了殘暴的強制力，威權政府還部署了並非強制的策略，藉此維繫自己的統治，比如與強大利益群體共存、培育恩主侍從系統並以此酬庸支持者，同時也會採取分而治之的政策（Ghandi and Przeworski 2007; Magaloni 2008）。最重要的因素還在於，威權政府通常還能藉助務實手段讓人們接納，一來是人們努力終日總以養家餬口為第一要務，再來就是流行文化以娛樂作為重鎮。⑩

50

　　「自由科技」說法的第二個錯誤是，它誤以為網際網路無法納入控管。1990 年代廣泛存在的論點認為，由於網際網路是分散的系統，資訊通過獨立的、種種不同的通路，經由分散在各地的電腦動能相互傳輸，因此所在國政府也就無法控制。我們得到的說法是，異端的傳播可以在本國政府管轄權以外的地方產製，然後人們可在家中隱密地下載。自由可以飛翔，因為網路年代再無壓制的可能。

　　莫羅佐夫著有專書，他雄辯滔滔，揭穿了這個說法的不實，他對世界各國專制政權檢查網路的作法，作有綜合摘述（Morozov 2011）。簡單地說，這些作法歸結起來有七種。威權政府可以醞釀總體的恐怖氣氛，誰批評誰下獄、被拷打或甚至殞命。這些政府可以立法或以行政命令，要求所有本國網站與網路服務提供者必須申請執照，並在它們違反這些嚴苛的法律時，吊銷其執照。它們還能將檢查業務外包，要求所有網路服務提供廠商過濾特定網站，只要它們名列政府黑名單（不管這些名單是在世界那個角落）。它們可以通過監控軟體（比如，在具有批判性質的請願，安置惡意連結），監理潛在異端的網路行為。它們也能夠部署自動軟體，辨認「有害的」網路傳播活動，然後予以清除，比如，那些帶有批判內涵的、匿名的內容發送者。政府還可以放出軟體，回擊入侵行為，包括它們會辨認代理網址，經由「分散式阻斷服務攻擊」[8]來癱瘓重要的網站。最後的終極武器是拉下插頭——關閉特定區域的網路傳播（中國）、凍結一段期間的短訊發送與接收（柬埔寨），或者，停止特定城市的移動電話

---

[8] 譯按：DOD（Distributed-Denial-of-Service），指「透過分散於不同地點、國家的電腦對特定標的物持續發送網路封包，導致系統與網路無法負載而癱瘓」，見http://blogs.technet.com/b/twsecurity/archive/2009/07/15/ddos-distributed-denial-of-service.aspx。

業務（伊朗）（Morozov 2011; cf. Deibert et al. 2008; Freedom House 2009）。

　　政府也想要將網際網路變作宣傳工具——莫羅佐夫稱之爲「網路編織」（spinternet）（Morozov 2011: 113）——還不只是創設各種官方網站，而且還會運用更爲複雜精進的方法。比如，奈及利亞政府部署支持群體作爲暗樁，進行線上策反；蘇俄的主要網路企業家康斯坦丁・李可夫（Kontantin Rykov），其實是政府盟友；在中國，有些弘揚愛國主義的線上電腦遊戲有國家資金支持；在伊朗，2009-10 年間，政府經由取得其電郵與手機接觸的人士，拘捕了異端，隨之又循線很快搜捕了心懷批判的公民網絡。就這類例子來說，新科技就反而變成更有效的辨認方法，國家的敵人很快束手就擒，比起蘇維埃的老式方法，也就是竊聽和跟蹤疑犯，有效多了。

　　各國政府實際上究竟控制網際網路到何程度，是有不小的變異，隨著不同國家的具體威權作爲的差異而定，部分取決於政府的意志與能力。有些威權政體如伊朗、中國與烏茲別克，毫無疑問，已經是檢控網際網路的領航者；另有其他情況如衣索比亞與葉門，有心無力；更有另一些國家如馬來西亞與摩洛哥，其威權政府選擇的路線，仍屬相對的自由網路管理政制。[11]

　　外在的更大情境與脈絡，對於網路管控到多嚴格的程度，也會有影響。有些威權政府的終極管控手段可說再簡單不過，貧窮，如緬甸（OpenNet Initiative 2009）。再有一些政權如新加坡，其政府得以有效控管網際網路，是因爲該國政府享有國民的共識支持。[12]對照於這些情況，存在大規模疏離異化的國家如伊朗，反而製造了精於閃躲管控的活躍份子。

　　扼要地總結，先前預言網際網路興起，威權政權必亡的人，

如今倍覺迷惘，畢竟大多數這類政權在網路年代依舊完好無缺。環顧世局，許多威權政府手中掌握了更多的資源，擁有能力管控與監視網際網路，那個時候是 1990 年代中期，賽伯烏托邦的氣氛相當濃厚，對於後來這些發展比較無法逆料。

不過，本書付梓之前，適巧另生例子，有人認為，例外總算來了，他們總算看到人們從新傳播科技的使用得到了鼓舞，是以紛紛揭竿而起，對抗獨裁。反覆作此宣稱的人實在太多，因此我們必須靠近一些，察看究竟。⑬

阿拉伯之春

大量人群蜂擁走上突尼西亞的街頭，時為 2010 年 12 月 18 日。其後，喧囂的遊行示威接踵而至，人群聚集，占領空間，總統本・阿里（Ben Ali）在 2011 年 1 月 14 日逃離國土。人民的不滿迅速擴散，埃及的人民抗議在 2 月 11 日登場，掌權幾乎已經三十年的總統穆巴拉克（Hosni Mubarak）辭職。在一月與二月，人民的各種抗議行動在這個地區的很多地方先後躍然登場。其中，有些在政府允諾啟動自由化改革之後，平息了下來，如約旦與摩洛哥。但是，巴林的群眾示威抗議，卻在沙烏地阿拉伯派軍介入下，硬是遭壓制了下去。葉門幾乎陷入內戰；利比亞的格達費被罷黜身亡；敘利亞也見叛軍肆行。這樣看來，我們是看到了有六個國家「起義」，其統治者不是逃離國境，就是必須面對大規模而持續不退的抗議聲浪。

由於這些抗議來得迅速且在短時間內湧現，並且都有數位科技給予支持，因此就有人說這是「推特」或「臉書」革命（如 Taylor 2011）。有人宣稱，正是因為存在著這群媒體，因此才有

快閃示威發生，這也鼓勵了抗議跨越國界，一波又一波前仆後繼。這個看法認為，該情勢前所未見，當時人們能夠彼此聯絡與傳播，規模極大，彼此相互激盪相生而擴大力量，政府當局無法控制這些迅猛的進展。這類分析的典型特徵是，它凸顯了起義的戲劇般進展，也強調了傳播科技讓人得以動起來的角色，卻對於出現這些事件的社會，其過往歷史及更大的脈絡與背景，鮮少注意（El-Naway 2011; Mullany 2011）。

　　貼近再作檢視，這些有關阿拉伯之春的第一批歷史書寫，嚴重錯誤。新傳播科技並沒有特別引爆阿拉伯地區的能量。針對 5,200 萬推特使用者所做的分析顯示，僅有 0.027% 的人可以確認是在埃及、葉門與突尼西亞（Evans 2011）。臉書在該地區生事的國度，普及率並不高：在敘利亞是 1%，利比亞是 5%，雖說在突尼斯[9]是比較高的 17%（Dubai School of Government，DSG, 2011: 5，圖 6）。埃及與敘利亞使用網際網路的人口，不到四分之一，這個比例在利比亞已經降到了 6%（DSG 2011: 10，圖 12）。這個比例比起其他亞洲威權國家，來得低了許多。比如，中國在 2010 年已經有 32% 的人可以使用網際網路（Internet World Stats 2011a）。這就說明，阿拉伯地區格外容易有所動靜的原因，不是傳播科技。在這六個「起義」國度（巴林、埃及、突尼西亞、利比亞、敘利亞與葉門），巴林最為突出，以 2010 年的臉書或網際網路普及率來說，它高居阿拉伯國家前五名（DSG 2011: 5，圖 6 及 12，圖 15）。換句話說，這群起義國家的絕大多數的共通點是，它們在阿拉伯地區的資訊傳播科技先鋒隊伍中，**完全排不上榜**。[14]有更高比例的人可以使用臉書的國家，比

---

[9] 譯按：香港獨立記者亦有相近的現場觀察，見張翠容（2013）《地中海的春天：重返阿拉伯之春與歐債風暴現場》，頁149-151，台北：馬可孛羅。

如，沙烏地阿拉伯與阿拉伯聯合大公國，並沒有人民強行衝撞
其獨裁者。這個對比當然也就告訴我們，另有根本的原因，亦
即發生起義的這些國家所獨具的情境，才是導致人民起而造反的
理由。

這些國家的歷史提供了佐證，呼應了前述觀察。阿拉伯之
春不是推特與臉書的產物，而是數十年來日積月累的不滿怨懟
所催生（Wright 2008; Hamzawy 2009; Alexander 2010; Joshi 2011;
Ottaway and Hamzawy 2011，還有其他著作）。敘利亞在 2011 年
是有起義，其前卻是 1982 年的叛變，當時在巨大暴行的鎮壓
下才告結束。葉門在 1994 年曾有內戰，在 2011 年起義之際，
國家機器已經奄奄一息，形將就木，幾乎無法運作。巴林、埃
及、利比亞與突尼西亞在 1980 年代、1990 年代與 2000 年代，
再三都有抗議事件上演。打從 1975 年起，巴林再次凍結國會運
作之後，就已經陷入警察國家的地步，焦頭爛耳。埃及的科法
雅（Kefaya）運動在 2004-5 年間已經統合了各自分立的反政府群
體。單是 2008 年前三個月，埃及就發生了 600 起抗議活動。火
藥桶早就在了，只是等待爆炸。

局面如此具有煽動性，其下混合了共同的因素——有些因
素，存在於所有起義的阿拉伯國家，另有些因素，專屬於特定國
家。共通因素是，對於他們認為是既腐敗又高壓的政權，人民的
反對意識與力量只增不減。怨懟不滿在突尼西亞與利比亞等國
家，特別強烈，這些國家的人民覺得，經濟發展的成果，通通流
向與政權接近的人（Durac and Cavatorta 2009）。[10] 另一個共同性

---

[10] 譯按：可能是受篇幅所限，作者未能表明利比亞的獨特性，至少包括該國矛
盾另有東西部落的濃厚成分。其次，英法為主（美國情報及後勤支援）以軍
事行動推翻領導人，僅見於利比亞，不論2012年的傳聞，指格達費並非死於
群眾，是當時法國總統下令秘密軍人執行是否為真，都無法是「人道干預」

是，這次受到波及的國家，都有高失業率，同時卻又還得加上期望的升高。這個區域的所有國家，高等教育及十五歲以後仍在就學的人口，都在擴張（Cassidy 2011; Barro and Lee 2010）。但是，接受教育的人口愈來愈多，他們卻又發現，勞動力市場所提供的就業機會，又與他們所受教育的期待，不能契合。這股情勢所激生的憤怒與絕望，可說是關鍵的驅動力，政治騷動就此而生，阿拉伯世界為之震動（Campante and Chor 2011），這個情景如同當年人民的反殖民抗議怒火，驅逐了大英帝國。

53 　　另一方面，還有一些非常特定的經濟原因。在所有受到波及的國家，都有高失業率及就業不足的情況，並且不成比例地集中在年輕階層。有些國家的情況是，事發前有好些年，由於經濟新自由主義政策的施行，致使公共補助與工作機會，損失慘重。總體觀察，又有食物價格上升，尤其增添了人們的不滿。經濟因素在激發突尼西亞人民的怨懟，尤其重要，當地的抵抗起於較貧窮地區，在埃及也很重要，其工會所肩負的角色，相當重要。

　　再者，菁英內部的緊張關係、部落衝突四起，以及宗教仇恨，都是造成起義四起的因素。因此，我們在巴林看到了什葉派對於遜尼派的少數統治，強烈反對；在敘利亞，是遜尼派反對苦澀地反對世俗政權；葉門的基本教義派則反對「妥協的」政府。

　　簡言之，在臉書出現之前，在所有出現起義的國度，數十年來，早就存在很多異端，積極活躍於斯土斯地。這股不滿與怨懟存在根深蒂固的經濟的、政治的與宗教的原因。數位傳媒的角

與正當的「政體改造」。參見Campbell, Horace (2013) 'Global NATO and the Catastrophic Failure in Libya', NY: *Monthly Review*, p.11；陳宜中（2011）〈義戰道德與利比亞戰爭：幾點規範理論性的分析〉。收於氏著《當代正義論辯》，頁299至324，台北：聯經出版公司。

色，僅居次要。

雖然這麼說，統治當局失去控管傳播的效能，是很重要。突尼西亞的兩大電視頻道，起初還是照常對社會不安定與市民死傷，輕描淡寫，接著就是試圖妖魔化抗議者，說他們是惡棍打手、違法亂紀（Miladi 2011）。突尼西亞政府也對臉書與部落格的批判內容，肆行干擾，然後升高對付的手段，以「網絡釣魚」等方式，蒐集個人資訊想要癱瘓異端網路。在埃及，2011 年 1 月 25 日群眾浩蕩示威後，當局試圖阻斷通訊，一個接著一個，開始阻擋推特、臉書與移動電話的訊息，最後是在 1 月 27 日關閉整個網際網路。與此相近，利比亞政府也下令完全封鎖網際網路。但在這三個國家，其專制政府出手都慢了，而其鎮壓也沒有完全湊效。

不同媒體在這些起義過程的角色，究竟如何確認，並不容易。不過，我們似乎可以說，手機作為動員與協調抗議的工具，格外重要。參加示威的人也用手機拍下了抗議場面，固定地將影片上傳，送至總部在凱達、廣受歡迎的半島衛星電視頻道的網站。接著，這些不同的素材經過專業編輯後，傳送到這個地區所有國家。還有，這些影片也流向西方電視組織，這個舉動並且還對起義各國的內部很有意義，因為西方強權國家特別是美國，與突尼西亞籍埃及的軍方，關係密切，也與利比亞的反格達費叛軍，關係良好。

另得指出的是，一小群擁有技術能力的異端，似乎在戰略上相當重要，他們以智取勝，贏了政府當局。哈布（Harb 2011）指出，「阿拉伯地區的活躍人士開始互換代碼與軟體，埃及人藉此就可上網，即便其政府封鎖。」谷歌也有介入，2011 年它提供了新軟體，抗議人群藉此可以使用手機「推特」（Oreskovic

2011）。很長一段時間以來，阿拉伯活躍份子也都充當非正職的宣傳者，他們翻譯並流通影片內容，套用突尼西亞部落格寫手薩米・斌・格比雅（Sami bin Gharbia）的話語，他們的功能就是「大街抗議鬥爭人群的回音室」（轉引自 Ghannam 2011）。這個回音室在西方具有同理心的推特下，放得更大了。

54

　　總而言之，這些起義都有深層的根本原因，在那些國家早就有多年的抗議持續進行，只是西方大抵忽視了。但是，新傳媒——特別是手機、網際網路以及泛阿拉伯地區的衛星電視——有助於讓不同政見者，得以聚集，同時也協助了抗議活動的實際進展，並將抗爭新聞在阿拉伯地區及世界其他各國，廣為傳布。如果說數位傳播科技並不是起義的原因，它的確予以強化了。[⑮] 然而，我們還得繼續觀察的是，新科技強化起義的動能，是否已經足以讓政權不只是改朝換代，而且還要真正的政權變革。

女性地位的提升

　　如果我們說向民主邁進的這場重大歷史變革，步履蹣跚，那麼，另有一場變革，亦復如是，這就是女性地位的提升運動。男女之間，無論是收入、生活機會與公共影響力，尖銳的不平等持續存在，但是，不能否認的是，這個情況隨時間推移，在世界各地都見舒緩——雖然是以不均衡的方式發生變化（Hufton 1995；Rowbotham 1997；Kent 1999；Sakr 2004，及其他人）。支撐這場歷史變革的動力，是服務產業的興起、女性參與有給工作的比例上升、依出生定歸屬的比例下降、教育改進、避孕更為有效、女性主義，以及性別差異作為正當化不平等的理論，漸被侵蝕。

　　網際網路的發展又與這股歷史趨勢若合符節，它提供了工

具，女性運動藉此組訓。在伊斯蘭國家，既然在十九世紀末已經有穆斯林龍頭改革者的崛起，更爲具有解放視野的觀點，也就得到鼓舞，浮現並流通於社會（Hadj-Moussa 2009）。到了 1980 年代，婦女運動已經是中東與北非（MENA）區域不能忽視的政治力量。女性主義者開始談論家庭暴力、性騷擾、殘傷女性生殖器與強暴等禁忌話題（Skalli 2006），因此也就激發了劇烈的爭議，並且取得了與日俱增的影響力，特別是在菁英或受教育背景的年輕女性之間。但是，這個區域的女性，使用網際網路的比例尤其低落（Wheeler 2004: 139，表 9.1）。這個社會的情境是，女性識字率有時也是很低的。

即便存在這些障礙與阻力，女性訴求還是有相當的進展。就說摩洛哥吧，新起的女性世代在 1980 年代崛起了，並且沒有側身在現有的政治圈內。到了 2000 年代，她們已經將網際網路納入，她們的訴求與運動之推進，部分已經借用了網路，這是因爲摩洛哥比起鄰近各國，擁有較高的網路普及率。婦女運動的主要對象是「謀打瓦納」（Moudawana），它規範了結婚、離婚、兒童管教，女性在此之前，沒有什麼權利。到了 2003 年，社運人士取得了若干改革成績，摩洛哥家庭法典得到了修改，先前許多歧視作爲如今都屬違法，此外，結婚最低年齡也從十五歲提高到十八歲，女性若要結婚，不必再有監護人的同意，女性有權與先生離婚（Tavaana 2011）。

這些及其他成功的果實，得歸功於社運活動彼此協調，才得以在這個地區的所有傳媒推進。但也因爲這些成績，遂有反挫，科威特警察殺了女編輯哈達・婭阿・爾薩利姆（Hedaya Al-Saleem），雖然這位警察日後已被定罪；另有位女記者也在阿爾及利亞被殺（Skalli 2006: 41）。這些犯行激起社運者同仇敵慨的感

55

情，跨過邊界，阿語世界女性主義運動者紛紛頻繁通過線上傳播活動給予支持。

不過，中東與北非區域女性主義運動最強的據點是在政教合一，使用波斯語的伊朗。從 1978 至 2005 年間，女性權益促進團 NGO 數量，從 13 個增加到了 430 個。婦女運動的成長得以從線上活動取得發言權，部分原因是在 2003 年時，伊朗的網路使用者有 49% 是女性，比起中東北非大多數地方，這個比例高了許多。伊朗最受歡迎的女性主義部落格所討論的話題，包括了離婚、石頭砸人、禁止女性參與體育運動活動，以及法律的總體歧視（Shirazi 2011）。這些討論之外，還有其他進步的部落格，屬於更為個人的政治介入，比如相當受到歡迎的孫夫人（Lady Sun）所寫的部落格（Sreberny and Khiabany 2010）。

我們固然可以說，網際網路是中東女性主義運動的組織良方，但得另有兩個但書。第一，仍有大量網路內容受制於父權價值，敵視婦女解放的價值。第二，直接取自婦女運動的線上網站內容而閱讀的女性，很有可能僅只是很小的一群女性。惠勒（Wheeler 2007）曾在 2004 年，針對埃及年輕女性的網路使用者，進行小規模研究。她所研究的對象，雖說每週常在網咖待上數小時，惟其目的相當工具取向——比如，找些寫作論文所需的資訊，或尋求改善英文，以便找個好工作。她們獲得支持的管道，主要是從其線上與其他婦女的互動而來，她們從中協商應對其保守環境的方式，通常，她們並未聯繫具有組織能力的婦女運動者。

組織政治行動，對抗並改變性別的不平等，這是一個途徑，另一種方式是孤軍奮鬥，努力克服種種障礙，試圖推進個人的位置，取得勝利。金尤娜（Youna Kim 2010）生動地描繪了年輕亞

洲女性的境遇，她們擁有高學歷，有時來自優渥的背景，因此對於工作有相當高的期望，惟她們進入或即將進入的世界，是工作環境乃由男性支配的韓國、日本或中國。這是個案研究，它顯示這些女性的「叛變」，採取了移民西方、攻讀碩博士學位等形式，她們也在尋求實現天分與抱負的新機會。她們逃離家鄉的念頭，有部分是來自好萊塢電影的形象，女性獨立自主，控制自己的生活。雖說這些受訪者心知肚明，這些是虛構的理想型人物，她們還是心存希望，總是期盼其中仍有部分真實。這些印象讓她們有了烏托邦一般的自我想像，受訪者渴望到了西方之後，得以重新塑造自己，成為自主的婦女，可以讓自己成為「（她們的）生命傳記之中心」（Kim 2010: 40）。

56

　　與這裡的主題沒有關係，但仍然可供一窺，讓我們理解在這個類型的文化動態中，網際網路可能會怎麼產生作用。黃雅倩（Huang 2008）發現，台灣的大學女性通過電腦螢幕，不是家中電視，觀看美國影集《慾望城市》，因為控制與監理家中電視的人，通常是男性。線上布告欄也提供機會，讓這些女性得以討論與辯論這部影集的方方面面。對於這些年輕女性來說，這部影集的吸引力有部分原因是她們生活在社會轉型期。台灣女性的消費力與經濟期望，並沒有從台灣社會的傳統文化變遷得到反映，女性的端莊嫻靜、遵守禮俗與自我犧牲，仍是常規。這部影集投射的是紐約曼哈頓區女性，既獨立又富裕，更是享樂人生，於是，台灣女性從中就可協商自己的認同，要作個「好女孩」，也想要更為「個人主義的生活風格，同時性態度也更開放」（Huang 2008: 199）。在男性支配的世界，這個作法不失「抗爭以便作自己的主人」的意味，但這卻流於採取了相當個別的、個人主義的路線。如同前引文所提，有位受訪者的總結是，我從這部影集學

了一課：「選擇自己想要的，不要讓自己變成可憐蟲。」（Huang 2008: 196）。

　　網際網路的歷史必然也是爭取性別平權的歷史。從中東到其他地方，網際網路都提供了管道，組織化的運動可以藉此表達女性解放的訴求。網際網路也散播了另一種自主女性的圖像，以個人的方式，尋找性別不平等的解方。

網際網路與個人主義

　　最後，這個反應是另一重大歷史變革的面向之一。這是日積月累的移轉結果，優先強調社區的集體之善，以及社區內部群體之善的價值觀與信念，如今讓位，取而代之的是個人的需要之滿足、是個人的欲望與訴求。這個轉變的成形，得到多重力量的促成，包括了市場系統的崛起、人的流動性增加、風俗習慣與傳統的弱化，以及家庭與集體組織的影響力減少……等等（Beck and Beck-Gernsheim 2001）。

　　有些人還認為，網際網路同樣助長了更為個人中心的取向，因為自我中心其實已經是網際網路的基因。巴里‧威爾曼與他的同仁（Barry Wellman et al. 2003）這樣說：

　　　　個性化的發展、無線通訊攜手可動，以及網際網路無所不在的連線，這些加總起來都促使進入網絡的個人，成為社區的基礎。由於連線是以人為基礎，不是地方，這樣的科技也就將工作與社區的連帶，從聯繫了特定地方的人，移轉到了聯繫於可在任何地方的人。通過電腦而支持的傳播**到處都是**，但**不在任何地方**駐足停留。唯一

　　能夠聯繫的，就「只是我」，我在哪裡就可在那裡聯繫
　　到我：在家、在飯店、在辦公室、在高速公路，或是，
　　在購物中心。至此，人已經變成入口網站。（Wellman et
　　al. 2003）

威爾曼與同仁的結論是，網際網路強化了「進入網路的個人」，
受損的是「群體或地方的連帶與團結」。這個論點其實是標準觀
點的變種，通說無不指稱，網際網路消滅了距離，因此對於隨工
作場合或地理空間而滋生的群體親近感，也就遭致了侵蝕，同時
個人也就得以不受空間阻隔，能夠與其他擁有類似心向的人，開
展連結（Cairncross 1997）。雖說這樣的說法，聽來頗稱可信，惟
這個正統看法忽略了真實世界的共通連帶，塑造了線上經驗。因
此，米勒和斯萊特（Miller and Slater 2000）的發現是，千里達的
強烈民族主義情感催生了民族主義的網頁內容。即便是在聊天
室，一種身為「千里人」的雀躍之情，都已通過「唧唧喳喳的
閒聊」（ole talk）與「閒來無事逛逛街」（liming）等等詞彙而展示
──代表了傳播能力、傳神與溫暖熱情的能力，詼諧對待日常事
物的能力──這些是這個島國獨特的民族文化之部分。線上與外
國人相遇，還讓有些千里達人覺得，他們理當自覺地擔任非正式
的大使。就此來說，強烈的民族意識也就注入於千里達人的線上
經驗，支持了他們的社群認同感。米勒和斯萊特認為，這股民族
歸屬感的基礎，來自於奴隸、移民與社會錯位的歷史經驗。
　　與前相近，瑪達維・瑪拉剖拉家達（Madhavi Mallapragada
2000）對外派及離散在外的印度人之研究，顯示他們廣泛使用網
際網路與遠方家鄉的人，保持聯繫。她所研究的主體所要尋找的
網路內容，要能展示印度豐富的文化遺產；有些人則討論如何處

理子女的同化現象，他們對於其印度身分，背向而去；還有人數較少的人，甚至還使用網路協助安排婚姻，將家中成員與住在印度的人，配對引介。拉里‧格羅斯（Larry Gross 2003）認為，網際網路提供了情感的支持，務實的諮詢，當男同性戀在世界不同的地方，遭遇到了迫害或歧視時，網路也協助打造了他們的歸屬感。以上兩類例子都顯示，網際網路支持「群體或地方連帶與團結」：若說網路經驗是「網路的個人主義」，就會沒有看到人們在此所追求與肯認的是集體認同。

相近的情形是，日本的集體主義取向文化也促進了獨特的尼科尼科動畫（Nico Nico Dougwa, NND）影像分享網站，任何評論直接壓在螢幕，不是寫在螢幕下方。這些評語往往短小精悍，也頗詼諧，字數不能超過十字。任何人都可以刪除評語，另以其他評語取代。這就造成了一種現場氣氛，是一種集體觀賞，這與觀賞足球比賽沒有兩樣，都有現場觀眾同步反應。

使用這個網站的人相當大量，在 2008 年達到大約五百萬定期使用者。在追隨者互動下，出現了一種「空氣」（kuuki）文化——「人們必須欣賞這股分享的氣氛，若不能即時捕獲，就不能給予適當的評論，也就無法理解作為一個尼科迷的樂趣。」（Bachmann 2008a: 2）這個群體歸屬感的氣氛又因為人們可以匿名評論，為之強化，此時，筆名標記都省略了。不過，假使匿名者有了自己的風格，網友也會給予認可，整個群體還可能給予冠上綽號的榮譽。

NND 非常明顯就是我群文化的產品。只是，「標示戰爭」所顯示的、對特定影像的多種回應，有些時候是會致使我群凝聚力開始崩解。線上匿名也提供一個機制，讓人表示不能見容於線下世界的，具有爭論的意見。巴赫曼（Bachmann 2008b）說，這

58

是日本網路論壇「二頻道」更為凸顯的一個特徵。他的整體結論是，他所研究的日本線上經驗，呈現了網民反映，同時也重新確認了群體歸屬感，惟與此同時，有時這也傳達了想要逃離群體控制的欲望。這些絕大多數是西方以外個案研究，彰顯了一個相同的線索，真實世界的強烈共同生活感，可以滲透進入線上經驗，其結果就是網際網路提供了支持——即便有些時候是通過複雜或矛盾的方式——維繫了社群的認同。這個結論的另一層深意是，網際網路的社會衝擊，對於具有集體傳統的東方世界，可能不同於更為個人中心的西方社會。

然而，變遷的動力是在朝向更大的個人主義移動，即便是在東方。就算是在集體社會，網際網路也提供一方空間，人們在此傳達了他的個人認同。因此就有一項研究，指出日本學生使用智慧型手機時，其實是在以三個獨特的方式，鞏固個人主義，同時在強化內向性（McVeigh 2003）。手機是人工製品，經由顏色、功能、鈴聲，以及手機配件（如手機吊飾五花八門，豐富多彩雕像等），學生藉此表達個性。人們使用手機發送短訊及電郵，藉此更能在輕易之間，表達私人的情感。最重要的是，手機增加了「人的個性化」，學生儼然有了個人空間的感覺。日本人的生活空間通常相當侷促，雇主及教育人員又是高度監視人們。因此，學生重複再三地把玩手機，一方面私下與朋友聯繫，他方面創造了「他們自己的世界」（McVeigh 2003: 47-48）。不過，實際情況比起這樣的結果，有可能還要來得曖昧一些，這位西方學者的認知，或許未曾注意。這些學生所表達的自我，仍是內在於強烈我群感覺之中，他先以東京大學學生自居，後有個人。

司馬與普格司理（Sima and Pugsley 2010: 301）研究中國的部落格與版主，他們也認為，網際網路集中展示了個性，這也是

自我反省及自我發現的公共過程。他們的看法是，這個現象同時反映及表達了中國「Y世代」，確有更大的個人主義色彩，他們成長於消費主義日益高漲的年代，又是中國一胎化政策的家庭，這些對於年輕人更爲強調自我的傾向，必有影響。不過，這篇論文的內在證據卻又指出，個人的聲音有些時候是以集體聲音現身——中國新世代之聲。

　　大致的情況是，網際網路作爲自我傳播的媒介現身後，人們更爲能夠自我表達，很有可能強化了個人主義的趨向。此情此景似乎正是西方的寫照（Castells 2009），並且有些證據亦稱確鑿，顯示網際網路同樣強化了個人主義在亞洲的茁壯。但社區的共同認同在世界上許多地方，力量仍然強大，這也就影響了網際網路的使用。

回顧

　　研究網際網路的史學家集中探討的時期，往往是西方網路發展的早期、伊甸園般的階段。本章則修正了歷史寫作，與前對照，它強調商業化對後來西方網路發展的扭曲，它也同時強調，東方的網路發展則特別受制於國家的監管與控制。企業財團的影響力在增長、線上閱聽人的集中在發展、商業監理的技術已經引進，以及智慧財產權的強化，所有這些變化的加總，就是市場化影響力推進的後果，新的約束一套又一套，框住了網際網路。與此相隨，網際網路走出其西方搖籃，進一步取得發展後，網路授權的嚴格規定已經引進，國家監理控制的作業已經委由網路服務提供者接手，商業監控科技已經適應於國家的窺探，這些都是新的套裝控制機制。簡而言之，網際網路興起的同時，網路自由已

在衰退。

不過，東方與西方，都在抵抗這股趨勢。開放原始碼運動崛起多日，人們雅不願意使用付費網路內容之心不減，以及使用者創生的傳統再次復興，這些抵抗都在嘗試遏止網際網路向商業化轉型。同理，駭客異端的行為頗見英雄氣勢，愚弄了埃及與其他國家的獨裁政府，他們讓網路自由的概念，健在長青。創辦維基百科的人，還有許許多多的開羅駭客，都是相同宏圖大業的要角：各自以不同的方式，他們復甦了網際網路的創設傳統與願景。

如果重新思考網際網路史的任務之一是完整考察初期以後的歷史，另一個必須盡力的任務就是我們應該從全球，而不只是西方的現象，審視網路。本章仍然屬於初步的偵察，必然還沒有能夠觸及相當部分的世界各國，但我們藉此已經看出，網際網路在鬆動威權政體的效能，沒有人們原先認定地那麼深入廣泛。對於組織化的婦女運動來說，網際網路是提供了工具，使其得以推進女性的地位，包括運用網路流通好萊塢女性主義電影，即便有時是盜版觀看。引起更大矚目的是，網際網路的自我傳播似乎提振了自我的表達與主張，雖說相關的研究證據指出，強烈的共同文化持續產生作用，致使網際網路支持了共通的身分認同。

　　網際網路與社會的互動相當複雜。本章突顯了這層道理，指出二者的關係仍在變動，因時有別，因地差異。雖說如此，體認了這層複雜關係後，已有的證據業已指向一個確鑿的定論：大致地說，社會對網際網路有更大影響，不是反之。正是這層道理，才能解釋何以許多有關網際網路影響力的預言——第一章與本章對此均有鋪陳——未曾實現。

本章所見，並非有關新傳播科技影響力的新穎見解。1880

60

年代之後，當時理念飽滿的英國自由派猛然察覺，先前他們以為大眾報業必將成為理性與道德教導的自主機構，沒有成真，這個理想並未實現，反之，大眾報業體現的觀點，大致是控制大眾報業的人及其讀者（Hampton 2004）。經一事長一智，他們有了懷疑的態度，不再把「報業」的兩個第一個英文字母放作大寫（Newspaper Press）。或許，我們也應該跟進，將網際網路的大寫 I（Internet）拿下。

註釋

① 我要再次感謝喬安・娜雷登（Joanna Redden），也要致謝賈斯汀・施洛斯伯格（Justin Schlosberg），他對本章提供了價值非凡的研究協助。

② 諾頓（Naughton 2000）打破了這個史學家的框架，在其專書，他簡短加入了最後一張，辨明商業主義對於網際網路的未來，是一大威脅。單是這點，就已經可以看出這本佳構的原創性，該書至今仍是有關網際網路的科技發展之理解，最好的一本，它也強大有力的傳達了搞電腦科學，大可讓人振奮。

③ 來自不同的方向都提出了這個挑戰，相關的歷史學摘述，可以參見柯倫（Curran 2002 and 2011)，相關的當代思考則可參見漢普頓（Hampton 2004）。

④ 他們還是對於網路存在尊崇敬畏之心，反映在網際網路這個英文字的第一個字母，仍被大寫（Internet）。

⑤ 參見本書第一章，pages 6-7。（原著頁碼）

⑥ 參見本書 pages 19-20。（原著頁碼）

⑦ 這些尚未證實的的數字計算自維基百科（Wikipedia 2009 and

2011）。

⑧不過，西方的網際網路並非不受政府及相關的監理控制之影響，想要箝制禁口維基解密的部分，參見本書第四章。

⑨莫羅佐夫（Morozov 2011）與莫斯科（Mosco 2005）引述了許多政治人、公務官員、記者與學術人，他們預測了網際網路興起之後，勢將削弱獨裁統治。關於這個傳統，有個更為森嚴、學術性的著作，參見霍華德（Howard 2011），他認為網際網路是民主化「配方」的關鍵「成分」。

⑩不談、非關政治的例子之一，可以參見莫羅佐夫（Morozov 2011: 58），他注意到了，蘇俄最多人搜尋的網站是「如何減肥」，侵犯人權這樣的議題排不上榜。

⑪「公開倡議」（the Open Net Initiative 2011）是四個主要學術機構的協作產物，針對監理控制，它以國家為單位，提供了非常有用的摘要，此處所引出自這裡。

⑫參見第一章。

⑬這裡的檢視沒有討論伊朗的抗議活動，因將在第五章再談。

⑭比如，2011 年有 24% 埃及人是網路使用者，摩洛哥人是 41% ，住在阿拉伯聯合大公國的沙烏地阿拉伯人達 69%（Internet World Stats 2011b）。

⑮近日有項研究（Alexander 2011）凸顯了網際網路及衛星電視對於埃及起義的影響，不過，它對反叛的根本原因輕描淡寫。

參考文獻

Abbate, J. (2000) *Inventing the Internet*, Cambridge, MA: MIT Press.

Alexander, A. (2010) 'Leadership and Collective Action in the Egyptian Trade Unions', *Work Employment Society*, 24: 241-59.

Alexander, J. (2011) *Performative Revolution in Egypt*, London: Bloomsbury.

Anderson, C. (2006) *The Long Tail*, London: Business Books.

Bachmann, G. (2008a) 'Wunderbar! Nico Nico Douga Goes German - and Some Hesitant Reflections on Japaneseness', London: Goldsmiths Leverhulme Media Research Centre. Online. Available HTTP: <http://www.gold.ac.uk/media-research-centre/project2/project2-outputs/> (accessed 20 June 2011).

—— (2008b) 'The Force of Affirmative Metadata', paper presented at the Force of Metadata Symposium, Goldsmiths, University of London, November.

Baker, C. E. (2007) *Media Concentration and Democracy*, New York: Cambridge University Press.

Banks, M. (2008) *On the Way to the Web*, Berkeley, CA: Apress.

Barro, R. and Lee, J.-W. (2010) 'A New Data Set of Educational Attainment in the World, 1950-2010', NBER Working Paper No. 15902 the National Bureau of Economic Research. Online. Available HTTP: <http://www.nber.org/papers/w15902> (accessed 12 February 2011).

Beck, U. and Beck-Gernsheim, E. (2001) *Individualization*, London: Sage.

Benkler, Y. (2006) *The Wealth of Nations*, New Haven: Yale University Press.

Berners-Lee, T. (2000) *Weaving the Web*, London: Orion.

Boies, S. C. (2002) 'University Students' Uses of and Reactions to Online Sexual Information and Entertainment: Links to Online and Offline Sexual Behaviour', *Canadian Journal of Human Sexuality*, 11 (2): 77-89.

Cairncross, F. (1997) *The Death of Distance*, Boston, MA: Harvard Business School Press.

Campante, F. R. and Chor, D. (2011) '"The People Want the Fall of the Regime": Schooling, Political Protest, and the Economy', Faculty Research Working Paper Series. Harvard Kennedy School. Online. Available HTTP: <http://jrnetsolserver.shor ensteincente.netdna-cdn.com/wp-content/uploads/2011/07/RWP11-018_Campante_Chor.pdf> (accessed 2 July 2011).

Cassidy, J. (2011) 'Prophet Motive', *New Yorker*, 28 February: 32-35.

Castells, M. (2001) *The Internet Galaxy*, Oxford: Oxford University Press.

—— (2009) *Communication Power*, Oxford: Oxford University Press.

Comer, D. (2007) *The Internet Book*, London: Pearson Education.

Curran, J. (2002) *Media and Power*, London: Routledge.

—— (2011) *Media and Democracy*, London: Routledge.

Curran, J. and Witschge, T. (2010) 'Liberal Dreams and the Internet', in N. Fenton (ed.) *New Media, Old News: Journalism and Democracy in the Digital Age*, London: Sage.

Deibert, R., Palfrey, J., Rohozinski, J. and Zittrain, J. (eds) (2008) *Access Denied: The Practice and Policy of Global Internet Filtering*, Cambridge, MA: MIT Press. Online. Available HTTP: <http://opennet.net/accessdenied> (accessed 15 May 2011).

DFC Intelligence (2010) 'Tracking the Growth of Online Game Usage and Distribution', 8 October. Online. Available HTTP: <http://www.dfcint.com/wp/?p=292> (accessed 19 February 2011).

DSG (Dubai School of Government) (2011) *Arab Social Media Report, 2.* Online. Available HTTP: <http://www.dsg.ae/portals/0/ASMR2.pdf> (accessed 25 June 2011).

Durac, V. and Cavatorta, F. (2009) 'Strengthening Authoritarian Rule through Democracy Promotion? Examining the Paradox of the US and EU Security Strategies: The Case of Bin Ali's Tunisia', *British Journal of Middle Eastern Studies*, 36 (1): 3-19.

Edelman, B. (2009) 'Red Light States: Who Buys Online Adult Entertainment?', *Journal of Economic Perspectives*, 23 (1): 209-20.

Edwards, P. (1996) *The Closed World*, Cambridge, MA: MIT Press.

El-Naway, M. (2011) *Sunday Mirror*, 20 February, p. 8.

Evans, M. (2011) 'Egypt Crisis: The Revolution Will Not Be Tweeted', *Sysomos Blog*. Online. Available HTTP: <http://blog.sysomos.com/2011/01/31/egyptian-crisis-twitte/>(accessed 25 June 2011).

Flichy, P. (1999) 'The Construction of New Digital Media', *New Media and Society*, 1 (1): 33-39.

—— (2006) 'New Media History', in L. Lievrouw and S. Livingstone (eds) *The Handbook of New Media*, rev. edn, London: Sage.

—— (2007) *The Internet Imaginaire*, Cambridge, MA: MIT Press.

Freedom House (2009) 'Freedom on the net: a Global Assessment of Internet and Digital Media'. Online. Available HTTP: <http://freedomhouse.org/uploads/specialreports/NetFreedom2009/FreedomOnTheNet_FullReport.pdf> (accessed 2 August 2011).

Fukuyama, F. (1993) *The End of History and the Last Man*, Harmondsworth: Penguin.

George, C. (2005) 'The Internet's Political Impact and the Penetration/Participation Paradox in Malaysia and Singapore', *Media, Culture and Society*, 27 (6): 903-20.

Ghandi, J. and Przeworski, A. (2007) 'Authoritarian Institutions and the Survival of Autocrats', *Comparative Political Studies*, 40 (11): 1279-1301.

Ghannam, J. (2011) 'Social Media in the Arab World: Leading up to the Uprisings of 2011', Centre for International Media Assistance, CIMA: Washington, DC.

Gillies, J. and Cailliau, R. (2000) *How the Web Was Born*, Oxford: Oxford University Press.

Goggin, G. (2000) 'Pay per Browse? The Web's Commercial Future', in D. Gauntlett (ed.) *Web Studies*, London: Arnold.

Grant, J. (1871-72) *The Newspaper Press*, 3 vols, London: Tinsley Brothers.

Groshek, J. (2010) 'A Time-series, Multinational Analysis of Democratic Forecasts and Internet Diffusion', *International Journal of Communication*, 4: 142-74.

Gross, L. (2003) 'The Gay Global Village in Cyberspace', in N. Couldry and J. Curran (eds) *Contesting Media Power*, Boulder, CO: Rowman and Littlefield.

Hadj-Moussa, R. (2009) 'Arab Women: Beyond Politics', in P. Essed, D. Goldberg and A. Kobayashi (eds) *A Companion to Gender Studies*, Malden, MA: Blackwell.

Hafner, K. and Lyon, M. (2003) *Where Wizards Stay up Late*, London: Pocket Books.

Hampton, M. (2004) *Visions of the Press in Britain, 1850-1950*, Urbana: University of Illinois Press.

Hamzawy, A. (2009) 'Rising Social Distress: the Case of Morocco, Egypt, and Jordan', *International Economic Bulletin*, Carnegie Endowment for International Peace. Online. Available HTTP: <http://www.carnegieendowment.org/ieb/?fa=view&id=23290>(accessed 15 June 2011).

Harb, Z. (2011) 'Arab Revolutions and the Social Media Effect', *M/C Journal*,

14 (2). Online. Available HTTP: <http://journal.media-culture.org.au/index.php/mcjournal/article/viewArticle/364> (accessed 23 October 2011).

Hauben, M. and Hauben, R. (1997) *Netizens*, New York: Columbia University Press.

Hindman, M. (2009) *The Myth of Digital Democracy*, Princeton: Princeton University Press.

Howard, P. (2011) *The Digital Origins of Dictatorship and Democracy*, New York: Oxford University Press.

Huang, Y. (2008) 'Consuming Sex and the City: Young Taiwanese Women Contesting Sexuality', in Y. Kim (ed.) *Media Consumption and Everyday Life in Asia*, Milton Park: Routledge.

Hufton, O. (1995) *The Prospect before Her*, London: HarperCollins.

Hunt, F. K. (1850) *The Fourth Estate: Contributions towards a History of Newspapers and the Liberty of the Press*, London: David Bogue.

Internet World Stats (2011a) 'Usage and Population Statistics: China', Miniwatts Marketing Group. Online. Available HTTP: http://www.internetworldstats.com/asia/cn.htm(accessed 3 August 2011).

Internet World Stats (2011b) 'Usage and Population Statistics: Mid East', Miniwatts Marketing Group. Online. Available HTTP: http://www.internetworldstats.com/stats5. htm (accessed 4 December 2011).

Ito, M. (1997) 'Virtually Embodied: The Reality of Fantasy in a Multi-User Dungeon', in D. Porter (ed.) *Internet Culture*, New York: Routledge.

ITU (2010) *Measuring the Information Society*, Geneva: International Telecommunication Union. Online. Available HTTP: <http://www.itu.int/ITU-D/ict/publications/idi/2010/Material/MIS_2010_without_annex_4-e.pdf> (last accessed 19 April 2011).

Joshi, S. (2011) 'Reflections on the Arab Revolutions: Order, Democracy and Western Policy', *Rusi Journal*, 156 (2): 60-66.

Kent, S. K. (1999) *Gender and Power in Britain, 1640-1990*, London: Routledge.

Kim, E. and Hamilton, J. (2006) 'Capitulation to Capital? OhmyNews as Alternative Media', *Media, Culture and Society*, 28 (4): 541-60.

Kim, Y. (2010) 'Female Individualization? Transnational Mobility and Media Consumption of Asian Women', *Media, Culture and Society*, 32: 25-43.

Lessig, L. (1999) *Code and Other Laws of Cyberspace*, New York: Basic Books.

—— (2001) *The Future of Ideas*, New York: Random House.

Levy, S. (1994) *Hackers*, London: Penguin.

McChesney, R. (1999) *Rich Media, Poor Democracy*, Urbana: University of Illinois Press.

McVeigh, Brian J. (2003) 'Individualization, Individuality, Interiority, and the Internet: Japanese University Students and E-mail', in N. Gottlieb and M. McLelland (eds) *Japanese Cybercultures*, New York: Routledge.

Magaloni, B. (2008) 'Credible Power-sharing and the Longevity of Authoritarian Rule', *Comparative Political Studies*, 41(4/5): 715-41.

Mallapragada, M. (2000) 'The Indian Diaspora in the USA and around the World', in D. Gauntlett (ed.) *Web Studies*, London: Arnold.

Miladi, N. (2011) 'Tunisia - a Media Led Revolution', *Aljazeera.net*. Online. Available HTTP: <http://english.aljazeera.net/indepth/opinion/2011/01/2 0111161423174986 66.html> (accessed 24 June 2011).

Miller, D. and Slater, D. (2000) *The Internet*, Oxford: Berg.

Miller, V. (2000) 'Search Engines, Portals and Global Capitalism', in D. Gauntlett (ed.) *Web Studies*, London: Arnold.

Morozov, E. (2011) *The Net Delusion*, London: Allen Lane.

Mosco, V. (2005) *The Digital Sublime*, Cambridge, MA: MIT Press.

Mullany, A. (2011) 'Egyptian Uprising Plays out on Social Media Sites Despite Government's Internet Restrictions', *New York Daily News*, 29 January. Online. Available HTTP: <http://articles.nydailynews.com/2011-01-29/ news/27738202_1_electionprotests-anti-government-protests-social-media> (accessed 20 August 2011).

Naughton, J. (2000) *A Brief History of the Future*, London: Phoenix.

—— (2011a) 'Forget Google - It's Apple that Is Turning into the Evil Empire', *Observer*, 6 March.

—— (2011b) 'Smartphones Could Mean the End of the Web as We Know It', *Observer*, 17 July.

Negroponte, N. (1996; 1995) *Being Digital*, rev. edn, London: Hodder and Stoughton.

Norberg, A. and O'Neil, J. (1996) *Transforming Computer Technology*, Baltimore, MD: Johns Hopkins University Press.

ONS (Office for National Statistics) (2007) 'Consumer Durables', London: Office for National Statistics. Online. Available HTTP: <http://www. statistics.gov.uk/cci/nugget.asp?id=868> (accessed 14 February 2008).

—— (2008) *Internet Access 2008*, London: Office for National Statistics.

Online. Available HTTP: <http://www.statistics.gov.uk/pdfdir/iahi0808. pdf > (accessed 14 February 2009).

—— (2010) *Internet Access*, London: Office for National Statistics. Online. Available HTTP: <http://www.statistics.gov.uk/cci/nugget.asp?id=8> (accessed 21 August 2011).

OpenNet Initiative (2009) 'Country Profiles: Burma'. Online. Available: HTTP: <http://opennet.net/research/profiles/burma> (accessed 19 April 2009).

—— (2011) 'Country Profiles'. Online. Available: <http://opennet.net/ research> (accessed 10 July 2011).

Oreskovic, A. (2011) 'Google Inc Launched a Special Service ... ', Reuters. Online. Available HTTP: <http://www.reuters.com/article/2011/02/01/ us-egypt-protestgoogle-idUSTRE71005F20110201> (accessed 25 June 2011).

Ottaway, M. and Hamzawy, A. (2011) 'Protest Movements and Political Change in the Arab world', Carnegie Endowment for International Peace, Policy Outlook. Online. Available HTTP: <http://carnegieendowment. org/files/OttawayHamzawy_Outlook_Jan11_ProtestMovements.pdf> (accessed 20 June 2011).

Poster, M. (1995) *The Second Media Age*, Cambridge: Polity.

Rheingold, H. (2000) *The Virtual Community*, rev. edn, Cambridge, MA: MIT Press.

Rodan, G. (2004) *Transparency and Authoritarian Rule in Southeast Asia*, London: Curzon Routledge.

Rosenzweig, R. (1998) 'Wizards, Bureaucrats, Warriors, and Hackers: Writing the History of the Internet', *American History Review*, December: 1530-52.

Rowbotham, S. (1997) *A Century of Women*, London: Viking.

Ryan, J. (2010) *A History of the Internet and the Digital Future*, London: Reaktion Books.

Sakr, N. (ed.) (2004) *Women and Media in the Middle East*, London: I. B. Tauris.

Schiller, D. (2000) *Digital Capitalism*, Cambridge, MA: MIT Press.

—— (2007) *How to Think About Information*, Urbana: University of Illinois Press.

Shirazi, F. (2011) 'Information and Communication Technology and Women Empowerment in Iran', *Telematics and Informatics* (article in press). Online. Available HTTP: <http://www.mendeley.com/research/ information-communication-technology-womenempowerment-iran/> (accessed 20 June 2011).

Sima, Y. and Pugsley, P. (2010) 'The Rise of a "Me Culture" in Postsocialist China', *The International Communication Gazette*, 72 (3): 287-306.

Skalli, L. (2006) 'Communicating Gender in the Public Sphere: Women and Information Technologies in the MENA Region', *Journal of Middle East Women's Studies*, 2 (2): 35-59.

Sparks, C. (2000) 'From Dead Trees to Live Wires: the Internet's Challenge to the Traditional Newspaper', in J. Curran and M. Gurevitch (eds) *Mass Media and Society*, 3rd edn, London: Arnold.

Spink, A., Partridge, H. and Jansen, B. (2006) 'Sexual and Pornographic Web Searching: Trends Analysis', *First Monday*, 11 (9). Online. Available HTTP: <http://firstmonday.org/htbin/cgiwrap/bin/ojs/index.php/fm/ article/view/1391/1309> (accessed 23 October 2011).

Sreberny, A. and Khiabany, G. (2010) *Blogistan*, London: I. B. Tauris.

Streeter, T. (2003) 'Does Capitalism Need Irrational Exuberance? Business Culture and the Internet in the 1990s', in A. Calabrese and C. Sparks (eds) *Toward a Political Economy of Culture*, Boulder, CO: Rowman and Littlefield.

Tavaana (2011) 'Moudawana: A Peaceful Revolution for Moroccan Women'. Online. Available HTTP: <http://www.tavaana.org/nu_upload/ Moudawana_En_PDF. pdf>(accessed 21 June 2011).

Taylor, C. (2011) 'Why Not Call It a Facebook Revolution', CNN, 24 February. Online. Available HTTP: <hhtp://articles.cnn.com/2011-02-24/ tech/facebook.revolution_1_facebook-wael-ghonim-social-media?_s=PM: TECH> (accessed 2 March 2011).

Turkle, S. (1995) *Life on the Screen*, New York: Simon and Schuster.

Turner, F. (2006) *From Counterculture to Cyberculture*, Chicago: University of Chicago Press, 2006.

Weber, S. (2004) *The Success of Open Source*, Cambridge, MA: Harvard University Press.

Wellman, B., Quan-Haase, A., Boase, J., Chen, W., Hampton, K., de Diaz, I. I. and Miyata, K. (2003) 'The Social Affordances of the Internet for Networked Individualism', *Journal of Computer-Mediated Communication*, 8 (3). Online. Available HTTP: <http://onlinelibrary.wiley.com/

doi/10.1111/j.1083-6101.2003.tb00216.x/full> (accessed 23 October 2011).

Wheeler, D. (2004) 'Blessings and Curses: Women and the Internet Revolution in the Arab World', in N. Sakr (ed.) *Women and Media in the Middle East*, London: I. B. Tauris.

—— (2007) 'Empowerment Zones? Women, Internet Cafes, and Life Transformations in Egypt', *Information Technologies and International Development*, 4 (2): 89-104.

Wikipedia (2009) 'Wikipedia: About'. Online. Available HTTP: <http://en.wikipedia. org/wiki.wikpedia:About> (accessed 20 February 2009).

—— (2011) 'History of Wikipedia'. Online. Available HTTP: <http://en.wikipedia.org/wiki/History_of_Wikipedia> (accessed 30 July 2011).

Williams, S. (2002) *Free as in Freedom*, Sebastopol, CA: O'Reilly.

Wright, S. (2008) 'Fixing the Kingdom: Political Evolution and Socio Economic Challenges in Bahrain', *CIRS Occasional Papers*, No. 3, Georgetown University.

Zittrain, J. (2008) *The Future of the Internet and How to Stop It*, London: Allen Lane.

Zook, M. (2007) 'Report on the Location of the Internet Adult Industry', in K. Jacobs, M. Janssen and M. Pasquinelli (eds) *C'lickme: A Netporn Studies Reader*, Amsterdam: Institute of Network Cultures.

PART II 網際網路政治經濟學
Political economy of the internet

第 **3** 章
網路 2.0 與大片經濟學之死

Des Freedman

引論：新的生產模式？

　　每個時代都有傳達「時代精神」的著作，當前這個時代以網　　69
路的變革力量作為基礎，並不例外。走進任何（實體或虛擬）書
肆，登時你就眼花繚亂，這些字眼衝進了你的眼簾：《群眾的智
慧：如何讓個人、團隊、企業與社會變得更聰明》、《玩家外包：
社群改變遊戲規則》、《維基經濟學：何以群眾協作改變一切》、
《我們－思考：群眾創新，不是大量生產》、《鄉民都來了：無組
織的組織力量》、《社群藝術：建立參與的新世紀》。[1]這些書名都
有個前提，它們認定社群媒體、線上平臺、數位科技，以及協作
網路已經根本地改變了我們，舉凡社交、自我的娛樂、對於世界
的認知、參與公共事務，以及，最重要的是商業模式，無不改

---

[1] 譯按：這六本書除第六本，都有中譯，英文書名及出版年如後，依序是
Wisdom of Crowds (2005), *Crowdsourcing: Why the Power of the Crowd is Driving the
Future of Business* (2008), *Wikinomics: How Mass Collaboration Changes Everything*
(2006), *We-Think* (2009), *Here Comes Everybody: The Power of Organizing without
Organizations* (2009), *The Art of Community: Building the New Age of Participation*
(2009)。

觀。這些有關網路 2.0 的流行經濟文獻，重複了十年之前，彼時鋒頭甚健、有關「新經濟」的樂觀之言，當時，集中體現這股潮流的書名是《地球零距離：邁向電子商務世界的數位管理藍圖》、《無重量世界：科技和創意主導的年代》、《知識經濟大趨勢》、《數位革命》，當時，「時代精神」是新經濟已然浮現（在千禧年網路泡沫化之前，此說甚為風行）。[2]

　　本章檢視這類文獻，探索其聲稱是否合理。它們說，網際網路扶助的經濟是以利基為主，不是大眾市場；以彈性為重，不是標準化；是豐盛年代，不是稀缺；是具有企業精神的新興企業，不是支配二十世紀的產業組織。線上邏輯所秉承的原則，操作過程完全不同，網際網路是以比特位元為原則，不是原子，順此發展，勢將終結壟斷的規則，也會鼓舞人心，更為去中央化的，更為客製化的傳媒網路就要如同堂堂溪水出前村；孕育這些說法的理論家是安德森（Chris Anderson 2009a, 2009b）、唐斯（Larry Downes 2009）、賈維斯（Jeff Jarvis 2009）、利德（Charles Leadbeater 2009）、雪基（Clay Shirky 2008），以及塔普斯科特和威廉斯（Don Tapscott and Anthony Williams 2008）。

　　根據這些方家的說法，我們再也不受媒體集中之苦，代之而起的是媒介的分散解體，我們會有各種利基市場，倉儲庋藏無止無盡，可望滿足所有人的個性欲望，選擇無限。麻省理工學院的尼格羅龐提在 1996 年，就有這個預測：「數位之後，可望出現完全嶄新的內容，新的玩家、新的經濟模式，以及可能是資訊與娛樂提供者的小型產業，同樣也可望出現。」（1996: 18）十年之

---

[2] 譯按：這四本書都有中譯，英文書名及出版年如後，依序是 *The Death of Distance* (2001), *The Weightless World* (1999), *Living on Thin Air* (2001)與*Being Digital* (1996)。

後，網路革命的紀錄者《連線》，其主編安德森說，凸顯「豐盛 70
的經濟學」時候已到，「我們的文化供需之間不再會有瓶頸，屆
時光景現在就可思考與預期。」（Anderson 2009a: 11）

　　不過，這些**趨勢**並不限於傳媒或娛樂部門，人們認為，它們
現在已經對更大經濟整體有了衝擊：降低交易成本、刺激創新、
生產者與消費者的壁壘崩解，甚至我們還可以進一步看到，先
前只是被當作被動的消費者，如今儼然是更有生產力及更大整體
角色當中，不可或缺之一環。賈維斯（Jarvis 2009）的看法是，
谷歌提供了至今為止最為優秀的角色模式，**任何**公司應該都要以
此為師，才能在新的、數位日漸重要的商業年代，爭強致勝：
谷歌改變了「社會與工業的根本架構，如同鋼樑與鐵路改變了
興建城市與經理國家的方式」（2009: 27）。塔普斯科特和威廉斯
（Tapscott and Williams 2008）則說，「植基在社區、協作與自我
組織的各種新的生產模式，而不是來自科層控制」的最佳範例，
可以說就是線上的維基百科全書，它概括了所有新生產模式的
可能性及其關係（2008: 1）。他們的各自概念起點與政制目標，
容或不同，惟許多網路 2.0 的評論方家聚合在這個意念，他們以
為，網路文化刻正將資本主義推向於更有效率的、具有創造力
的、更順暢平滑的民主與參與形式：「新的生產模式誕生中。」
（Tapscott and Williams 2008: ix）

　　本章的任務是，檢視新數位生產模式的根本動力，詰問其
所據以運行的科技與經濟原則。晚近，頗有針對網路歷史所進
行的更具批判力的研究（比如 Fuchs 2009; Sylvain 2008; Zittrain
2008），以下所述受益於其啟發。筆者觀察線上傳輸與消費的當
前趨向，藉此檢視豐盛的經濟學之說；筆者評估「利基經濟」理
論，推敲線上世界的集團化與集中化趨勢，是否仍然存在這些剩

餘類型。線上傳媒經濟浮現矛盾的**趨勢**，多樣化與大眾化，特殊化與一般化，本章有此認知後，筆者的企圖就在整合線上年代的巨大且重要之發展，將其安置在更為傳統而久遠的資本主義架構，予以解釋：資本主義正是創新、有創造力的系統，所有的日常經濟表現必須從結構上臣服於市場上最強大有力的利益集團之需要。內容輸送管道愈來愈走向數位，不過，付費建構管道的人追逐利潤之心不變。

大片經濟之死及其他主題

在後工業社會的論述中，資訊與知識的顯要已見突出，相關理論前後出爐，想要將其理論化（Bell 1973; Machlup 1962; Porat 1977; Toffler 1980; Touraine 1971），當代人所撰寫的《玩家外包》與《維基經濟學》等書，是最為晚近的具體例子，源生於這股仍在衍展的資訊社會之論述。林林總總的這些論述的焦點是，二十世紀晚期資本主義的經濟與職業結構，處於變遷中，其中，形象財貨與服務部門儼然被舉為經濟的動力火車頭。在後工業年代，是資訊，不是石油也不是電力，成為其核心成分；知識工人，不是煤礦工人，是其最具有生產力的公民，創新，不是生產，是其「軸心」原則。到了 1990 年代，第二個世代的寫作者企圖讓這些說法與時俱進，使其適應於全球化與資訊科技的孿生力量。格外值得注意的是，不少財經記者如凱恩克羅斯（Cairncross 1997）、科伊爾（Coyle 1997）與利德（Leadbeater 1999）的報導與議論的焦點是，他們說地理疆域以及物質生產的重要性已在喪失，這個過程刻正從根本轉變西方經濟體。當時，英國首相托尼・布萊爾（Tony Blair）可以說是最為熱情倡導這

71

個觀點的政治代言人。他說這個「新經濟」「根本就大不相同。
服務、知識、技能與小型企業才是這個經濟的磐石。它的大多數
產出並無重量、無法觸摸，也不能測量。它的最有價值之資產，
就是知識與創造力。」（Blair 1998: 8）

　　雖然批評「新經濟」的聲音不絕於耳（比如，參見 Madrick
2001，以及 Smith 2000），並且在 2000 年網路經濟崩盤之後，網
際網路的不確定性更是難以排除（相關評估請見 Cassidy 2002），
惟有關新經濟的許多說法仍然在當前的經濟思維安營紮寨。不但
如此，由於網路經濟崩盤後，大量消費者很快進入線上服務，致
使新經濟的說法愈演愈烈。進入網路 2.0 年代之後，由於營收及
使用者人數暴漲，這就使得許多具有影響力的人，大發議論，他
們提出了一系列法則、趨勢及預測，無不與網路的潛能有關，生
產可望更為民主化、分配可望更為平均，以及勞動可望獲得解
放。這些政治與策略立場或許不同的評論方家，對於網際網路的
方向與規範也許見解有別，但他們的共識在於網路經濟的特徵，
他們宣稱網路是革命性工具，有利於協作，也有利於打破舊制。
本章將先摘述這些特徵，然後再於本章第二部分導入相關脈絡，
並予批評。

豐盛的經濟學

　　由於微處理器及半導體的功能愈來愈強大，價格愈來愈低，
消費者現在擁有的電腦運算能量碩大無朋，所需價格卻僅及過往
所需支付的數分之一。再者，數位科技也解決了頻寬有限的問
題，在類比年代，這是個惱人的問題：過去的媒體系統，廣播電
視頻道及平面印刷報刊的數量屈指可數，如今，傳播環境的特
徵，就在其本質上並無限制的儲存空間。網頁以數十億計、數位

的壓縮技術，以及生產與傳輸的進入門檻很低（比如，一支手機，一個寬頻連結），因此，（數量上）人們的選擇大規模地擴張了，媒體產品是稀缺資源的概念，就此終結。賈維斯說的很優雅，「網際網路消滅了稀缺，在豐盛中創造了機會」（Jarvis 2009: 59）；唐斯也是這樣說的，「稀缺不再，豐盛取而代之」（Downes 2009: 122）。

72　　　《時代》週刊在 2007 年將《連線》的主編安德森舉為全世界第十二大最有影響力的思想家，他至今有兩本書（Anderson 2009a, 2009b），致力於反思，或說體現豐盛經濟學的意義，他也試圖為數位世界的媒體市場，描繪形狀。他說，不需再聚焦在巨型傳媒集團所創生，獲得豐厚利潤的大型產品，反之，他的看法是，我們現在應該移轉注意力，不再看「頭」而是研究媒體市場的「長尾巴」，這類交易的金額雖然比較低，但數量卻是數以百萬計又百萬計的交易，如今這個模式更能獲利，多於愈來愈難以預測的大片。「十大賣座」產品的力量，現在已被取代，「下一個一千」的經濟學才是重心：「如果二十世紀的娛樂產業是**大片**，二十一世紀同樣重要的是**利基市場**。」安德森作此堅稱（Anderson 2009a: 16）。線上店家的豐盛儲存空間意味著，它們所能提供的庫存品項，遠遠超過了線下競爭者，也因為品種齊全而更能滿足消費者的完整品味。比如，安德森是這樣說的（Anderson 2009a: 23），「狂想曲」（Rhapsody）這家數位音樂銷售商，有 45% 無法在沃爾瑪（Wal-Mart）找到，30% 的亞馬遜（Amazon）圖書，無法在美國最大實體連鎖書店巴恩斯和諾布爾（Barnes and Noble store）買到，美國最大的線上影視發行通路奈飛公司（Netflix），有 25% 影片是百士達（Blockbuster）租售店不供應的。**不但**效率高，長尾巴**還**很民主：「人們可以買到利

基產品，非商業內容的潛在需求得以現身」（2009a: 26），如此一來，消費者得以接觸遠比從前更爲多樣的內容，傳統的媒體經濟則從來力有未逮。出於這個情勢，文化工業的決策過程也就發生變化，不再是科層菁英作主，如今決策權降臨於「我們」，我們是流行與（利基）品味的新守門人。他說，「螞蟻現在有了擴音器」（2009a: 99）。

對於媒體產業，帶來豐盛的科技以另一種方式產生了決定性的影響：數位化以及網路儲存空間沒有任何限制，這些進展就使得交易與傳輸成本低到了一個水準（參見 Downes 2009: 38-40），致使廠商現在可以免費提供網路內容或服務，仍然有利可圖。谷歌獲利豐厚，但其搜索引擎免費提供給使用者；克雷格斯網站（Craigslist）也是這樣，其使用者可以檢索其分類廣告，分毫無需支付；愈來愈多的電子遊戲、歌曲、新聞及線上軟體也在線上供人自由使用。安德森表示，這個趨勢說不上是盜版文化，其實應該說是「完全新穎的經濟模式」：就是「因免費而自由」（Free）（Anderson 2009b: 12）。

> 網路變成了自由之地，與意識型態無涉，完全是經濟律令使然。價格降低到了邊際成本的水準，而線上所有東西的邊際成本幾近於零，四捨五入使其爲零，很是合理。（Anderson 2009b: 92）

正就是這個現象，現存的唱片公司、報紙與雜誌才倍覺壓力，在線上業者展開低價惡性競爭下，它們的銷售量與收入下降明顯。

賈維斯說「沒人能跟免費競爭」（Jarvis 2009: 76），安德森稱，「免費」就是指「價格應該到位之處，直至是零」（Anderson

73　2009b: 34），兩人不約而同，賦予這個「激進」的定價新形式，一種神秘而勢不可擋的力量。他們並沒有說「免費」忽視或是超越了自由市場經濟學的各種規則——畢竟，免費是因爲廣告的補助使其有利可圖——他們只是說，最終市場必然要向這個挺吸引人的方式，低頭扣首。安德森論到，「你可以通過法律與鎖碼，你可以雙管齊下，阻止免費原則在數位領域暢行，但最終經濟引力還是終將勝出。」（Anderson 2009b: 241）「免費」確實以更爲「民主的」方式重新分配價值，勝於傳統的市場交易模式——這對於僅能在谷歌，或是數以百計、千計的克雷格斯網站之小型廣告廠商，有利的多，就後者來說，實況就是「分類廣告的價值從集中於少數的情況，移轉到了多數」（2009b: 129）。豐盛的媒體經濟學因此不僅只是瓜分市場，使成一系列彼此連屬的利基市場，而且它還將這個經濟體的內部權力關係，作了重新配置，方法是挑戰「傳統媒體」的能力，使其再無能力可以爲其產品索取過高的價格。這就是安德森所說的，「這是豐盛的市場，你無法再以稀缺的情況，定價產品。」（Anderson 2009b: 127）

巨石對上鵝卵石

　　假使安德森所說爲眞，亦即利基市場刻正取代老的模式，「大片」經濟，那麼，傳統上依賴發行熱門產品給大量閱聽人而進行組織的財團行號，又可能會變成哪個面貌？「大媒體」是標誌二十世紀的工業生產圖像，在注意力豐盛但管道匱乏的年代，它大有施展身手的餘地。大媒體投入數以百萬計的經費，生產與行銷通抓，同時研擬很有效率的商業模式，藉此也就打到了大量消費者，取得了市場的支配地位。一旦進入數位豐盛的年代，大片戰略就要在劫難逃了。《哈佛商業評論》部落客哈克（Haque

2005: 106）的影響力很大，他說，網路 2.0 的環境，其建構邏輯
是「協調」而不是「指令」經濟，是「分配」而不是「中央化」
規模經濟。因此，要從利基市場獲利的「產品戰略」就是「開
放、情報、去中心化與連通」（2005: 106），這些品質正是「老媒
體」所欠缺，它們充斥者私有財產者的本能，以及科層森然的結
構。我們目睹著「消滅競爭的戰略」，效用減低了，另在浮現的
是，「真正的競爭市場」（Anderson 2009b: 175）。

　　這就是說，最有可能在豐盛的數位環境中脫穎而出者，就
是那些掌握了豐盛的意義之公司，「擁有發行管道及通路，擁有
人力與產品，或甚至是擁有智慧財產，都不再是成功的關鍵。開
放才是關鍵。」（Jarvis 2009: 4）賈維斯說，這就充分地說明了谷
歌的成功，這家舉世「第一家後媒體公司」（2009: 4）。谷歌理解
了網絡的力量，因此其活動聚焦在**連通各方**，而不是**擁有**，迄今
為止，谷歌實乃展示了自己是對網路邏輯有所瞭解的最佳範例。
「如果谷歌用的是老媒體公司的思考……就會控制內容，建立高
牆並試著將我們關在裡面。」（2009: 28）但谷歌沒有這麼做，反
之，它支配了開放網絡的搜索引擎，這與新力與蘋果等公司的產
權人行為的本能，呈現強烈對照，後二者採取了「封閉的架構」
（Tapscott and Williams 2008: 134），各自有專用的 PSP 遊戲軟體
與 iPods。在前數位年代，各大唱片公司的態度如出一轍，它們當
時眼見樂迷主導而混成的文化日漸成長，反應之道是試圖主張其
音樂產權，壓制其後出現的「混搭運用」。谷歌的邏輯則會說，
這些唱片大廠反而應該將這些樂迷連通起來，並將各種唱片或
CD 的內容，作為連通這個關係的核心，不是藉此威脅要對樂迷
提訟。「消費者是價值，不是要讓人控制」，塔普斯科特和威廉斯
說，「這才是數位經濟的答案」（Tapscott and Williams 2008: 143）。

74

　　谷歌的成功，加上大片經濟的衰退，無不向許多晚近「新經濟」理論家世代的人展現，傳媒的制度架構已經從根轉移了。老的，垂直整合的企業集團在網路 2.0 的壓力下枯萎了，新興公司手腳靈活挑戰了它們，這些公司並沒鎖入中央化的控制方式，也更為開放而有利於協作。利德對此所用的形容是，「新的組織景觀」（Leadbeater 2009: xxi），大眾媒體作為「巨石」，支配了前數位年代，已經被個別使用者丟下一塊塊的「卵石予以淹沒了」（2009: xix）。最為成功的新媒體公司，必須最為能夠組織「卵石」，就資訊來說這就是指維基百科，就照片來說這就是指 Flickr，圖書則是 Amazon，影像就是 YouTube，短語交流則用 Twitter，社交互動是 facebook，至於谷歌，就是海灘所有東西的目錄。究竟你會是「巨石」或是「卵石」，並非僅只是規模大小的問題（畢竟谷歌是相當大的卵石收集者），問題在於組成及構造。「巨石」密度高，內裡集中，「卵石」則輕盈，也更透明。「卵石內裡相比於巨石，相對說來東西很少。這就是卵石更為對外開放的緣故」（2009: xxii），同時也就更能適應於網絡經濟的動力運作。尼葛洛龐蒂在 1996 年的預測（參見頁 69〔原著頁碼〕），指稱媒體組織的手工業化將會擅場，似乎，這個年代總算來臨了。

分享的文化

　　數位行動者的「外向」視野，又與新傳媒經濟的另一個核心特徵，相契相合：個別使用者的協作驅力，挑戰了大型企業的競爭本能。網際網路通過其大量節點，「聯合了人與資訊、行動與彼此」（Jarvis 2009: 28），並且順此走向水準的、同儕對同儕的交換模式，先前的大眾廣電系統，不曾出現這個現象。網路串起的**連結**，以及，它等於是邀約各方，促成使用者將他們的技能與知

識，薈萃與總結於網路空間。在利德看來（Leadbeater 2009: 7），
網路的「基礎文化就是分享、去除中心與民主」，導引人們進入
一種他稱之為「我們－思考」的情境，這是「我們的思考、遊
戲、工作與創造，形影相隨，集體成群」的革命（2008: 19）。
這不是歐威爾所說的那種「團體迷思」之形式，這是一種機會，
我們若能善用科技，就可從數以百萬計的一般人身上，擷取想法
與創造力。在前數位時代，創新得以產生之地，大致就是企業
行號與實驗室的高牆之內；網路提供了方便之門，創新的集體
形式得以出線，無論是在修車房或在臥室，或在研究室或起居
室，都有可能是新點子的發想地點。在塔普斯科特和威廉斯看來
（Tapscott and Williams 2008: 15）：「大量的人跨越國界、學科與
文化，開展協作，可說是既經濟，又享受。我們可以通過同儕協
作，研製操作系統（如 Linux），亦可產生百科全書（如維基百
科）、傳媒、互助基金……我們自己變成了經濟體系。」

　　這股新的「草根」經濟有一個啓人疑寶的動力。這是利基經
濟體，由大量協作者生產；高度專門化，卻又以集體原則組織，
因為「群眾自有智慧」（Surowiecki 2004）。依據這個視野，不動
如山的「巨石」，受制於其科層結構及官僚程式，在網際網路協
助大眾參與的策略制勝下，已經失利於「扁平的」以及更有適
應力的制度結構。利德說，「若要產生組織力量，我們現在不一
定需要組織，當然更不需要正式的科層組織。」（Leadbeater 2009:
24）塔普斯科特和威廉斯則說，「誰有辦法與外在協作者，培育
輕巧靈活、彼此信任的關係，誰就站上了有利位置，能夠塑造
充滿活力的商業生態系統，並且在其創造價值時，會比科層化
的商業組織，來得更有成效。」（Tapscott and Williams 2008: 15）
比如，網路電視節目《掘客》（*Diggnation*），取材自協作的新聞組

合網站「掘客」（Digg），一週吸引大約 25 萬人，每年還能得到 4 百萬美元的進帳——「這對兩個坐而經營的傢夥來說，還不錯」（Jarvis 2009: 134）。如果社會的運轉原則，是相互協助與草根企業精神，如果價值的來源是許多人的貢獻，不是少數人（或說是「每個人」而不是菁英）（參見 Shirky 2008），那麼，對於傳媒工業的結構轉型，對於其後的民主機會與可能性，顯然會有相當值得正視的涵義。

　　第一，由於網際網路具備多中心的本質，傳統守門人的運作空間因此縮小，科層體制也就扁平化，點對點傳播是以擴散。網路既已容許買主直接與賣方聯絡，歌迷之於樂團，讀者之於作家，也是可以直接交流，於是也就少有仲介——房屋仲介業者、有聲出版公司、二手車商，或甚至只能帶給你過時的分類廣告之報紙——的需要。取分類廣告而代之的是 Craigslist、取代音樂的是 MySpace、取代房屋銷售的是 Rightmove、取代汽機車買賣的是 Auto Trader。這是仲介者消逝的過程，或者，套句賈維斯的話，這是「中間人注定完了」（Jarvis 2009: 73），惟其實學者更早已前已經注意到這個跡象（參見 Sparks 2000，該文說的是報紙）。隨著網際網路所能動員的群眾，愈來愈能夠彼此提供資訊與資源，藉此在日常生活遂行明智的決定，以及，網際網路比起從前，更能搭建橋樑，讓更多的直接交易關係得以運作，情勢如此，守門人就成了「低效率市場的業主」（Jarvis 2009: 76）。傳統的廣告代理商，哪裡可能與谷歌爭雄？谷歌利用演算方法，客製了顧客所需要的廣告，效率驚人。

　　第二，人們都說，數位科技大有貢獻，媒體生產過程的民主化，為之提升良多，創意工具如今可以交由更多人自由支用。手提攝影機、剪輯軟體、寬頻訂戶、手機費率等價格的下降，創生

76

內容的門檻降低了，愈來愈是由「群眾」掌握。皮優（Pew）調查顯示，美國有38% 青少年定期地分享線上內容，21% 的人借用原創內容後予以混搭，另有14% 曾寫過部落格（Purcell 2010: 4）。利德則說（Leadbeater 2009: 211），「老式的媒體產業發配給我們的事，主要就是收看與閱讀，網路不同，它大舉擴張了人群，現在有更多的人能夠加入公共辯論，他們現在可以接觸並提出範疇更深廣的想法。」「業餘人士」所做的電視多力多滋（Doritos）薯片廣告，可說是很好的例子，顯示「玩家外包」的生產，可以達到多大的民主化。該廣告片並不是耗費鉅資聘用廣告代理商，反之，人們現在說，使用者創生的內容（成本低至出現在英國電視的廣告片，6.5 英鎊，高也只是 2 千美元，在美國收視率第一的超級杯賽事中播出）是新的創造力取向，是更具有協作取向的里程碑，「幫我們找回更爲傳統的民俗文化，它與二十世紀的唱片與電影工業之大量生產文化，截然有別。」（Leadbeater 2009: 56）

　　生產者與消費者的區別已經模糊不清，這個說法總算實現了托佛勒的預言（Toffler 1980），當年他曾鑄造了這個詞「產消者」並指其崛起，指日可待，這也是費斯克所說，是「語意民主」的浮現，背後則是擁有良好媒體素養的「積極閱聽人」在推動。不過，塔普斯科特和威廉斯還要更進一步，他們認爲「產消合一」的崛起，等於就是**經濟**革命：「人們現在以平等的身分，參與經濟，人們與其同儕共同創造，也與人們自己鍾情的公司共同創造以切合自己的需要，共同介入完成社區事務，改變世界，或者，至少可以共同歡樂！」（Tapscott and Williams, 2008: 150）「產消合一」的可能性產生的革命作用如此之大，致使安德森也就眞地作此比較。在他筆下，當前的使用者創生內容，變成是馬

克思表述在《德意志意識型態》的願景：沒有異化的勞動。馬克思想像的是共產社會，其時，所有人不再受到薪資勞動所苦，因此就可以「早上打獵，下午捕魚，晚間畜養牲畜，飯後臧否人生」[3]（轉引自 Anderson 2009a: 62）。

　　生產是有創意及愉快的，這個說法與另一個重要的變化有關，當代世界的社會關係有了移轉，事涉數位經濟的勞動性質。許多當前的「新經濟」理論家認為，堅實嵌入網際網路的協作原則，如今可以到達最為遙遠的工作場所。以前的勞動是疏離的，工人通常無從參與決策，「維基工作場所（充分發揮我們的力量）」（Tapscott and Williams 2008: 239-67），運用了數位科技，分享知識、想法，以及聯合創作，現在它已提供機會讓僱員參與，完成工作，當然也就是一種更有效率的使用勞動之方式。塔普斯科特和威廉斯的書，列舉了許多例子，唾手可得，很多公司都因為傾聽顧客與僱員的意見而開花結果，都因為讓他們參與決策、給予他們一定程度的自主，就更有機會刺激創意思考。他們論稱，其結果就是「我們從封閉與科層的工作場所，從僵硬的勞資關係，移轉而走向愈來愈是自我組織的、分散式的，以及協作的人力資本網絡，可以從公司內部與外部，汲取知識與資源」（2008: 240）。

　　根據各種文獻，箇中最佳典範就是谷歌，這是最具有動能及前瞻的例子，活生生的「維基工作場所」。員工有免費餐點（主廚扮演了特別吃重的角色，在公司扮演了多重角色（參見 Vise

---

[3] 譯按：這本書是馬克思與恩格思合著，該引句全文是：「在共產主義社會裡，任何人都沒有特殊的活動範圍，而是都可以在任何範疇發展，社會調節著整個生產，因而使我有可能隨自己的興趣今天幹這事，明天幹那事，上午打獵，下午捕魚，傍晚從事畜牧，晚飯後從事批判，這樣就不會使我老是一個獵人、漁夫、牧人或批判者。」

2008: 192-203）、公司交通車免費並且可以無線上網，最有名的或許是，員工每週的五個工作天，都有一天可以做自己的計畫。就是因為有這個「百分之二十規則」，「谷歌新聞」與「谷歌產品搜尋」這兩種服務的研發，最後才能出現（Vise 2008: 130-40）。谷歌有一口號，「不要作惡」（'Don't Be Evil'），不但可以用於自己的工作場所，也適用於谷歌產品，原因不是谷歌創辦人的固有仁慈，而是因為「作惡的成本已經得不償失……一旦人們可以在你身邊，公開說你，與你談論，那麼，再要對他們拴緊螺絲，就不再是有效的商業策略了」（Jarvis 2009: 102）。前數位時代工作場所的混濁不透明和隔絕，如今不再，現在工作總算變成了能讓人享受的活動，等於是獎勵了員工，也讓公司受益。

顛覆資本主義

截至目前為止所述及的文獻都說，若要取得最佳的網路效益，就得通過自由市場這個社會組織模式。不過，仍有例外，但為數極少。利德的批評是，安德森是徹底放任的市場基本教義派、是其啦啦隊隊長，他認為自己，以及克雷·雪基（Clay Shirky）與尤查·班克拉（Yochai Benkler）是「社群樂觀主義者」，他們認為社會生產與同儕生產的非商業可能性，大有可能（Leadbeater 2009: xxviii）。對於私有財產才是所有生產活動的基石之說法，利德嚴詞譴責，反之，他的論點是，「網路擴散之後，我們必須從另一個立足點，前瞻未來」（2009: 6），這將是私有財產與非私有財產力量並存的年代。利德想像的場景是，公共財與私有財互補，他因此主張混合經濟，協作精神與網路結構在此馴服市場交易。他明白地表述，以「理想的開放原始碼及我們－思考（群眾創新）的公社資本主義」，取代市場關係，**不是**

其意旨（2009: 121），他要的是通過「公社」的各種原則，指陳私人資本主義之失，並予以改善。

然而，總體來說，（譯按：利德等人的說詞雖是混合經濟，但）認定網路 2.0 勢將提供的絕佳機會，是要用來更新與深化**「私人」**企業的認定，已經深入了相關言說。相關文獻充斥，無不訴說數位科技提供的效率、成本效益，以及戰略可能空間。網際網路既出，各大公司就得接受挑戰，融入新的環境，否則就得向競爭者屈膝投降：這是顛覆技術的典型例子，現狀就要動搖，未來一片榮景，從此開路。法律學者唐斯的論事取向，就是這樣，他說，網際網路如同十九世紀的鐵路，是具有「顛覆性」的科技，是一種熊彼得稱之為「創造性毀滅」的力量，「最終說來，這股力量就會催生戲劇般的變革。」（Downes 2009: 3）唐斯不是在網際網路找「殺手級應用軟體」之一，他的看法是，網際網路本身就是獨一無二的「殺手級應用軟體」（2009: 10）：「科技創新，一旦引入，即顛覆了市場甚至是整個社會長久以來的規則。」唐斯書寫之時，金融市場備受凌虐，儘管如此，他還是堅持地認定，「若要建立顛覆性科技的規則，市場通常比傳統政府形式，來得較好。」（2009: 4）顛覆性科技的內在能量，若能不受阻扼而自由運作，那麼，頑強堅韌的網際網路勢將持續，暴露類比商業形式的效率欠缺，壓低生產與交易成本，迫使各家公司不得不日趨看齊「谷歌邏輯」，使其整合至他們的商業計畫。

這確實是人們引為美妙之事，個人時而偵測，確認了社會系統中新科技的效益，無畏打翻習以為常的陣仗，躍居臺面並讓我們以不同的方式，觀看世界。唐斯稱之為「反叛者」（rebels）（Downes 2009: 220），賈維斯說他們是「很有顛覆力的資本家」（Jarvis 2009: 4）：這些人是指谷歌的謝爾蓋・布林（Sergey

Brin）與拉裏・佩奇（Larry Page），分類廣告網站 Craigslist 的克雷格・紐馬克（Craig Newmark），以及亞馬遜的創辦人傑夫・貝索斯（Jeff Bezos），他們體現了十九世紀資本主義開疆闢土的原始創新精神。這些開路先鋒心無畏懼，他們所做的「決定，當時在傳統工業的法則下，全無是處，如今多虧有這些新穎的方式與新的思想家，才能打破這些窠臼」（Jarvis 2009: 4）。他們是傳統產業的局外人，根深蒂固的商業利益攻擊他們，政府滿心狐疑對待。當然，這些先鋒對於加諸其身的這個想法，正是擁抱唯恐不及。舉個例子，歐盟與美國規範機關，以及其商場那些更為老牌的競爭廠商提出挑戰時，谷歌安居不動，只是再三重覆地說：「每個政府總有些人，老是忙著想要搞懂我們在幹什麼。」谷歌的執行主席埃裏克・施密特（Eric Schmidt）這麼說，「我們確實很有顛覆性格，就在顛覆的過程，我們也就經常創造了敵人。」（轉引自 Oreskovic 2010）這類言詞滋潤了資本主義，使其沈浸在相當浪漫的形象之中，其間，反叛者承擔了所有風險，其間，科技已經種下了社會變遷的動力；雖然過程中必有紛擾騷亂與不確定，反對亦將隨之，然而，更有生產力的未來已在其中，基礎就此奠定了。這個反覆出現的思維與用語，最近的化身轉世就應驗在網路 2.0 的協作精神，它將帶領我們登堂入室，進入新的年代，假使塔普斯科特和威廉斯所說可信（Tapscott and Williams 2008: 15），其「對比就是義大利的文藝復興，或是雅典的民主再起……新的經濟民主已在浮現，身在其間，我們位居領導」。數位媒體經濟的允諾，在此。

資本主義反噬

有關新的商業模式之文獻，包含了非常大量的經驗資料，對於網路提供的參與機會也有熱情的認同與承擔，其對傳統經營模式的經濟學之懷疑，有其道理。但終究說來，這些文獻的大多數根基，仍然來自於許多未經證實的說法、深刻的誤解，以及令人費解的避開某些話語。這樣一來，這些文獻並不能針對網路 2.0 的環境動力，提供嚴謹的說法。概括予以評價，這些文獻深陷於經常見諸商業所需的致詞模式，閱讀這些著作，很難不說它們只是讚頌之聲，是針對西方的企業總裁、投資人與政治人物，並向他們行銷企業精神與作風。

另有一個理解並評估新數位經濟的取向，視野完全不同：這就是根據馬克思主義的批判而來，它同時體認資本主義的革命性成就，同時又能分析，何以資本主義總是出現系統的偏差，無法將這些成就的完整潛能，都讓生活在其間的主體，能夠得到（雖說文末帶刺）。馬克思與恩格思當年在《共產黨宣言》對資本主義的描述，幾乎如同 160 年以後，賈維斯或安德森對谷歌的光芒禮讚。馬恩對於資產階級在人類歷史所扮演的「最革命性的角色」，有此著名的刻畫：「它第一次證明了，人的活動能夠取得什麼樣的成就。它創造了完全不同於埃及金字塔、羅馬水道和哥特式教堂的奇跡。」（Marx and Engels 1975 [1848]: 36）資本主義取得這個成就，不是因為個別科學家與科技專人的「天才」，也不是先鋒企業家的勇敢，而是因為這個系統有其結構需要，不創新不能向前行：

> 資產階級除非使生產工具，從而使生產關係，從而使全
> 部社會關係不斷地革命化，否則就不能生存下去。反
> 之，原封不動地保持舊的生產方式，卻是過去的一切工
> 業階級生存的首要條件。生產的不斷變革，一切社會關
> 係不停的動盪，永遠的不安定和變動，這就是資產階
> 級時代不同於過去一切時代的地方。（Marx and Engels
> 1975: 36）

然而我們還得注意，馬克思固然著迷於資本主義的創新，他卻也同時駭異於資本主義進行再生產的手段。首先，他提及，先前社會的任何剩餘，是由統治菁英消費耗用，資本家不同，他必須重新投資剩餘，才能更有效率地在市場中競爭求勝。馬克思所說的資本，是任何用來增加自己價值的價值積累，「資本存在並且僅能以許多資本的形式存在。」（Marx 1973: 414）展現在現代自由市場的競爭，則是這個新社會系統的 DNA，因此就有創新的需要，用作提高生產力以便減少勞動成本，發掘新市場，並增加利潤率。資本家無從選擇，就此嵌鑲，進入了更進一步的資本積累過程，藉此求取成為達成這些目標的最有效率執行者：「積累啊，積累啊！這就是摩西和先知們！」（Marx 1918: 606）[4] 這就是說，資本家只要能從生產過程抽取更多價值，他們可以幹盡任何事；勞動，先前是人類主體性的一個本質，如今日漸成為勞動

80

---

[4]　譯按：馬克思的文采與其論述的實質內容，同等聞名。馬克思常以文學隱喻，表達我們經常體驗的現象：人（資本家）口頭贊成，實踐時付諸腦後。他提醒讀者，銀錢兌換商入神殿，基督驅逐之；本引句諷刺的是「金錢已經取得了上帝的地位」，馬克思另引聖經《啓示錄》：「凡沒有這種印記，即沒有這個獸名或獸名的數字者，都不能買或賣。」可說是寓意一種反抗。見張小金（2005）《資本論與科學研究方法》（社會科學文獻出版社）的第三章第一節（《資本論》：形象思維的文學寶藏）。

者自己也愈來愈沒有辦法控制的東西；以前，客體是人們以其當下的立即品質而享受，如今，其價值主要展現在其市場交換的能力； 到頭來的結果是，由於對整體經濟的運轉欠缺協調，就有一個傾向，亦即過度生產的危機揮之不去，較弱的資本就會遭致殲滅。馬克思說，這些剝削、異化、商品化與集中化，代價恐怖，卻是絕大多數人必需支付，所換取無他，只是資本主義體制下美妙的科技進展之體驗：鐵路、電力、疫苗接種計畫、廣播電視，當然，還有網際網路。

　　本章所要處理的核心議題是，資訊財及資訊過程會在多大範圍與程度，受制於相同的趨勢，或者，其情況將有不同，如同先前所引述的大多數文獻所說，由於網際網路有利於、也凸顯了協作與透明，這就使得網際網路的運用，不致出現這些危險，多少就能讓**數位**經濟另成格局，免除資本主義內在危機的特種缺陷之所苦。對於這個問題的回應，方式之一是唐斯所說（Downes 2009: 3），「資訊無所不在的性質」，已經使其與其他商品形式有了區分。這類論點不單只是市場經濟學家所說，而是對立之人亦見此言，比如，馬克思主義學者福克斯（Christian Fuchs）的認知是，資訊的特定品質——無法觸摸、易於複製、傳散快速，以及其趨向與外連接（2009: 76）——醞釀了一個顯著的矛盾。「資訊網絡延伸，但同時也破壞了資本積累。資訊網絡惡化了資本主義的矛盾，集體生產與個別據財貨為己有的矛盾更加擴大了。」（2009: 77）資訊的社會性格必然要與市場的私有化組織方式，對撞衝突。

　　岡恩有論文集《資本主義與傳播》，其研究成果的價值非凡（Garnham 1990），提供了一個導航途徑，讓我們探測這個矛盾。既對文化商品的特別屬性有所反思——它們的消費沒有敵

對性質，生產成本遠遠超過發行分配成本，它們還得不斷追求新穎——岡恩就說，「這就致使難以定價，因為不再有稀缺的問題。」（1990: 160）不過，對於文化產品可以免除市場規則之說，他不以為然，因此他指出，資本至今已經就媒體商品發展了特定的策略，正就是要使其納入市場紀律的範疇。既然發行成本相對於生產成本，微乎其微，首先這類商品就有驅力，試圖爭取到最大量閱聽人，藉此極大化利潤（1990: 160）。第二，是有一股結構需要，致使要以人為方式，重新引進稀缺，藉此才能控制價格，方法就是設置具有壟斷力的發行頻道家族，提供免費內容，不計虧損，因為有昂貴的硬體收入，並且藉此還能將閱聽人轉化為商品，賣給廣告廠商（1990: 161）。最後，為了應對大眾品味的捉摸不定，內容產業的大廠經常就會生產「文化系列產品，分散風險」，不是生產個別的財貨（1990: 161）。

　　這些解方有些一看就知道，完全與稍前所述的新數位經濟，全然無法共存。安德森的「長尾」說，直接就與極大化收視率的驅力，兩相背離。想要把利潤焦點放在大片、生產系列節目與內容而試圖引進稀缺以便寡占的頻道家族能夠得利，這些在豐盛的經濟體，似乎並無用武之地。既然狀似不合，本章其餘篇幅就是要來反思，岡恩所說的這些策略，是否與網路 2.0 世界的資訊網絡，仍可相干；再者，本章還要評估，奧利維爾・西爾萬（Olivier Sylvain）的論點，是否可信，她說：「構成『網絡化的資訊經濟』之實踐，無法真正免除不民主的問題，集中化、中央化與監理監控等問題依舊。適巧相反，那些問題同樣內在於新媒體的形構。」（Sylvain 2008: 8）

81

新數位經濟的商品化

網際網路的絕大吸引力之一，在於為數甚夥的參與者大致都是志願貢獻時間與心力——他們的勞動——但其所求無他，就是個人的滿足與相互充實。舉個例子，貢獻心力成就了維基百科、Linux 與掘客網的人，以及所有的評論網站與部落格，無不扮演了重要角色，都在彷彿一興二旺的禮物經濟體，占有一席之地。再者，另有海量、巨量沒有設置付費機制的東西，悠遊於網路空間，根本沒有什麼票房之說，既沒有訂費，也不繳租金，所有通常見之於商品流通的價格機制，在此全部派不上用場。任何造訪谷歌、臉書、「我的空間」及 YouTube 的人，沒有人必須立即購買任何東西。安德森確實也這樣認為，圖書、音樂、軟體、新聞、電腦遊戲，甚至在數位世界使用腳踏車，都是證據，顯示「沒有貨幣生產的經濟」（2009b: 189）。

安德森的論點立即就有兩個問題有待澄清，其著作的書名是「免費」（Anderson 2009b），這是「根本的價格」。第一，什麼是「免費」，並沒有那麼清楚。免費的線上內容當然還得取決於其他條件，比如，要先購買或租用電腦或移動設備，接著是要有網路可用（以上幾個項目可不是免費的），再說，除此之外，就以新聞為例子，其支付方式僅只是方式有別於通過廣告、平面媒體的發行收入，若以 BBC 來說，就是執照費。換句話說，內容一定要人給予補助，否則無從生產，無論是個別使用者的捐贈，或是希望自家勞務可以在不同平臺露出，從而供給他人使用的公司。這個情況有點像是所有人能夠「免費」入內參觀倫敦各大博物館，其實是納稅人的支付，相當於維多利亞和亞伯特博物館（the Victoria & Albert Museum）的一位訪客，是由納稅人

支付了£18.06 英鎊，參訪「自然史博物館」（the Natural History Museum）的人則是一位£13.87 英鎊（*Guardian* 2010: 17）。如同「免費」這個概念相當曖昧，安德森聲稱數位經濟的邊際成本實際上接近於零（參見 p. 5），確實也低估了行銷與生產成本，若要「免費」提供某些財貨或服務，必然要有這些成本的支出。

　　第二，即便在直接取用的當下，內容是無償提供，市場體系內部仍有其傾向，致使另一個非零元的價格，會在條件許可的前提下出現。就以《倫敦泰晤士報》及《紐約時報》作為例子，兩家報刊的東主決定開始採取線上內容的付費機制，是個有相當風險的決定。對於綜合性的閱聽人來說（與有特別需要的商業使用者對照，譯按：金融時報與華爾街日報已經成功地讓其線上用戶費費），設置「付費牆」（paywall）是不是能夠成功，不很清楚，但媒體巨亨如梅鐸（Rupert Murdoch）覺得必須引進這個機制，就已顯示他們其沒有其他選擇，也表示他們是有需要，得開發財源，儘管接下來的景況高度不確定。擁有著作權的單位對於當前的「免費」結構特別難以嚥下，因為他們得讓其行業永續存在（不過，對於新聞結集者來說，他們當然無須擔心支付內容的問題）。《歐洲華爾街日報》的主編惠特克羅夫特（Patience Wheatcroft）表明，「如果你免費提供東西，就很難打造市場使其存在。要人付費，這是我們理當確認的目標。」（轉引自 Armstrong 2009: 5）「免費」對於消費者來說，短期內是能夠明顯帶來好處，**但在資本主義市場中**，長期下來這個「免費」模式卻很難創生營收，不足以支付記者、作家、導演與明星卡司，但我們都知道，缺少這些人力，無從生產具有原創及高品質的內容。

　　但是，這些東西是不是「免費」，根本就與商品化的意義，是兩碼子事。並不是在定價（即便價格是零）之後，就是將財貨

轉變成商品；商品指涉的是，該財貨必須進入市場交換的系統，這樣才是商品。誠如馬克思所說，「效用的客體」成爲商品，「僅能通過關係的手段才能達成，這是產品與產品之間直接建立起來的**交換**行動，也通過這些產品，在生產者與生產者之間，建立了關係」（Marx 1918: 44，粗體強調是筆者所加）。

雖說我們在谷歌搜尋，在 LinkedIn 公布與傳散我們自己，或在 YouTube 看段影片的時候，我們並沒有付費，惟另有他人付費，他們希望我們能派上用場，爲其所用。在這裡，賣出的是我們的梗概、我們消費花錢的經過，以及我們使用搜索引擎的歷史，岡恩所說的主要商品，就是這些，文化工業的販售商品就是閱聽人，一而再，再而三，閱聽人反覆地由廣告主購買。塔普斯科特和威廉姆斯（Tapscott and Williams 2008: 44）說，臉書完成這項目標的方式，就是讓「朋友關係」成爲貨幣，開動了網絡。與此類似，LinkedIn 的運作方式也是將人的專業資料，變成交換客體，藉此吸引廣告主。不但這些關係在 LinkedIn 很有「份量」，它們還被量化及貨幣化，形成了一種傳記市場。[5]

誠然如是，線上勞動愈是由高度積極的「產消者」執行與完成（Tapscott and Williams 2008: 124-50），其高超的效率就是愈發讓人難以置信，蒐集、過濾與分析資料，就有了可以賣給廣告主的東西。谷歌與臉書「即時個人化」的各種設施，就可以大量儲

---

[5] 譯按：這些新科技產品往往也具有意識型態作用，如《經濟學人》在報導市場價格2013年一度高達3百億美元的LinkedIn時，就有這樣的說法，有了LinkedIn，可以「有助於勞動力市場更爲平順地運作，有潛力減少歐洲青年失業人口，或者美國有2千萬就業不理想的人，卻有470萬空缺，還有數以百萬計的中國人想要從鄉村到城市工作」。彷彿失業率高低或就業是否量材適用，主要不是人與人的社會關係所形成，變成是科技是否發達，及人是否利用科技！參見'LinkedIn Workers of the world, log in', *Economist*, 2014/8/16: 51-53。

藏個人的資訊，這些都是使用者「免費」提供的。雖說歷來對於其安全與隱私，多有關切，這類資料仍在整理後，如同礦產，賣作了商業用途，這就使得莫斯科認為，數位科技一點都沒有挑戰商品化的邏輯，「而是日漸被用來精鍊相關過程，觀眾、聽眾、讀者、電影迷、用電話的人、用電腦的人，無一例外，都賣給了廣告主。」（Mosco 2009: 137）因此，使用者創生的內容具有雙重性格：既是更為具有參與形式的創造力，同時也是非常符合成本效益的創生免費內容的手段，廣告主與行銷商從中以更精確的方式，找到與確認其意欲設定的閱聽人。

　　在賈維斯眼中，這個過程一點毫無不受歡迎的意味。他是這樣寫的，「谷歌轉化了商品化，使其成為事業戰略」（Jarvis 2009: 67），他所說的商品，定義是相當主流經濟學家的理解方式，此時的商品就是一種原生的財貨，如糖、鋼鐵或石油。不取聲望，而是以各種計算配對作為基礎，將消費者送至廣告主這裡，所有東西都變成商品，即便是組成當代閱聽人的各種利基群眾，都是。所有谷歌廣告看來都是相同，不管各別公司的行銷預算是大是小，測量使用者的方式是其「點擊」（clicks），不是他們的背景：「我們已經少有區別——以前，廣告主購買的是收入、性別、教育、興趣，以及其他吸引廣告主的所有東西。現在，每個人都像每個人，我們只不過是使用者。我們也有可能是豬腹肉（2009: 68）。賈維思認為，傳統品牌也許難以採取這類作法，但是，對於市場機制來說，這是一個很有效率，並且很有可能帶來更為平等的發展方式。只不過，許多人無意聽任其友誼關係通過臉書而變成私有的東西任人處置，他們也無意讓其個人資料在監理後，由谷歌拿去兜售；對於他們來說，這是一種商品化形式，正是他們的勞動，以及他們自己投入創造的自我活動，如今被人

重新打包，轉作爲一種有個價格，即將進入開放市場，與人交換的客體。

　　不過我們當然還得考慮，維基百科、Linux 及絕大多數的部落格，以及點對點的各種網絡，是明顯具有非商業的性格，這就展示了網際網路是由兩大獨特領域組成：商品化的部分，以及非商品化的部分，一個是如同資本家市場那般的操作，另一個則是如同「公社」一般運轉（Benkler 2006, Leadbeater 2009, Lessig 2002）？吉特仁關切的是，網際網路早年「生成的」性質，在於其開放與無法預測，如今已經被拴住了，「被化作種種應用了」（Zittrain 2008: 8）；班克拉的憂慮則在於，資訊公社如今日漸被線上集中的趨勢所威脅（Benkler 2006: 240）。這兩個觀察可說進一步提供了證據，顯示網際網路的分叉，其後的信念是，我們必須保障並滋潤非商品化的區域，這樣才能抵禦商業部門所導致的毀滅的、反民主的特徵。根據這樣的邏輯，開放原始碼的環境就是私有財產的生產方式之對立面，對於私人占有之積累原則，這就構成了鮮明的挑戰。

　　依據現實再做考察，眞要切分網際網路的這兩個部分，日漸困難，二者並非井水不犯河水，而是處於恆常的緊張關係。有人認爲，點對點傳輸與開放原始碼運動是具有進步意涵的作爲，替代了市場結構；另有人，包括著作權人，則認定這是對於利潤與投資的致命威脅。不過，如同我們先前已經表述，資本主義是一個動態及擴張系統，任何科技創新都會爲其所用，目標是增加獲利及效能。確實如此，塔普斯科特和威廉斯所說的「維基經濟學」，其整個前提就是要運用開放原始碼的原則，達到重新啓動與更新市場體制的目標（Tapscott and Williams 2008）。他們論稱，「若無公有地，就無私人企業」（2008: 91）。他們兩人的書，

加上安德森的（Anderson 2009b）、唐斯的（Downes 2009），以及
賈維斯的（Jarvis 2009），到處可以看到例子，顯示各大企業包括
IBM、太陽（Sun）與諾基亞（Nokia）莫不尋求方法，試圖將開
放原始碼的效能，整合至其企業實作。維基經濟學不說開放原始
碼對於資本積累是個威脅，反之，它說「最大的風險不是點對點
的同儕生產社群即將破壞既存的生意模式，危險來自公司行號無
法即時回應威脅」（Tapscott and Williams 2008: 96）。換句話說，
他們所要鼓勵與看到的是，公司行號要能運用開放原始碼的協作
原則，轉用於它們的特殊商業情況，目標則在增加生產力，達成
更高的成長率。

　　進入這個局面一看，資本主義是有能力運用科技，推進自己
的優勢，即便有些技術發展乍看之下似乎挑戰了資本主義的產
權律令；果真如此，那麼，「我們－思考：群眾創新」（Leadbeater
2009）之類的說法，以為這在本質上就是非商品化的實踐，恐怕
就不能當真。不作此想，我們應該將網路的非商業與商業領域的
關係，當作是處於根本的辯證過程，此時，誠如福克斯所說，各
個部分「不但無法分割，不是不同，而是彼此相互糾結交織成
網」（Fuchs 2009: 80）。不過，緊要之事還在後頭，這個關係放在
市場經濟的脈絡中，「就意味著禮物的形式，已將併入了商品形
式，因此也就能夠被直接用來完成利潤的要求。」（2009: 80）這
個情勢不讓人意外，它與資本主義的結構需要完全攸關，一切化
為貨幣，即便源發自非商業驅力的東西──如部落格寫作、評論
與審閱──也會被資本主義整編，成為市場交換系統的一部分。
維基百科、Linux與火狐（Mozilla Firefox）都很重要，它們展示
了網際網路的協作潛能，只是，這個展示的意義，在於它透露了
數位經濟的核心衝突是「資訊商品與資訊禮物的深刻對抗」，比

較不能凸顯網路可以產生的解放力量（2009: 81）。更得注意的
是，這個商品化的特殊形式，並不限於核心的傳媒或資訊產業，
反之，與先前所形成的對比是，它「徹底將傳媒產業編織到了整
體資本主義經濟……方式就在生產大量的閱聽人，將之化作特定
的人口組合形式，為廣告廠商所愛」（Mosco 2009: 137）。若是採
取這個視野的理解方式，那麼商品化無法輕易避免或抖落，商品
不是韋伯那般的「輕飄飄的斗篷」，商品化是資本主義得以組織
與複製的根本過程，線下如此，線上世界亦復如是。

積累策略

　　若是真有個「新經濟」與「數位的生產模式」，那麼。我們
或許會期待其組織原則，會與二十世紀的產業集團有別，它會另
採不同的競爭戰略。二十世紀模式對合作協調嗤之以鼻，試圖將
所有其所需要的專才納入相同公司，因此也就產生官僚機構，採
取嚴格的科層化組織，遂行集權的決策過程，並且兇暴地保障自
己的智慧財產。「新經濟」的主張者則說，大多數網路 2.0 的公
司得以繁榮昌盛，秘訣正在於它們下定決心，摒除「指令與控
制」的心態，因此才能注入合作協同的取向，使其成為集團企業
文化。賈維斯（Jarvis 2009: 69）是這樣說的：

　　　以谷歌為代表的經濟，各公司不再須要借貸大量資金，
　　　不再進行大量併購以使自己成長至臨界的規模……反
　　　之，它們還得向谷歌學習，建立平臺協助他人繁榮，才
　　　能成長。確實如此，成長之道不再那麼需要在相同公司
　　　內擁有資產，致使風險積聚，現在更為需要的作法是，
　　　要讓其他公司也能在網絡平臺，建立它們自己的價值。

85

這樣看來，數位年代的成功保證，更有可能是那些迴避產權控制，不取福特積累手段的公司，它們集中心力在創新，藉此才能提供服務與產品，給予最大數量的人群。

可惜的是，即便僅只是驚鴻一瞥谷歌自己的故事，就會看到相當不同的敘事。第一，谷歌是兩個加州風險基金投資團體，以2,500萬美元投資成立，它們堅持創辦人謝爾蓋‧布林與拉裏‧佩奇聘用經驗豐富的執行總裁，「協助他們將其搜索引擎，轉化為能夠獲利的產業。」（Vise 2008: 67）雖然布林與佩奇率先擁有技術，能夠將數以十億計的網頁納編成目，谷歌的營收業績得以起飛的關鍵，在於他們採納了**敵對**搜索引擎公司 GoTo 的廣告模式，也就是「以點擊數計費」（the pay-per-click），並將其納入谷歌現在已經是高度獲利的「廣告字」（AdWords）系統後，谷歌才走向大發利市之路（Battelle 2005: 125）。為了讓谷歌可以順利上市，2004 年谷歌給予雅虎公司大約 270 萬股票，價值數百萬美元，藉此在庭外和解，不再與 GoTo 的新主人雅虎有任何的專利糾紛（此時，GoTo 已有新名稱，「序曲」〔Overture〕）。不止如此，首次公開上市（IPO）雖然引來超額的巨量買超，外界也多以股東民主的模式視之，惟兩位創辦人卻堅持股東結構要分作雙元結構，他們對公司的營運控制權必須得到鞏固與保障。根據谷歌的 IPO 文件，布林、佩奇與執行長斯密特（Eric Schmidt）控制 37.6% 股權，至於新的投資者，若套用佩奇的話，「就不太有能力通過其投票權影響谷歌的戰略決定。」（Google 2004）諷刺意味十足的是，佩奇說了，紐約時報公司、華盛頓郵報公司、道瓊公司都是最有傳統味的「老媒體」公司，而他承認科技公司雖然並不常有此模式，惟谷歌卻與它們有相近的結構，堅持認定少數一些執行主管握有重權，決斷整體戰略控制（Google 2004），

這對公司是好事。

　　多時以來，谷歌進入新市場及創新的市場時，都是決定確保先發優勢，但其手法卻相當老調與傳統，就是它通過購併公司，改進其服務與市場份額，以此作為其削弱競爭對手的手段，特別是蘋果與微軟（參見 Vise 2008: 282-91）。在谷歌迄今短短的歷史中，在本書撰寫時，它已經累計買了超過一百家公司——包括部落格（Blogger）、匹卡薩（Picasa）、衛星顯像服務公司鑰匙孔（Keyhole）、按兩下（Double click），還有最為有名的，就是買了 YouTube ——所有這些購併成本將近兩百億美元。這個記錄對於**無須**依靠賈維斯所說的「大量併購」之公司，可真不壞啊。谷歌同樣也得依賴國家給予傳統法律保障，谷歌也禁不起分享智慧財產權（IP），它深知 IP 是公司獲取營收的核心能力。谷歌在2010 年提交文件，它向美國證券與交易委員會作此表示：

> 為了保障我們的科技財產及我們的品牌，我們必須仰仗美國及其他司法主權國給予的專利權、商標、貿易機密法之聯合保障，也得仰仗機密程式與契約條款。我們同樣與我們的僱員及顧問，亦有機密與發明的轉讓協定……對於科技財產的使用，我們嚴格控制。（Google 2010: 16）

谷歌是要與員工簽署保密協定的，這個事實就與賈維斯的斷言，有所衝突了，他說「谷歌鼓勵——並且我們預期將會愈來愈鼓勵——開放」（2009: 236），更重要的是，這還是鮮明的提醒，即便谷歌以免費午餐、員工津貼與慷慨的工作條件著稱，這家公司對於其勞動者的自主，設定了牢固的限制。我們對此所能提出

86

的解釋是，谷歌再次不是例外，而剛好是相反：它是一家大公司，必須在新興市場中運作。比如，再次以谷歌得人稱頌的「百分之二十規則」為例，它規定其軟體工程師每週至少要有一天，投入自己的計畫。塔普斯科特和威廉斯說，這是證據，顯示谷歌信任「協作，也鼓勵自我組織管理」（Tapscott and Williams 2008: 260）。這個規則並且產生了很高的生產力：谷歌新聞（Google News）、產品搜尋引擎福歌（Froogle），以及社群網站服務Orkut，[6]其根源都是來自這種似乎相當開明的企業政策。然而，這應當算這是一種休息時間，或者，是提供給研發的情感誘因，其研發成果可完全是由谷歌獲得的，不是員工？相近的道理是，公司提供高品質的免費午餐，可說是「有目的之津貼。這個作法可以讓員工彼此接近，就近接觸；避免人們染上不良的飲食習慣，致使其生產力降低；減少他們外出午餐所需消耗的時間……並且可以打造一種歡聚與團結的感覺」（Vise 2008: 194）。即便是公司的交通車，也是這層道理，車內可無線上網，員工來回「山景」總部時，就能有效延長員工的工作日，畢竟幾乎每個員工都會有部筆記本電腦。

谷歌是上市公司，股市價值接近 1,600 億美元，年營業額200 億，如果我們想到這點，也就不會驚訝，這些策略正可用來極大化對員工的剝削，也是資本積累的機制。谷歌只不過是跟進先前許多市場領導者的腳步，方法就是精明的收購，[7]提升、並使

87

---

[6] 譯按：該社群網站與臉書都在2004年推出，但稍早些，在巴西與印度的使用人數不少，在其他地區不多，已經宣布在2014年9月30日關閉，見黃慧雯（2014），〈認輸 谷歌9月底關閉Orkut社群服務〉。《中國時報》，7月1日。

[7] 譯按：本書出版後，另一個知名例子是，雅虎在2013年5月20日以十一億美元收購2012年收入僅一千三百萬美元的Tumblr，該平台有1.1億個部落格，這個競爭策略的背景是，雅虎、谷歌、亞馬遜、蘋果與臉書網路公司持有的

其提供的服務更有效率，谷歌也很有創意地構思，想方設法從擁有高度技能的勞動力，提取全部的價值，谷歌也不斷創新，同樣是力圖比競爭敵手超前一步（如果不能併購敵手的話）。谷歌的辦公空間也許是開放的規劃，但它是一家公司，倒是幾乎沒有開放原始碼；這家公司並沒有採取水平的治理結構，而是先前我們已經指出，谷歌仍由高層集中掌權，行使操作權力及策略控制。它所銷售的產品具有「開放性」與「互聯性」，但谷歌的組織管理原則沒有那麼開放也沒有那麼水平連結。其實，谷歌當年的執行長施密特也曾這麼表示。2005 年他對美國華爾街金融分析師講演，這麼承認：

> 我們老是說我們不是尋常公司，但我們其實沒有那麼不尋常。我們生產產品的方式是有獨特之處，但整個生意的其他大多數地方，都是常見的作法，引進最先進的設施，但卻是傳統之道。我們真真正正地關切目標，每一季我們向前進，都要問，「我們的表現如何？」（轉引自 Vise 2008: 256）

因此，數位經濟不變，還是依靠剝削具有創造力的薪資勞動者，假使我們再看，由於這個產業的商業模式並不確定、整個經濟體也高度不穩定，那麼應可預期，這個剝削方式還會加劇深化。我們不妨看個例子。消費雜誌龍頭出版商鮑爾（Bauer）──它的

現金多苦無出路：2007年其現金總額不到五百億美元，2012年已超過兩千億（'Internet mergers and takeovers', *Economist*, 2013.5.25: 60-61）。各公司通過兼併擴大地盤，從彼此各領圈地到相互滲透與競爭，在這些知名新的傳播產業並不例外，因此〈蘋果買Beats 跨步攻好萊塢〉（《經濟日報》，2014/5/30）；壓倒谷歌，〈亞瑪遜買Twitch 拚當電玩ESPN〉（《經濟日報》2014/8/27）。

音樂雜誌包括 *Kerrang*、*Q* 與 *Mojo*[8]——在 2010 年決定，片面要求所有自由供稿人簽訂讓渡「所有權利」的契約，他們撰寫的內容在所有平臺的權利都得歸爲其有，但「若有法律訴訟」，自由撰稿人「必須承擔所有損失與成本」（Armstrong 2010）。不過，未獲薪資的勞動力，也就是俗稱「使用者創生內容」（UGC）日漸增加，「新經濟」也從中獲利，這是因爲，數位傳媒科技的成本下降了。我們已在前文指出，UGC 具有矛盾屬性：網際網路的原生可能性就在此展現，但是它又輕易間，成爲傳媒與資訊公司的「免費」內容，雖說僅在前一些年間，這類內容還得由這些公司支付費用。所以，眼前我們所見的場景就是這樣，報紙熱烈地複製 Twitter 有關選舉辯論的內容；電視新聞的報導滿懷謝意，爆炸案及火車對撞的「目擊者影像」在其頻道播出；許多公司也積極地想要通過 UGC，減少行銷成本，也想要讓他們自己能與消費者自製的內容之「語意民主」，產生聯繫。翻開「新經濟」的文獻，到處都是這類「參與的消費主義」之例子（Leadbeater 2009: 105）：在加拿大，唱片廠商組織了混搭比賽，好幾百個 DJs 心甘情願地送進了自己的作品（Tapscott and Williams 2008: 280），這就讓公司可以省下好幾萬美元；在美國，雪佛蘭汽車如法炮製，招來互動網路廣告（Anderson 2009a: 226）；家庭自製的電視廣告片（譯按：生產玉米調味的墨西哥屬片之）「多力多滋」（Doritos），不費分文取得，並安排在超級杯比賽露臉，以插播廣告的形式出現在這個得耗費鉅資的時段，這更是膾炙人口的案例（Leadbeater 2009: 105）。

---

[8] 譯按：三本都是英國暢銷流行音樂雜誌，銷量依序是4.2萬、8萬與9.4萬本，2013/5/30查詢自http://en.wikipedia.org/wiki/Mojo_(magazine), http://en.wikipedia.org/wiki/Q_(magazine)以及 http://en.wikipedia.org/wiki/Kerrang。

88 　　塔普斯科特和威廉斯認爲，這是一種聯合創造，得利於網際網路的分散與互動特質，公民爲之而更爲介入與積極，「產消者」革命的現象也應運而生（Tapscott and Williams，參見本書頁76〔原著頁碼〕）。然而，這一丁點都說不上是傳媒生產與分配的民主化，現有菁英控制的商品交換系統，往往整編了「產消」，這些菁英樂於**索取**使用者創生的材料，或者，他們會從既存的網站**挑三揀四**。無論是兩種情況的哪一種，一般人富有想像力的勞動，都已遭致挪用，所有果實歸給臉書、YouTube 及 MySpace 之類的公司，它們倒是很想販售使用者創生的個人化內容，廣告主與行銷公司等著要哩。福克斯說得不錯，使用者上線「生產、消費、交換內容，與他人傳播」的時間愈久，「他們所生產的產消者商品價值就愈高，廣告價格也會愈高，特定網路廠商的利潤當然也就跟著水漲船高」（Fuchs 2009: 82）。這又是更進一步的事例，顯示商品化及積累的驅力文風不動，依舊位居市場經濟的核心，無論是福特年代的生產線模式，或是當前的數位網絡年代。

數位媒體經濟的集中化

　　千禧年之前，人心興奮激動，當時網路快速膨脹擴張，新興出笥的公司一波一波，攻向傳統資訊科技與媒體公司，爭取網際網路的霸權，牛津大學經濟學家安德魯‧格雷厄姆（Andrew Graham 1998）曾經提出相當不合時宜的論點。他說，儘管網際網路是有能力已接近於零的邊際成本運作，進入數位媒體經濟時，生產與行銷高品質內容，依舊有賴於大量資源。據此，他的預測是，由於規模經濟（抵消成本）及範疇經濟（肇因於匯流與交叉補帖）的深化加劇，未來勢將出現新形態的稀缺問題（不是電波頻譜，是人才），進一步的集中化（對反於「自由競爭的世

界」）亦將可期，這是因為若能在相同網絡運作，經濟效益極高（1998: 33）。十年已過，格雷厄姆提出的「網絡效果」之預言，有多少是正確的，或者，我們刻正進入的環境，佈滿了多如牛毛的資訊年代「鵝卵石」，不是企業財團的「巨石」集中（參見本書頁 73〔原著頁碼〕）？

　　取出報章雜誌的標題，一看，當然是驗證與支持了格雷厄姆的分析，挫損了樂觀之言，在數位經濟位居要津的領域，如搜索引擎、廣告及娛樂，瓶頸問題並沒有消失。比如，網際網路測量公司 Hitwise（www.hitwise.com）的調查數據顯示，谷歌支配了紐西蘭 92% 的搜索引擎量，英國是 90.5 %，澳洲是 88%，新加坡則是 80% 。獻上廣告的集中類型也清楚可見，2007 年，前四大公司占有美國線上總營收的 85%（Google、MSN、Yahoo! 與 AOL）。很多人敬重的「市場空間」（Marketspace）顧問公司之主席雷波特（Jeffrey Rayport）表示，線上廣告寡占局面正在我們眼前浮現：「雖說網際網路有其民主化的許諾，單在上個月，就有將近 1.2 億的網站，不過，若是就線上吸金的能力，小傢伙（或說，甚至是大多數大傢伙）可就乏人問津。」（Rayport 2007）

　　數位網絡最終並沒有終結壟斷廠商的行為，絕非如此，我們現在眼見若干高度集中的傳媒部門，特別是在美國，iTunes 控制了 70% 的音樂下載市場、谷歌是 70% 的搜索、YouTube 則是 73% 的線上影音，臉書控制的是 52% 社群網絡的流量。這些數字讓人咋舌，先前可是大有人聲稱，網際網路將促使市場走向更為競爭的環境，如今卻是 Amazon 一家公司就占了**整個**美國電子商務市場的 18.2%，還要高於沃爾瑪（Wal-Mart），它占了美國零售市場總額的 11%（Internet Retailer 2010）。谷歌、臉書與雅虎網站之合，占了香港**所有**網路流量的 31.5%，在美國是 28%、

澳洲 23%、新加坡 22.5%、英國 21.4%，在紐西蘭是 20%（www.
hitwise.com）。這些數字未來數年內還會波動，不過，仍可以它
們作為比較，衡量那些相同的「老媒體」市場，不少人老愛說，
老媒體欠缺競爭，網路即將取而代之。實況既然如此，我們或許
也就不會見怪，何以美國司法部及聯邦交易委員會並不放鬆，而
是持續密切觀察監理其近日的併購與創新活動，審視其與反壟斷
的關係（比如 Helft 2010）。

　　線上新聞市場的集中水準，同樣也相當接近，並且與其線
下媒體的關係，相當密切。根據卓越新聞獎基金的研究（PEJ
2010），美國前 7% 線上新聞網站，吸引了總流量的 80%，名列
前十名的單一網站，若非傳統的新聞媒體，就是各大線上入口網
站，二者占了市場份額的 25%。網際網路遠遠沒有成為新聲音
的放大器，它的分析顯示，「傳統新聞組織——特別是有線電視
台與報紙——支配了線上空間的流量及忠誠」（PEJ 2010）。大型
優勢廠商之外，是有非常非常長的長尾，由數以千計的個別接觸
之其他點閱，構成了新聞環境，PEJ 的報告有個看法，流量集中
於前幾個網站，「絕大多數的線上新聞消費者，只是在網路上漫
步放牧，但也走不遠，只是在造訪兩到五個網站之間，巡迴遊
走」（PEJ 2010），最大比例的時間是花用在最受歡迎的網址。

　　重點要害是，在網際網路協助下，內容及傳輸內容的方式，
是有海量的增加，惟其增加的經濟與消費者趨勢的基礎，實與過
去的趨向，並無差別。實際的情況是，並不是僅有寡占市場這個
單一類型，而是另有一個誘因，是有公司會生產「大片」，顯然
也有相應的閱聽人，消費之且甘之如飴。哈佛商學院教授艾妮
塔·艾伯斯（Anita Elberse）針對安德森的「長尾」說法（參見
本書頁 72-73〔原著頁碼〕），進行實證調查，她的發現是，數位

下載平臺「狂想曲」（Rhapsody）有78%的下載量集中在前10%歌曲，最受歡迎的1%歌曲，占了將近所有下載量的將近三分一：這個研究結果顯示，「高度集中」（2008: 2）。「尾巴」確實是日漸變長，這就是說，即便業已證實沒有大量需求，現在是有大量內容仍可為人使用，不過，這條尾巴愈來愈平滑，並且大致說來，「這只是消費者的偶一為之，脫離常軌，他對大片的胃口不斷成長。」（2008: 9）如果這個研究結論是正確的，那麼，安德森的「長尾」說法，證明的是網際網路大有能力，可以作為相當有效及擴張的儲存系統，並不是文化市場的權力已經走向平等。

艾伯斯的結論是，好整以暇，可以從數位經濟得到最大好處的公司，不是供應「尾巴」的公司，「擁有最充分能力，得以利用最暢銷的個別作品」公司，才是贏家（Elberse 2008: 9）。這個看法與「新經濟理論家」所凸顯的論點，直接抵觸，前類人士老是強調利基文化的力量。這些理論家一再堅持，傳統的「大眾市場」零散化之後，我們無從走避，勢將看到「主流粉碎成片，化為數不勝數的不同文化碎片」（Anderson 2009a: 5），我們並且還會看到，大眾市場難以為繼之勢，即將明朗化。是否如此，部分取決於經驗證據。惟推特、部落格及上傳的影像，也許會「不計其數」，但我們少有證據，不能說它們會取代傳統的內容提供者，成為最重要的收入或甚至是新聞來源。比如，美國卓越新聞基金的發現是，據其分析線上新聞，比起一般的網址，利基網址沒有那麼讓人「黏貼」，一般網址的使用者更為經常前往瀏覽，並且在具有全國或國際知名度的網站，停留兩倍的時間（PEJ 2010）。然而，我們可再退一步言，即便並無需求，或者廠商並無誘因生產大片，我們也看不到多少證據，足以顯示利基產品會有**不同的**市場邏輯，走向集中及積累的需要**仍然是**其趨勢。賈維

斯的著作有一節次，這樣說（標題）「大眾市場已死──利基的大量存在萬歲」（2009: 63），他說，「谷歌找出在利基的浩瀚宇宙導航的路線，並因此獲利」（2009: 66），此話不假，即便是人口數量極小的一群人，也能被化作商品，被用來作為價值的來源，賈維斯正確地指認了這個事實。

但是安德森的，以及賈維斯的信念，兩人對利基經濟的民主優點之認定，出於誤解了「大眾」與「利基」的關係，他們將前者當作是由上向下控制的過時模式，並將後者當作是個性的表達。兩人都引用了馬克思主義社會學家威廉斯的知名警句：「沒有大眾；僅有將人們看做是大眾的方法」（引自 Anderson 2009a: 185; Jarvis 2009: 63），他們以此作為歡慶大眾市場式微的證明。但是，威廉斯根本說的不是這麼一回事：反之，他是在評論經菁英機構的權力，這些機構無不試圖組織一般人的再現形式，以便將一般人當作是頑劣的「暴民」，藉此才能規範他們。他不是譴責公民具有集體行動的能力，他譴責的是，工商領袖與政治人物為了商品化大群人們，使用了「大眾」（masses）這樣的字眼。[9]「大眾、麻思群眾」與「偉大的英國人民」之類的詞語，麻煩之處在此，它們不是讓人想到真實的人，生活與成長各有不同的人，而是將他們看做是某些大群、擁有固定習慣的一些人」（Williams 1968: 93）。「大眾」本身並沒有任何內在的質素可以威脅人，同理，並沒有任何民主成分，自動就會依附於利基。

具有反諷意味的是，利基的成長導向了另一整活動的集中化：網路空間的人愈來愈多，各類市場愈來愈複雜，因此就有了「守門人」入內導引，他將使用習慣分門別類，以便納入結構的

91

---

[9] 譯按：Masses在中文可以翻譯為「大眾」傳播，致使常與popular一詞有相同的譯法，但英語的mass有「麻思大眾、烏合群眾」等等亂民的意思。

需要。先前，一些人認定中介組織再也少有存在餘地，他們依據自己的理論，宣稱有聲出版品公司即將無復存在（參見本書頁75〔原著頁碼〕），如今，這些有聲出版品公司的數位收入回春，開始增加；原先，被認定在谷歌擠壓下，生存空間勢將萎縮而無復生機盎然的廣告代理商，也在回返故園舊地的路途中，因為「過去十年以來，廣告客戶與出版人之間的空間，變得擁擠不堪，畢竟實際上是數以百計的網絡、資料公司、收益經理人，以及廣告服務商與交換商，通通說要以某些獨特的方式，服務廣告廠商或出版人」（Learmonth 2010）。電子書出版業是網際網路造成變革的領域，使得自行出版的可能性增加，如今，卻是少數大廠的激烈鬥爭場所，一邊是出版商，再一邊是電子閱讀器如亞馬遜與蘋果電腦。肯·奧萊塔（Ken Auletta 2010）的研究顯示，亞馬遜以13美元向出版商購買電子書，但卻僅以10元零售給讀者，用意是要增加其閱讀器Kindle的銷售量——這就是岡恩所說的古典「虧本出售」策略（參見本書頁80〔原著頁碼〕）。不過，奧萊塔另有一個聲稱，他指蘋果在推出Kindle的敵手iPad技術時，採取了有別於亞馬遜的策略，蘋果以（高於亞馬遜的）15美元銷售電子書，這就迫使亞馬遜抬高電子書的售價，否則出版商可能抵制而不再出書給亞馬遜。在電子書這個新興市場，出版商沒有失去所有影響力，它們保留了守門人所擁有的強大力量，因為它們是智慧財產權的所有權人，即便使用者創生的內容增加了，即便消滅中間人的科技出線了，它們還是最有可能得到營收的人。[10] 然而，這種類型的市場扭曲，不正是那

---

[10] 譯按：2012年初美國司法部起訴蘋果等六家公司，認為它們聯合拉高電子書售價，超過亞馬遜，違反競爭法後，三家同意和解。同年底德國傳媒集團Betelsmann所屬的Random出版公司申請與英國Pearson的Penguin合併。世界六大出版集團之一樺榭（另譯阿歇特，Hachette）為書籍定價與拆帳比例，

種最不應該發生的事嗎？我們不是已經進入科技孕育的「豐盛」經濟，此時，（譯按：假使按照常見的說法，那麼）「刻意造成人為的稀缺，藉此扼殺正統的生意，已經消逝不再復返。」（Haque 2009）事實並非如此，反之，這些新聞提醒了我們，用來確保文化商品得以在資本主義市場長生不滅的手段，諸如傳統的市場寡占、瓶頸及製造稀缺手段，在新的數位經濟之適用發揮與相干程度，悉如傳統年代。

結論

網路 2.0 協作的可能空間，歷經安德森、[11] 唐斯、賈維斯、塔普斯科特和威廉斯等人的論說，業已提供強大有力的提示，表明網際網路對於創意的、文化的諸多生活層面，將會造成巨大衝擊。然而，即便他們擁有圈人內的知識，觀點亦有銳利的成分，但是這些圖書所要試圖構連的願景其實是命定觀，認定資本主義可望沒有磨擦，此時，財產權問題無關緊要、唯利是圖變成理當

在2014年與亞馬遜激烈對抗。這些動態顯示，傳統書商與電子流通平台的利益衝突方興未艾。（'Penguin and Random House: Waddling forward', *Economist*, 2012/11/3: 64；〈電子書利益擺不平 亞馬遜槓樺樹〉，《工商時報》，2014/7/10）

[11] 譯按：作者在本章對安德森等人所表徵的樂觀說法，提出了很有力的批評。另一方面，這類思維不斷轉進，行走多方。比如，在台灣頗稱暢銷的財經刊物《今週刊》2013年865期（7/22-7/28）就以安德森為封面人物，其標題說，3D製造（列印）技術結合網際網路，將可以發揮群作與協作，是〈一個顛覆想像的「自造」新世界，揭開第三次工業革命……由你我主導……〉，安德森的合夥人Jordi Munoz在剛搬至洛杉磯時，只是來自墨西哥的高中生，「英文不怎麼流利、學校成績不怎麼好，但他在谷歌學到所有……技術……安德森只是在網路社群上分享他的『作品』，最後卻吸引了大筆訂單……3D……的產品設計，不是來自於安德森自己，而是所有網友的貢獻……」。（頁71, 72, 74）

如此的自然之舉，至於剝削問題，小事一樁。在他們的日常敘
述，自由市場的動態過程變成是一種抽象概念，取而代之的是尾
隨科技而來的願景，仰仗這些科技的經濟系統自有內在趨勢，資
本主義順此運作便可使其社會關係走向平等與透明。

92

這個願景的問題是，即便是數位資本主義，仍然如同所有變
種的資本主義，無不一陣又一陣地受制於相同的供需危機、同樣
受制於相同的投機週期引發的波動。谷歌所受經濟蕭條之影響，
或許沒有（比如）房地產及鋼鐵業者那麼糟，但是，總體經濟活
動必然要對谷歌造成衝擊。麥克・韋恩（Mike Wayne 2003: 59）
的看法是，「雖說再三有人提出相反的聲稱，但實情仍然是，並
沒有任何新的典範可以讓資本主義經濟體超越其絕對的根本趨
勢，亦即過度生產，因此，危機隨之。」「大眾媒體」經濟的許
多徵兆——特別是其走向壟斷、商品化與積累——同樣也是新媒
體經濟的核心動力。網際網路是矛盾力量塑造出來的；網路宣
稱、並且允諾分散，但實則鼓動集中；網路口稱開放，實則鼓動
財產主的私利行為。數位領域並不是平行存在的經濟體制，反
之，原生系統所彰顯的創造與協作是一股力量，追逐利潤（譯
按：並使其歸私而）超過其他考量的體制強調的卻是科層結構與
極化，歷來，以上兩種對立的力量無不存在，但這層緊張關係在
網路經濟年代，更是展露無遺了。

參考文獻

Anderson, C. (2009a [2006]) *The Longer Long Tail: How Endless Choice Is Creating Unlimited Demand* (first published in the US as The Long Tail), London: Random House Business Books.

—— (2009b) *Free: The Future of a Radical Price*, London: Random House Business Books.

Armstrong, S. (2009) 'It's Very Dangerous to Go Free', *Media Guardian*, 16 November.

—— (2010) 'Bauer's Freelancers up in Arms over New Contracts', guardian. co.uk, 19 April. Online. Available HTTP: <http://www.guardian.co.uk/ media/2010/apr/19/bauer-freelance contracts-row> (accessed 7 May 2010).

Auletta, K. (2010) 'Publish or Perish', *New Yorker*, 26 April. Online. Available HTTP: <http://www.newyorker.com/reporting/2010/04/26/ 100426fa_fact_auletta> (accessed 24 October 2011).

Battelle, J. (2005) *The Search: How Google and Its Rivals Rewrote the Rules of Business and Transformed Our Culture*, London: Nicholas Brealey.

Bell, D. (1973) *The Coming of Post-industrial Society: A Venture in Social Forecasting*, New York: Basic Books.

Benkler, Y. (2006) *The Wealth of Networks: How Social Production Transforms Markets and Freedom*, New Haven: Yale University Press.

Blair, T. (1998) *The Third Way: New Politics for the New Century*, Fabian Pamphlet 588, London: Fabian Society.

Cairncross, F. (1997) *The Death of Distance: How the Communications Revolution Will Change Our Lives*, London: Orion.

Cassidy, J. (2002) *dot.con*, London: Allen Lane.

Coyle, D. (1997) *The Weightless World: Strategies for Managing the Digital Economy*, Oxford: Capstone.

Downes, L. (2009) *The Laws of Disruption: Harnessing the New Forces that Govern Life and Business in the Digital Age*, New York: Basic Books.

Elberse, A. (2008) 'Should You Invest in the Long Tail?', *Harvard Business Review*, July-August, 1-11.

Fiske, J. (1987) *Television Culture*, London: Methuen.

Fuchs, C. (2009) 'Information and Communication Technologies and Society: A Contribution to the Critique of the Political Economy of the Internet', *European Journal of Communication*, 24 (1): 69-87.

Garnham, N. (1990) *Capitalism and Communication*, London: Sage.

Google (2004) *2004 Founders' IPO Letter*. Online. Available HTTP: <http:// investor. google.com/corporate/2004/ipo-founders-letter.html> (accessed 24 October 2011).

—— (2010) *10-K Report*. Online. Available HTTP: <http://investor.google. com/documents/20101231_google_10K.html> (accessed 24 October 2011).

Graham, A. (1998) 'Broadcasting Policy and the Digital Revolution', *Political Quarterly*, 69 (B): 30-42.

Guardian (2010) 'Factfile UK: Education, Sport and Culture', *Guardian*, 27 April.

Haque, U. (2005) 'The New Economics of Media', www.bubblegeneration. com. Online. Available HTTP: <http://www.scribd.com/doc/12177741/ Media-Economics-The-New-Economics-of-Media-Umair-Haque> (accessed 20 April 2010).

—— (2009) 'The New Economics of Business (Or, the Case for Going Great-to-Good)', HBR Blog Network, 9 April. Online. Available HTTP: <http:// blogs.hbr.org/haque/2009/11/why_news_corps_antigoogle_coun.html> (accessed 24 October 2011).

Helft, M. (2010) 'Justice Dept. Criticizes Latest Google Book Deal', *New York Times*, 4 February. Online. Available HTTP: <http://www.nytimes. com/2010/02/05/technology/internet/05publish.html> (accessed 10 May 2010).

Internet Retailer (2010) 'The Top 10 Retailers Are Big and Getting Bigger', *Internet Retailer*, 5 May. Online. Available HTTP: <http://www. internetretailer.com/dailyNews.asp? id=34738> (accessed 7 May 2010).

Jarvis, J. (2009) *What Would Google Do?*, New York: Collins Business.

Leadbeater, C. (1999) *Living on Thin Air*, London: Viking.

—— (2009) *We-Think*, London: Profile Books.

Learmonth, M. (2010) 'Web Publishers Left with Little after Middlemen Split Ad Spoils', *Advertising Age*, 1 March. Online. Available HTTP: <http:// adage.com/digital/article? article_id=142332> (accessed 3 April 2010).

Lessig, L. (2002) *The Future of Ideas: The Fate of the Commons in a Connected World*, New York: Vintage.

Machlup, F. (1962) *The Production and Distribution of Knowledge in the United States*, Princeton: Princeton University Press.

Madrick, J. (2001) 'The Business Media and the New Economy', Research Paper R-24, Harvard University, John F. Kennedy School of Government.

Marx, K. (1918) *Capital: A Critical Analysis of Capitalist Production, Volume One*, London: William Glaisher.

—— (1973) *Grundrisse: Foundations of the Critique of Political Economy*, New York: Vintage.

Marx, K. and Engels, F. (1975) [1848] *Manifesto of the Communist Party*,

Peking: Foreign Languages Press.

Mosco, V. (2009) *The Political Economy of Communication*, 2nd edn, London: Sage.

Negroponte, N. (1996) *Being Digital*, London: Coronet.

Oreskovic, A. (2010) 'Google CEO Says Company Tends to Create Enemies', Reuters.com, 13 April. Online. Available HTTP: http://uk.reuters.com/article/idUK TRE63C0AM20100413 (accessed 7 May 2010).

PEJ (Project for Excellence in Journalism) and the Pew Internet & American Life Project (2010) *The State of the News Media: An Annual Report on American Journalism*. Online. Available HTTP: <http://www.stateofthemedia.org/2010/online_nielsen.php> (accessed 9 April 2010).

Porat, M. (1977) *The Information Economy*, Ann Arbor, MI: University Microfilms.

Purcell, K. (2010) 'Teens and the Internet: The Future of Digital Diversity', Pew Research Centre. Online. Available HTTP: <http://www.pewinternet.org/~/media//Files/Presentations/2010/Mar/FredRogersSlidespdf.pdf> (accessed 23 April 2010).

Rayport, J. (2007) 'Advertising's Death Is Greatly Exaggerated', *Market Watch*, 8 June. Online. Available HTTP: <http://www.marketwatch.com/story/advertisings-death-isgreatly-exaggerated?dist=> (accessed 7 May 2010).

Shirky, C. (2008) *Here Comes Everybody: the Power of Organizations without Organization*, London: Allen Lane.

Smith, T. (2000) *Technology and Capital in the Age of Lean Production*, Albany, NY: SUNY Press.

Sparks, C. (2000) 'From Dead Trees to Live Wires: The Internet's Challenge to the Traditional Newspaper', in J. Curran and M. Gurevitch (eds) *Mass Media and Society*, 3rd edn, London: Arnold, 268-92.

Surowiecki, J. (2004) *The Wisdom of Crowds*, New York: Doubleday.

Sylvain, O. (2008) 'Contingency and the "Networked Information Economy": A Critique of *The Wealth of Networks*', *International Journal of Technology, Knowledge, and Society*, 4 (3): 203-10.

Tapscott, D. and Williams, A. (2008) *Wikinomics: How Mass Collaboration Changes Everything*, London: Atlantic Books.

Toffler, A. (1980) *The Third Wave*, London: Pan Books.

Touraine, A. (1971) *The Post-industrial Society: Classes, Conflicts and Culture in the Programmed Society*, London: Wildwood House.

Vise, D. (2008) *The Google Story*, London: Pan Books.

Wayne, M. (2003) *Marxism and Media Studies*, London: Pluto Press.

Williams, R. (1968) [1962] *Communications*, Harmondsworth: Penguin.

Zittrain, J. (2008) *The Future of the Internet*, London: Penguin.

第 **4** 章
網際網路的委外規範

Des Freedman

引論：不要打擾我們

　　美國總統比爾・柯林頓（Bill Clinton）在 1996 年 2 月簽署 　　95
《電信法》（the Telecommunications Act），這是美國 1934 年《傳
播法》（the Communications Act）之後，美國第一次大規模全面翻
修傳播法規。整部法案的精神在於解除管制，卻有一個部分，引
來特別的爭議，此即《傳播端正法》（the Communications Decency
Act, CDA）。這個爭議部分所想要規範的是，當時在世界各國仍
屬相對新的傳播基礎設施，也就是網際網路所出現的不端正及
淫穢內容；依據該法，散播春宮色情內容給十八歲以下的人，亦
需科以刑罰。當天稍晚，遠在千哩之遙的瑞士山脈頂峰，前「死
之華合唱團」的作曲人，也是捍衛網路自由的活躍份子約翰・佩
里・巴羅（John Perry Barlow）立即登高一呼，號召人們起而對
抗，既有義憤，又見放任自由的熱情。巴羅認為，CDA「試圖
要對賽伯空間的對話，課以更為嚴苛的限制，目前，美國參議院
餐廳可遠遠不是這樣，我在那裡用餐，聽多了美國參議員口吐多
采多姿的不端正言語，我每次也是這樣」（Barlow 1996）。他思索

後，這樣反應：「嗯，操他媽的。」

其後是一份宣言，大聲主張網際網路要開放、不要規範，這鼓聲浪持續激發共鳴，直至當前。

> 各個「工業世界」的政府，你們只是機器戰警，我的心靈住所是賽伯空間。你們已經過氣，我代表未來要求你們不要打擾，我們不歡迎你們。我們在此群聚，你們對我們沒有任何主權。我們不選政府，未來同樣不太可能會有政府，我在此對你們發言，沒有任何權威身分，如同自由本身發言無須權威。茲在此宣布，我們現在全心投入打造全球社會空間，自然獨立於你們妄想加諸我們身上的暴政，二者毫無牽連。你們沒有任何道德權利統治我們，你們也沒有何強制方法能夠讓我們擔心害怕。
> （Barlow 1996）

有意思的是，巴羅推出這份宣言的地方是達沃斯（Davos）。每年世界各國政商領袖在此舉行高峰會議，為期一周，宗旨就是構思戰略與腦力激盪，釐定保存自由市場精神的最佳方法，同時將政府介入產業的程度降至最低。這不是第一次，也不會是最後一次，來勢洶洶的聲明，揚言支持網際網路的獨立，正巧又與同等強勁，矢志力挺資本主義，使其不受任何約束的保衛戰，同步登場。

對於《美國憲法》的自由主義原則，以及賽伯空間的自由無羈，巴羅表達敬意，許多網際網路活躍份子也以言談予以迴響。美國麻省理工學院「媒體實驗室」創辦人尼葛洛龐帝亦復如是，他在著名的網路世界導覽《數位革命》（Negroponte 1996），

96

針對類比原子與數位「比特」（bits）的不同及其可能導致的差異規範，提出了看法。「大多數法律規則孕育於、也僅只是為原子世界而存在，到了比特世界也就派不上用場。在我看來，法律是早期預警系統，告訴我們『巨變將至』。法律以國家為範圍，放在賽伯空間，已無立足餘地。」（1996: 237）尼葛洛龐帝的論點有兩層意思。第一，尾隨大多數當代的全球化理論（比如，參見Ohmae 1995），他說傳統的民族－國家已經失去了優勢，不再擁有象徵的、政治的權柄。國家「說小不夠小，無法落實於地方；國家說大又不夠大，鞭長莫及於全球」（Negroponte 1996: 238）。第二，他認為媒體世界勢必重新結構，大型科層組織的支配注定讓位，新興的、分散層級的「山寨產業」就要崛起，他再三作此強調。尼葛洛龐帝指出，如同「媒體同時變大與變小，同理，世界治理的層級也必然連帶有此進展」（1996: 239）。

很多對這個新網際網路抱有熱情、也都很有影響力的人認為，前面所引敘的這些陳述傳達了他們的共識：政府介入必然扼殺賽伯空間所標誌的創造力與創新力。最有能力塑造網際網路發展的人，不是公共政策專家，更不要談老是壞事的官僚人員，屆時脫穎而出的人必定是工程人員與程式設計師，他們在研發與設計網際網路時，本來就是要讓網絡不受外來干預：網路得以誕生的軍事根源就是這個事實的反映，「在網路的偵測下，所有檢查都是傷害，網路會繞道前進。」（Gilmore 1993）凱文‧凱利（Kevin Kelly）曾經主編線上世界的圈內刊物《連線》，他說，這個網路特性造就了一個結果：

> 沒人控制得了網路，沒人負責。美國政府雖然間接補助
> 網路的發展，有朝一日醒來卻猛然察覺，科技菁英坐擁

終端機之後，萬頭湧動就使網路自己運作了起來，沒有
人安排網路的運行，也沒有人監督。使用者非常驕傲地
自詡，全世界最大規模的無政府主義運作，就是網際網
路。（Kelly 1995: 598）

埃絲特・戴森（Esther Dyson）是「網際網路名稱與數字地址分
配機構」（ICANN）的創會主席。他認為，政府對網際網路所能
扮演的角色，必然極其有限。「我們現在面臨的問題是，如何聚
焦公眾的想像，提出更好的解決方案——不是政府規範，甚至也
不是產業的自我規範，而是造就一個環境，足以讓消費者他們自
己行使權力，也控制他們自己的資訊」（Dyson 1998: 6）。

97　　　　這些聲音反映了美國放任自由派的一種特殊形式，雖然不必
然是所有政治文化的代言人，但我們卻得說，他們當時絕非（或
者正確地說，**現在**也）不是邊緣人物，他們雖然僅只是個別人
物，卻在網際網路邁向全球的擴張過程，扮演了決定性的角色。
他們傳達並擁抱了一種熱情的觀點，認為最終必然會有一種傳播
媒體具有潛力，足以限制並進而取代傳統守門人的權力—— 特
別是「老」媒體大亨與政府的所有權力形式——一般人的使用權
力從此就要復原。儘管網路的真實歷史尚未深究，但後文將會指
出，這些看法並非完全沒有道理，國家權力以其當前的形式，確
實是傷害了網路的自由（指其貨幣與政治意義）與開放的發展，
自由開放的網路特徵原本應該是不歧視且不設差別待遇、分散化
但又能夠彼此連結。
　　　　以上說法雖然不是遠古史，但如同本章即將重點闡述，這類
自由放任的修辭出現在非常不同的時期：當時，網際網路還是
「嬰兒」，今日的網路已經進入更為成熟的發展階段。現在，人

們廣泛同意，網路如同任何大型傳播媒體，一旦具備如此重要的經濟與社會意義，至少就得設計一套規則系統，確保網路的運作能夠順利、安全、有保障。當然，究竟這些規範應採哪些形式，人們的共識就少了一些；各個國家的規範過程、聘用多少僱員，及其控制與規範方向爲何，多少也會有所差異。再者，網際網路本身的性質使然，整個網路的規範問題又顯得更爲複雜；這是因爲人們認爲網路科技帶來了豐盛、促進了彼此的互動，以及網路輕易就能跨越國界，這些性質破壞了傳統的規範結構，致使舊有規範架構出了問題。法律學者約翰遜和普斯特（Johnson and Post 1996: 1368）在一篇知名的文章說，現存的法律政體確實是有所不足了，「以前制訂的規則系統，施行於固定疆界的物理空間」，如今網際網路「徹底與激進地造成了顛覆效果，至少，規範賽伯空間的規則理所當然必須依照固定疆域的認知，已被顛覆」。

　　本章任務因此是在審視過去十年的發展，企圖針對有關網路規範的關鍵動態過程，進行論述。筆者無意停留在勾勒與標示，各個規範位置與機制固然仍得指認，惟本章焦點在於分析最重要的文獻，以及調動相關理念，釐清當前我們稱之爲「網際網路的規範」，受到哪些力量的形塑。這裡所要凸顯的是，（譯按：網路的規範如何）轉向「治理」以及轉向原始碼的規範；筆者還會討論，「網絡」以及更爲傳統的傳播規範形式二者之間是否持續。本章另將考量，儘管不同國家各自仍在變化，但網際網路規範過程的內部卻已經隱然定調，亦即權力關係從根歷經了新自由主義的變革，援此，筆者提出這個問題：誰現在是規範者？對於這個提問，筆者所要展現的論點是，我們不應該將國家拱手讓出，不是要捨棄以國家作爲剛健有力的民主規範之可能，我們仍然必須以國家（state）作爲可能的代理機構，設計多重的規範體系，

98　使其獨立於商業利益，**同時**獨立於當道政府（government）的利益，我們是要創造這個機構，以公共之善（公共財）的代言人自居，使其好生運作。網際網路本身就是公共政策的創造物，因此，我們認爲可以完全正當地提議，已經有充分民主的國家（states）應該規範網際網路，使其成爲公用事業，使其得以向所有公民負責，也要讓所有公民都能使用——這個執掌不應該委由私人利益團體執行，也不能聽任黨派化的中介行政遂行監理，威權政府的管轄與透明度不足的超國家機構，也是多所不宜。

網際網路規範的非政府化

　　1990 年代，許多網際網路倡議者的腦子，充斥著這些反國家的想法，至今已成新的共識，認定網際網路的最佳管理者，若有可能，就應該委由使用者與專家擔當，不是政治人物也不是政府。傅立曼（Thomas Friedman 2000）著有最暢銷之書《瞭解全球化：凌志汽車與橄欖樹》，[1] 解釋了資本主義全球化所能釋放的可能景象，他清楚區辨了可欲的「治理」，不可欲的「政府」，後者是「全球治警」。傅立曼認爲，追求民主與自由市場時，脅迫通常僅能是最後的手段：「如果你身處聯盟，支持某種人文價值，你會大爲驚訝，沒有全球政府之下，你所能成就的更佳全球治理成果。」（2000: 206）如今的科技創新依靠的是開放標準，任何的脅迫形式都是想要控制，這在最佳情況下也會產生不良效果，最糟則是帶來毀滅。確實眞是這樣，傅立曼宣稱，網際網路的動能如此強大的理由，就在於其開放，「最佳解方迅速脫穎而出，不管用的死藥方很快就會被清離戰場。」（2000: 226）

---

[1] 譯按：英文出版同一年，即有臺北聯經出版公司，蔡繼光等人譯本。

治理，不是政府引導、不是由上到下的規範形式。治理指涉的是分散與彈性的組織形式，它所「隱含的是一種網絡形式的控制，主要是指一種過程，（治理）聯繫於與多樣的代理機構」（Daly 2003: 115-16）。若是套用「治理」的理論家米爾頓・穆勒（Milton Mueller）的用語，「它就是獨立行動者的協調與規範，上**無**統理一切的政治權威。」（2010: 8）聯合國的「網際網路治理工作群組」（Working Group on Internet Governance, WGIG）則說，「治理是政府、私人部門與市民社會的聯手開發與應用，它們雖然各有角色，卻能共用相同的原則、標準、規則、決策過程與行動綱領，這些都在塑造網際網路的演化與使用。」（轉引自 de Bossey 2005: 4）因此，相較於政府，治理這個概念更為膨脹、也更流動，治理「不僅指涉正式的，具有約束力的規則，它也包括不計其數，既在媒體內部也在其外的非正式機制，但它們卻『航向』多重的（通常也是不一致的）目標」（McQuail 2005: 234）。相關規則與協議的設計與同意，較少是各國孤立於外自行其是，更多是特殊領域的人所集結於特定組織，完成了這些標準設定，如「網際網路工程團隊」（IETF）、「網際網路社會」，以及「萬維網聯合團隊」（W3C），它們擁有設定基準的權力，不是法律權力（Benkler 2006: 394）。與此接近的是，分配網路功能變數名稱的機構，不是依法而來的權力行使，而是私人非營利公司「網域指定名稱與號碼機構」（ICANN），先前由美國政府執行的責任，現在移轉由 ICANN 承攬。

99

　　支持「治理說」的人認為，這些組織移轉正是徵候，顯示如今出現了更為獨立的，也更為任人唯才而釐定的規範取向，這個移轉同時也直接反映了網際網路的分權的結構，及其參與潛能。在邁克爾・弗魯姆（A. Michael Froomkin 2003）看來，IETF

這類設定標準的團隊，或許是符合哈伯瑪斯筆下的要求：信守論述倫理、具有操作意義，這是公共領域的最佳制度表達。弗魯姆論稱，IETF 展現了「高度的開放與透明」，同時「具有高度的自覺或說反思意識，讓人驚訝。這個事實表現在參與 IETF 的人，擁有共同的故事，這就說明了 IETF 是怎麼浮現與運作的，也說明何以其產出具有正當性」（2003: 799）。依其見解，IETF 的所有參與者都有信守，旨在「實現傳播的解放潛能」，最終會是「提昇民主與商務的工具價值」（2003: 810）。雖說它是高度的特定職能導向，也是男性支配與單語支配（團隊集會時，以英語交流），但它卻很單一與專注，就是要維持開放的標準，就此來說，它的「本質可以說是社群主義的」（2003: 816），這對我們是最佳的鼓舞，社群意識讓我們追求共同的協定，打造網際網路的基礎設施。

ICANN 至今已經激起無數的批評，指它並沒有透明，也沒有通過民主方式運作（參見本書頁 111），惟最初是有一些評論方家說，它很有潛力，會是「好的」治理之先聲。曼紐爾・卡斯特（Manuel Castells 2001: 31）在 2001 年，如此書寫，「ICANN 的規則體現了開放的精神……分散化、共識共建與自主，三十年來網際網路的專責治理，特色在此。」無論其運作出現哪些實質缺失，卡斯特仍有堅持，認定諸如 ICANN 等……監理網際網路之新組織，由於必須取得正當性，它們的設置是基於「傳統的任人唯才，藉此才能建立共識，這正是網際網路原初的特點」（2001: 33）。

相似的發展，同樣出現在國際層次。網際網路若是消極被動，僅能鎖定在特定地理疆界運作，必不甘願，因此，網路的回應就是召喚超國家的治理政制，不希望受限於傳統的、僅以國

家系統為界的規範。先前，已有這類政制的出現，包括仍然以國家作為基礎的超國家治理機構「世界貿易組織」（WTO），以及「國際智慧財產組織」（WIPO），以及捲入更多市民社會參與其間的「世界資訊社會高峰會議」（WSIS），後者在 2003 與 2005 年兩度召開，討論的議題是克服數位落差的最佳方法為何，其後，（譯按：由於無法得到共識，ICANN 究竟是應該由聯合國性質的政府機構介入及參與管理；或是維持現狀，ICANN 自治，而其總部設置在加州，亦需向美國商務署註冊，因此後者其實仍有最終管轄權；或是找出第三個模式，因此 WSIS 轉而成立，並）由「網際網路治理論壇」（Internet Governance Forum）接棒。因此，我們可以說是看到了組織網絡的興起，這就讓許多理論家宣布，「全球媒體治理」系統已在浮現之中（Ó Siochrú et al. 2002），組成的單位主要是、但不限於環繞聯合國而運作的國家與國家之間的代理組織。法蘭克林認為，這就是證據，顯示以國家作為基礎的政策結構，已在衰微，這也同時是在說明，ICT 規範的重新空間化：「國際在地、跨國與超國界的方案與結盟，重疊於國內國際的劃界，這是因為多邊體制承攬了『多元利害相關人』的集會。」（Franklin 2009: 223）許多人來自非國家機構，或來自私人部門及市民社會，對於當前資訊政策的研發與強制，這類安排現在發揮了核心作用。

　　不過，各國政府及其他利害相關人的作為，不僅於此，他們不只是要上達超國家的水準，他們還想下探，在其國家的各自管轄範圍，另行建立準自治的規範機構。後面這個情況，指的就是先前由國家完成的工作，現在委外承攬這些責任，由非政府機構依約承接這些工作。內容的監理、網路功能變數名稱的分配、隱私權的保障等等領域，（至少在某些國度）都已經出現，國家

100

不再獨攬何事可為、何事不可為的決斷，放棄了自己作為唯一仲裁者的角色。許多國家偏好的當代治理政制，日趨是自我管理，這個時候，業界根據彼此同意的準則，修正自身的行為；或趨向於共管，此時業界與國家具有夥伴關係，設計並確認規則的強制執行（有關網際網路自我管理模式的討論，詳見 Tambini et al. 2007）。在此舉個例子，歐洲聯盟執委會的《影音傳媒服務指令》就很明白地主張，要運用自我管理與聯合共管，協助主管機關達成公共政策的目標（EC 2010: 5）。[2]

何以會有這個變化與進展？弗裏德曼（Freedman 2008: 126）的論點是，**整個**傳播產業的自我管理訴求，至少有一部分是新自由主義行動者想要的結果，管理與規範環境更輕一些，方便他們追求自己的目標。不過，不容置疑的是，這也是網際網路本身的特徵，在其刺激之下，自我規範的呼聲也就壓過了依法管理的方法。汪炳華（Ang 2008: 309-10）認為，就線上世界來說，主張自我規範的人，是可以聲稱這是更為合適的方式，理由數端。第一，畢竟網路是具有相當動態發展的系統，在這樣的脈絡裡，**非正式的**過程比較具有彈性，更能適應變化，比較不會扼殺創新。第二，最有能力瞭解，然後強制執行規則的人，不太可能是法官或政治人物，而是企業家與軟體工程師。但另有一個理由，致使自我規範與線上世界合流。這就是傅立曼說的（Friedman 2000: 471），「正就是因為網際網路具有中性、自由、開放，以及不受

---

2 譯按：這類共管設計的管制成本不一定符合經濟要求，若要共管，就得要有適切機制，確認民間代表的產生符合公開與專業；同時必須確認這些社團要有充分時間與人力參與審查，或者，必須由政府提供資源（可能不能排除適度酬金的提供），這些無需要挹注合理經費。那麼，從經濟角度看，政府逕自執行這些職能，是否更符合經濟要求，就得具體評估。參考Lunt, Peter and Sonia Livingston (2012) *Media Regulation: governance & the interests of citizens and consumers*, Sage, pp.25-26。

管制的屬性，任何商務、教育與傳播均可在其間進行，因此，運用這個科技工具時，個人的判斷與責任就很重要。」換句話說，自我規範與管理似乎符合需要，因為消費者可以從這個環境，自由抽取內容，廣電業者無法強加；科技層面可以這樣看待，不僅如此，文化層面亦當如是觀，因為比起媒體消費的類比形式，個別使用者有了更多動能。權且容許我在這裡刻意錯誤引用斯坦利・鮑德溫（Stanley Baldwin）的話語，[3]現在的自我規範與管理，就是要讓消費者不但要有權力，**而且**還要負責。

　　比如，監管違法網路內容的英國機構，不是政府部門，是產業界提供資金成立的「網際網路監督基金會」（the Internet Watch Foundation, IWF），由網際網路服務提供業者（ISPs）在 1996 年成立。西班牙的情況也是，該國在 2002 年成立了「網際網路品質局」（the Internet Quality Agency, IQUA），法國在 2001 年設置了「網際網路權利論壇」（the Internet Rights Forum），理由正是「自上而下，無足輕重」（Falque-Pierrotin and Baup 2007: 164）。英國的 IWF 說，由於大多數違法材料（比如，兒童性虐待和暴力色情影像通通放在海外網站），不對英國的猥褻法或幼兒保護法負責，因此就需要新的取向。IWF 可以訴請其他國家的類似團體，警示其政府當局的相關單位，已有這類材料的存在；不過，IWF 的工作重點在於移轉個別的訴願給英國的 ISPs，使其注意在它們的網絡有此違法內容，然後鼓勵他們儘快移除：「通知和移除」的政策。根據 IWF 執行長彼得・羅賓斯（Peter Robbins）的說法，該系統依據「共識」而運作：「這些是許多出資贊助我們

101

3　譯按：英國保守黨政治人物，曾在1923-1937年間，三度出任首相。他曾經批評彼時報業大亨比弗布魯克勳爵（Lord Beaverbrook）與羅瑟米爾勳爵（Lord Rothermere）等人「有權無責」。作者稱自己刻意誤引，應該援此而來。參考 http://en.wikiquote.org/wiki/Stanley_Baldwin。

的公司之企業責任，他們必須有所作爲，弄妥我們所需監理的內容。」（Robbins 2009: 9）[4]

英國法律與歐盟電子商務的規範與管理相同，免除 ISPs 及其他線上仲介單位的法律責任，只要它們能夠證明自己「僅是通路」，亦即它們要能展示，它們並不知道在其通路流通的材料違法，那麼，它們可以無須爲這些內容負責。以這類例子爲準，必須負責的人是原始作者，或者上傳材料的人。傳輸者以「不知者不罪」爲由，早年往往無法得到英國法律的支持，因此經常輸了官司，近來有愈來愈多案例對 ISPs 有利，或許這也是一個證據，顯示自我規範的有效程度日趨增加。確實如此，吉特仁（Zittrain 2009）論稱，「通知和移除」的作法相當有用，是著作權保護與業餘表達之間的平衡，這是一種政策被動反應，不是積極主動取締的模式，對於必須維持寬容的網際網路環境來說，這個作法更爲可取：「先發制人的介入，就會預先排除某些特定的行爲，如此一來，等於是剝奪了人們的權力，致使他們反而抱怨，畢竟他們是願意容忍該內容的。」（2009: 120）在吉特仁看來，這就反映了這個科技的「生成」本質，容易讓人上手、無法預測，以及「意料之外的變化」，正是其核心訴求（2009: 70），因此，「自上而下」的規管，最好能少則少。

究竟網際網路的規範管理，必須是「內生於」還是「不必然內生於」這個科技，二者的緊張關係日增，班克拉對此提出了最強大有力的表述。他在《網路之富》（Benkler 2006）這本書

---

[4] 譯按：台灣對於網際網路內容的監理，迄無統合機關，教育部管理學術網路、經濟部負責網咖、警政署與刑事警察局負責偵辦網路犯罪，但2005年1月新聞局捐贈一千萬成立「財團法人台灣網站分級推廣基金會」，國家通訊傳播委員會成立後，該會監督機關隨而移轉。該會董事董事十五至十九人，政府機關至少必須指派二分之一以上（參見http://www.ticrf.org.tw）。

論稱，新的、公有地爲基礎的資訊生產形式，對於現存的、中央化的、隨科層而動的資訊流通方式，構成了莫大的挑戰。這場新舊之戰，最爲清晰展現在法律與規管的領域，舉個例子，著作權、專利權與社會生產的形狀，不斷遭人攻堅。在班克拉看來，不妨將此看做是二十一世紀的「文明衝突」，「一方是財產權人的商業模式，在政治與司法壓力下，現在的制度生態斷然對其有利；他方是浮現中的社會實踐方式，貫穿於本書所要描繪。」（2006: 470）但在這場戰役中，規範管理並不是中性過程。在班克拉筆下，法律在很多時候是以「消極反應及反動的」方式登場（2006: 393），是保障產業行動者的利益，浮現中的社會分享媒體之發展前景，爲之受到圈限。班克拉認爲，現在的規範管理傳達了一種過時的資訊生態圖像。班克拉的體認是，在一些有限的情況下，國家的介入仍有必要，比如，以反壟斷手段，責成市場的開放，惟「幾乎是在所有的例子中，浮現中的網絡資訊經濟所需要的，不是法規保障，是節制法規」（2006: 393）。

102

網際網路規範的政府化

　　然而，網際網路的獨特治理政制，還有另一種歷史過程，或許以穆勒的表述最爲傳神，雖說他的評論相當低調。穆勒提及了巴羅那則賽伯自由放任主義的古典陳述，他說，「那個宣言並沒有太能落實。」（Mueller 2002: 266）因爲另有一股敘事，它強調的是，儘管全球化的過程不斷，各國政府依舊扮演關鍵角色，足以塑造、植入各種機構，並且能夠強制相關機制的執行，規範與管理線上網絡。無論是美國 1998 年的《千禧年數位著作權法》，要通過反規避設備的安裝與執行，將單獨對於產權人有利的智慧

財產權政制，強行加諸新的數位環境（Benkler 2006: 413-18）；或是英國的 2010 年《數位經濟法》，針對不斷下載未經授權的網路內容，施以斷線方式的制裁（對這個作法的批判，見 Doctorow 2010）；無論是美國前總統柯林頓當局，在 1998 年設置 ICANN 的關鍵角色，或是中國政府持續控制網際網路的近用；無論是歐盟與美國國家支持著作權的延伸，或是世界各國都在增加國家對於賽伯安全機制與手段的監理──政府在網際網路的治理計畫之印記，絕少缺席。確實是這樣，隨著多國、隨著自我規範的監理機制與機構的出現，國家的權力是在下滑；另一方面，穆勒斷言的是（Mueller 2010: 4），國家最近又已經班師回朝，他形容這是「反革命」。不同國家的法規介入，必有不同的路線與變化，相同的是，國家承擔了角色，愈來愈能夠協調網際網路的運作。

金匠與吳修銘論稱，以國家作為基礎的網際網路之管理規範，必然持續重要，同時亦屬必要，他們的闡述舉世最為知名（Goldsmith and Wu 2006）。他們有書，題名是《無疆界世界的幻覺》，兩人論稱，在全球化世界，不但國家疆界與據地治理的政府仍然極有意義，尤有進者，各國政府，至少是具有代表性的政府，才真正是處於最佳位置，能夠保障民主制度與空間：「民主政府既有開放與自由的傳媒、定期的選舉，獨立的司法，必然可以是人類所曾設計之最佳系統，能夠將不同的利益及欲望匯總聚集，以主權人民所能接受的結果，化作可行的治理秩序。」（2006: 142）超國家或超本地的利益彙整，或許可以滿足特定目標，人們可以「批評傳統上據地治理的政府，哀嘆它的許多敗筆」，但終究「我們會有合理的前景，會有辦法打造更好的政府組之系統」（2006: 153）。

金匠與吳修銘採用傳統的韋伯概念，指國家是唯一有權壟斷

強制力的機構，他們據此堅稱，那些認為國家法律無法規範網際網路的人，根本就錯了：「過去十年的證據顯示，各國政府擁有很多可以隨時調動的技術手段，足以用來控制海外的網際網路傳播，因此就可以經由在其疆界之內，行使強制力，落實法案。」（2006: viii）卡斯特信手舉了例子，他論稱，規範與管理線上空間的必要，從 2000 年起更是得到世人的重視（Castells 2001: 177）。不僅只是試圖重建秩序，取回規範管理領域的控制權，「現在，最為重要的一些政府已有必要群聚行動，創造新的全球監理空間……創造規範與管理及監理的網絡。」（2001: 178）卡斯特確認，既有的商業化及監理之需要，已經催生新的架構，這是「控制的根本工具，通過國家權力的傳統形式，現在確實可能遂行規範管理及監理」（2001: 179）。

　　這股監理之勢，最為戲劇化的展現是在 2010 年。當時，維基解密網站揭發了美國各國大使館大約 25 萬份電文，引來許多國家的反彈。這些電文透露的外交公文細節，讓人難堪，涉及了國際社群，包括英美懷疑巴基斯坦核能工業的安全與否、美國所支持的阿富汗政府之貪汙指控、沙烏地政權想要轟炸伊朗……等等。許多國家都對電文的流通，採取了明顯的非自由主義立場：中國、巴基斯坦、泰國（及美國空軍）都封殺了部分或全部材料的近用，美國軍方及白宮警告僱員，不得近用機密文件（IFEX 2010）。美國司法部接著還發出了傳票，要求推特公司交出所有使用者的詳細資料，協助其對於洩密一案的調查偵防，同時，在華盛頓政府高級官員施壓之下（Hals 2010），萬事達（Mastercard）、維薩（Visa）和貝寶（PayPal）通通斷絕與維基解密網站的往來。[5]維基解密自己還揭露了軍方的一份情報調查，

---

5 譯按：這些公司因配合美國政府之請，封鎖外界對「維基解密」的捐款，曾

是由軍方的「賽伯反情報評估分支」（the Cyber Counterintelligence Assessments Branch）所完成，它指出維基解密等等組織具有危險性，提出了以下建議：「確認、暴露或終止僱用，或採取法律行動對付當前或先前的局內人、洩密者或揭發者，藉此就可破壞或毀滅這個重心，阻卻他人，使其不再運用維基解密網站，將諸如此類的資訊公諸於世。」（Army Counterintelligence Center 2008: 3）

　　不過，總體來說，自由民主政體的規範管理，很少直接控制（或檢查）這些分散化的使用者，比較常見的是，針對仲介者如內容提供者、ISPs，以及金融服務公司，創造自我規範管理的計畫，據此遂行約束。如果套用金匠與吳修銘的用語，這就是通過「本地仲介者」達到「控制境外」的目的，算是「置身本土決勝境外」（2006: 68）。放在這個脈絡考察，自我規範的管理就不是先前章節所說，不是自主或同儕占了主要地位的過程，這是一種權力大抵在國家，由其設定議程並作「最後擔保」（強制執行）的安排。

　　舉個例子，「經濟合作暨發展組織」曾組工作坊，討論「網際網路仲介組織的角色，可以如何提升公共政策目標」。與會者的共識是，雖然限縮了仲介組織的責任，對於網際網路的成長很有幫助，實情仍在，此即「本國及國際壓力愈來愈多，無論是政府、智慧財產權人，以及若干消費者團體，都將網路仲介者列為

104

遭自稱「無名」（Anonymous自稱）的駭客之攻擊，參見'Black hats, grey hairs', *Economist*, 2011/8/6: 49-50。「維基解密」在2006年末由Julian Assange等人創辦，它與英德美三國的菁英報刊*Guardian*、*Spiegel*與*NY Times*合作，2010年7月揭露7.5萬份與阿富汗戰爭有關的文件，10月是40萬份有關伊拉克的檔案，11月是美國在世界各地25萬件外交電文的摘要。2010年7月起，維基解密希望通過密件的編輯與補充，聲稱自己是傳媒，藉此得到美國憲法第一修正案的保障，參見Standage, Tom (2011) 'The News Industry: bulletins from the future', *Economist*, July 9th special report, pp.12-13。

協助者，希望它們能夠控制著作權侵犯、兒童色情，同時改進網絡安全」（OECD 2010: 3）。換句話說，若要建立安全及可操作的網絡，比起直接的及脅迫的行動，仲介者的角色可以提供更有效的規範管理機制。政府所需掌握的關鍵是，釐清合適的法規平衡，既能激發更多經濟可欲的活動，又能保障個人隱私權並確保安全。確實是這樣，美國派駐 OECD 的大使在工作坊開幕致詞，她凸顯了「各國所面對的挑戰，政策制訂者必須維持這類『放手』的政策，但傳播環境卻又快速變化，特徵就是愈來愈多資料跨國流動，加遽了檢查與隱私侵權的關切」（2010: 7）。換句話說，仲介者是關鍵機構，通過它們，政府愈來愈有可能維持整體的戰略監督，與此同時，又將日常操作所需的控制，委由私人業者「就近」處理。

　　假使遵循新自由主義的視野論事，運用國家權力的必要，就在矯正「日趨變成『霍布斯所說的巨靈那般的』網際網路」（Lewis 2010: 63），就在要將線上世界當作是一個「失敗的國家」，如同軍事介入的正當性，在於重新建立美國模式的民主於伊拉克與阿富士汗這類領土。「戰略與國際研究中心」的詹姆斯・劉易斯（James Lewis）的論點是，自我規範管理雖然根深蒂固於美國政治文化，尊厚科學方法及「工程效能」的言說（2010: 61），「放手」的作法再也無法讓國家充分地維持其控制職能了。如今，事實已經證明，法治的運作並不會自動浮現，網際網路無法自己運行；反之，「消極的主權觀已經演變，現在是更爲積極的主張，認爲各國政府有權行使控制。」（2010: 63）對於美國政府來說，這是格外緊急的任務，因爲其他地區與主權國家，特別是中國，已在就此提出挑戰，並且也都開始主張他們有權控制網際網路。路易士的結論是，「這是管理與取得網際網路

的新階段，領導人會是政府，不是私人部門。」（2010: 64）

　　然而，這類陳述隱含一種錯誤的二分法，政府歸政府，私人歸私人。實情是，美國政府（並且絕對不只是美國政府）長年以來就是力挺商業取向，善事款待網際網路。在這方面，艾拉‧馬加齊納（Ira Magaziner）說得最好。他是美國總統柯林頓的科技顧問，同時也是柯林頓團隊的一位重要人物，他負責的是 1990 年代網際網路的規範管理。以下這段話值得給予較長引述，從中，他確認了美國政府的承諾是：

　　　　採取市場驅動的取向，發展網際網路。我們的看法是，
　　　　這是一種由下而上的媒體，不宜過度規範與管理，我們
　　　　又想要保持網際網路原初的有機性質，惟我們也要創制
　　　　並推行可以預測的系列規則，以便讓商務得以產生，因
　　　　為商務所求無他，就是某種程度的可預測性。因此，我
　　　　們主張創造單一的商務規則，以便管理交易，這是一種
　　　　採取市場取向處理數位簽章的作法；我們反對檢查網際
　　　　網路，認為網上內容應該自由，我們想要使得政府的機
　　　　制有所衍展，卻又要使其得到全球的接受，惟作法理當
　　　　是市場驅動，不是高度管制。我們的主張是，網路商務
　　　　不要上稅，設法要讓各國協定，促成網路商務跨境流動
　　　　時，不繳關稅，也不必提交網路稅。當時，是有不少提
　　　　案，提及與討論網路商務的稅賦問題。我們的提案是，
　　　　不要聯邦傳播委員會，也不要國際電信聯盟，它們規範
　　　　電信的方式，不能用來管理網際網路，不要讓聯邦傳播
　　　　委員會插手網絡分封交換之事。（轉引自 Lewis 2010: 65）

105

政府丁點沒有撤退的打算，控制線上環境的欲望，還是昭然若揭，馬加齊納的前引評論使得事理至明，柯林頓當局——而我們也沒有理由認為其後的總統團隊會有任何不同（參見聯邦傳播委員會在 2005 年出版的《網際網路政策陳述》〔FCC 2005〕）——試圖達成的是，微觀管理網際網路的衍展，要使其是安全的商業環境、消費者覺得可靠，政府認為可以接受。「輕觸」的規範依舊是規範，過去到現在，都是政府偏厚的取向。

網際網路規範管理的法典編纂

　　然而，有關網際網路的規範管理之辯論，仍然還是深陷於概念的僵局，賽伯空間能夠或無法輕易規範、若有任何規範那麼是法律監管或是志願為之，以及，本國或超國家政體應該是監督規管的單位。若要回答這些連續提問，那麼，或許最佳的答案是史丹佛大學法學教授勞倫斯・萊斯格（Lawrence Lessig）的觀點，他說，管理規範不是外在於，亦即不是由外力強加於網際網路這類科技系統的。反之，他在一段知名的，有關網際網路的解說言詞中，指出「賽伯空間由其內碼（code）規範管理」（Lessig 2006: 79）。網際網路由各種程式、網路協定與平臺聯合組成，彼此無法分離，規範與管理正是從中取材。軟體與硬體是基礎，構成了賽伯空間的體系結構——它的內碼——本質上，這才是讓線上空間納入結構的東西。萊斯格說，內碼指的是「鑲嵌融入於軟體或硬體的一些指令，賽伯空間呈現的面貌，由其決定。這個內碼使得社會生活內在於賽伯空間，是一種『內鍵環境』。它是賽伯空間的『體系結構』」（2006: 121），同時，它將特定的價值嵌入科技之中，對於使用者來說，這就等於協助了某些可能性的存在，

106

當然與此同時也設定了某些侷限。所以,「開放網絡」接納所有對話,不予篩選,付費牆則將人們擋在外面,要求使用按內容就要付費;「開放原始碼」的軟體鼓勵實驗與矯治,同理,「內拴」的設施如 iPad 與 iTouch 想要留人,不讓你離開它們的空間。這樣看來,單說網際網路由外力規範管理,就有不足,因為網絡本身早就起而規範與管理自己的環境,誘發某些行為形式而鎮壓其他形式。

至關重要的是,萊斯格所說的規範管理,其內涵非常廣泛膨脹,不再只是特定的法律條款或指導原則之執行。這裡的規範管理是由四大「模組」互動而「生產」:法律、社會常規、市場與體系架構(architecture)(2006: 123)。前面三個模組沒有多少爭議:面對法律可能對我們產生的作用,我們控制我們的行為,我們的行為也會受到社會可以「接受」與否的影響,同時,這些行為還得看市場的臉色,如果市場沒有提供,我們也就沒轍。我們還確實會受到實體建築(架構)的規範——我們見證了傅科對於自我規範管理的分析,圓形監獄的影響(Foucault 1977)——但是,在這四個「模組」的交匯點,運作線上世界的權力已經快速移轉,現在是設計硬體,或設計軟體的人,擁有莫大影響力。萊斯格說,「內碼」的寫作者愈來愈成為立法者。他們決定了網際網路會有哪些預設值;隱私權是否會得到保障;以及有多少匿名性可以享有;近用網路的程度會得到多少水準的保證(2006: 79)。

萊斯格事實上是區分了兩類內碼。一種是「開放碼」,如點對點網絡與自由軟體那種內碼,它有助於增進網絡行為的透明(2006: 153);另一種是「封閉碼」,其設計主要用來滿足財產權人的目的,雖然不完全是不透明,如今卻在市場驅動力所影響的

網路空間，扮演了核心角色。歷經一段時間的協作與實驗，商業利益愈來愈有能力，足以界定線上世界的體系架構：內碼如今變成一種至關重要的商品，既然如此，這也就進入了政府欲望的軌道，政府現在想要扶植能夠獲利的市場，其服務與產品要以遵守規則為前提，必須採用這些內碼。萊斯格說，「內碼寫作走向商業之日——內碼是已經成為一小群公司的產品——政府規範管理該內碼的能力，跟著增加」（2006: 71），受害的是「開放碼」，即便這是更為民主，也更為包容的設計。

　　萊斯格說「內碼就是規範與管理」，聽起來，這個說法有些決定論的味道——因為其意以為，內碼似乎從內部就規約了行為的某些形式——這樣一來，支持國家規範的力量既然體認了網際網路體系架構的力量，當然也就可以選擇與國家合作。比如，金匠與吳修銘說，通過內碼進行規範管理非常重要，這是「擁有領土的政府及其實質脅迫的基本系統」之構成部分（2006: 181），路易士則說（Lewis 2010: 63），「設定標準的人與生產硬體的人，以及編寫內碼的人，擁有更為深層的控制。」不過，萊斯格的論點其實相當不同。他鞭闢入裡，他強調的是網際網路如同任何人造環境，總是會有介入與重新編碼的機會。這就是吉特仁（Zittrain 2009: 197）的警語，「內碼就是法律，商業與政府可以聯手改變內碼。」雖說經由小規模行動，可對網際網路的日常營運進行規範與管理——萊斯格調用了「動作緩慢如牛」（bovinity）這個概念，指的是「微小的控制，持續不間斷的執行，就能引導非常大批的動物」（2006: 73）——他在挖苦有些人，沒能看到更大的圖像，這些人也拒絕行動，不肯起而制止即將由商業內碼推進的網際網路圈地運動。他認為，行動失敗「意味著我們不是沒有任何規範，反之，是由最為強大有力的特殊利

益在進行規管」（2006: 337-38）。爭取公開內碼不亞於爭取民主，不亞於對抗國家權力的潛在濫用：「開放內碼是開放社會的基石。」（2006: 153）

自由放任之說沒有徹底消失

萊斯格說了，有些人安坐如山、心滿意足，他們眼見「封閉碼」現在愈來愈見流通，遂此認為這就是證據，顯示「自由放任者已經失敗」（2006: 337）。但當然了，前些章節已經描述，治理政制已經浮現，既然如此，自由放任主義——該信念認為，國家不介入私人事務，個人自由可以得到最佳保證——帶來的威脅，對照於政府或市場失靈，顯得小之又小。巴羅、尼葛洛龐蒂及 1990 年代的一些人認為，網際網路根本就與正式的規範管理，處於敵對關係，若有規範就是對網路的扭曲。至今，事實已經顯示這個思維禁不起考驗。不過，暗潮仍在，有些論點顯示，自由放任之說還是強大有力，它們雖然沒有主張對於網際網路的所有公共監督，必須撤除得一乾二淨，惟其看法仍然是，網際網路……等等，是有能力演變成為自我規管與矯正的組織體；因此，政府對於網路運作的干預，應該維持在**最低**水準。根據這個視野，對於網際網路最為有利的安排是市場競爭。

自由放任之說持續散發吸引力，因素之一是，透過科技命定論審視網際網路的取向，堅韌富有彈性，這又包括了一種念頭，以為網際網路的基因，根本就與現存的規範管理體系，無法相容。大致說來，雖然社會科學文獻中，對於決定論的批判已屬強大有力（比如，參見 Williams 1974，以及 Webster 2006），索尼婭‧利文斯通（Sonia Livingstone）說得很正確，她指出：「研究

社會怎麼使用網際網路的公共政策，仍然帶有濃厚的科技決定論假設。」（2010: 125）我們看到了這個論調的影跡，比如，有人老是說，由於數位化有利於複製、擴大規模並降低進入的成本，這就使得強制執行著作權的傳統作法、對於未成年人的保障，以及對於內容的規範管理，都要遭到折損或減少了效能。艾米・莉貝爾（Emily Bell）在《衛報》撰有評論（標題是〈類比規則無法限制數位媒體〉），「一旦數位化，要再對它控制、規範管理、收費或限制，隨著時間前移，其困難程度也就呈指數級地增加。」（Bell 2009: 4）這個看法與萊斯格的認定，非常不同，萊斯格說的是，雖然內碼可以提高或限制特定的線上行為形式，但即便有了內碼，一點也不會致使規範管理不再可能。

　　第二，新自由主義的意識領導與霸權持續存在，它具有雙重性質，反國家介入成為必勝的信念及市場經濟，兩者結合後「滲透進入了實質的寬頻政策制訂過程」（Sylvain 2010: 250）。西爾萬認為，1990 年代網際網路先鋒這些相當浪漫的自由放任思維，來自於他稱之為分散化、可以相互操作與消費者主權的「工程」原則，如今繼續在政策圈發酵激勵了許多人，雖然在實踐時，這些想法「差不多就是一種行政上對於工程師、程式設計師與企業家的順從，其本質還不能說是對於實證法則的順從」（2010: 224）。比如，網際網路的多位創建者之一，也是 ICANN 主席的瑟夫（Vint Cerf）在 2002 年宣稱，「網際網路為每個人而存在——但假使政府限制其使用，就無法如此了。因此，我們必須獻身投入，要讓網絡不受限制、不受約束，也不受規範與管理。」這是在「網路社會」年會的致詞聲明，廣為引述（Cerf 2002）。谷歌前總裁施密特數年之後，說得也正是相同的意旨，對於國家介入線上世界造成的衝擊，他頗有感嘆，特別是，他認為這威脅

108

到了對於谷歌本身的規範與管理:「一旦規管市場,具有創造力的新穎創見也就緩慢了下來……對於我們來說,一個更好的結果是運用好的判斷。我們的主要原則無他,就是消費者的利益。」(轉引自 Palmer 2009)

　　「解禁」就是「活力」,「介入」連結於「不自由」,許多重要的網際網路政策辯論,都出現這類說法。歐洲政治人物在 2006 年討論,新的「非線性」服務是否要整合進入歐洲聯盟的《電視無疆界指令》,當時英國的傳播部長肖恩‧伍德沃德(Shaun Woodward)就提出警語:「如果延伸規管範疇,勢將創生巨量的規管負擔,既昂貴又無法執行……我們不應該妄加設限,以免阻礙成長與創新。」(轉引自 2008: 126)這還只是小巫,只是大巫(譯按:英國最大付費電視公司,2013 年營收 76.3 億英鎊、一千萬以上的訂戶)BSkyB 總經理詹姆斯‧梅鐸(James Murdoch)之陳述的溫和版而已,早先一年,梅鐸的說法是,「現在是新的隨選視訊世界,我們迫切須要完全嶄新的取向善加體認……消費者要能盡情發揮他們的主權,還要一大段長路要走。達成這個目標,我不需要更多的控制,我們需要的是撤除所有的控制。」(轉引自 Freedman 2008: 127)最後,修正後的《指令》(2010)接受了許多這類的論點,也就對於隨選視訊服務採取了更為解除管制的作法,但在傳統廣電服務則仍維持。

　　網路中立性是另一個惱人的課題,這是要求政府對某些網路服務提供業者,刻意阻礙、限制或隔離線上內容的情事,提出規範與管理。我們發現,類似的論點在此也出現了。雖然有一些著名人士,呼籲政府介入,藉此保證不歧視與平等近用網路的原則(包括網路發名人蒂姆‧伯納斯－李〔Berners-Lee 2010〕),卻另有許多方家堅持認定,正式的政府介入以保障網路中立,就是對於

網路最讓人窩心的特性，也就是開放的、消費者主權與分散化的原則之侵犯。比如唐斯（Downes 2009: 128-37）的論點是，中立性的立法很難監理，也會適得其反，因為網際網路的體系結構已經是建立在中立性這個概念，其本質就是要連結成網，無須強制。不但這樣，目前已經通過的網際網路法規，其大多數是「無人理睬，因為網際網路自有能力，會將規範管理當作是一種網絡失靈，會繞道自行解決這個問題」（2009: 137）。一群知名的新自由主義經濟學家在《紐約時報》言論版，甚至高聲讚揚**歐盟**的網路中立取向，指其是消極政策的典範例子：「或許，歐洲的規範管理當中最值得正視的是，他們有哪些是不做的。對於歐洲電信公司，他們並不責成一定要採行哪種事業或生意模式，也不規範定價模式。」（Mayo et al. 2010）從這個角度看事情，強加「嚴厲的規則」於這麼動態發展的系統，下場就只是壓縮創新和扭曲競爭。

　　有關網路中立性的「官式」見解，往往重度依賴法律及經濟論點，緣此也就欠缺焦點，沒有能夠對於公共利益、公民權，特別是民主等更為廣泛的理論，有所借鏡。由於已將這個議題化約到了僅只是「流量管理」問題（Ofcom 2010），政策制訂者也就形同有所限縮，原本應該釐清的課題是，我們應該怎麼組織與促進線上資訊、傳媒與文化的流通，如今窄化並且一頭栽入定義不清的概念，只在透明、競爭與「開放」之間打轉（比如，參見 Genachowski 2010）。英國傳播部長愛德華・費利（Ed Vaizey）還提出了挑戰，他說英國已經有了寬頻競爭市場，並且對於網際網路採取了輕度的管制規範，「有利於業界、有利於經濟，有利於人民」，那麼，還要什麼網路中立性的規範與管理呢（轉引自Halliday 2010）。聽聞此言，有人請他澄清這些說法，費利轉而宣稱，他並不是說未來的介入完全不合時宜，他其實只是表示，不

宜「重度插手」，不宜「聽任規範管理阻礙了正軌——過去二十年的經驗，已經昭示我們」（轉引自 Warman 2010）。

不過，美國聯邦傳播委員會倒是以些微優勢，通過了網路中立的規則，雖說最後的版本已經因為電信巨頭如 AT&T 及威訊通信（Verizon）等等的遊說而淡化，大不如前（Schatz and Raice 2010）。這些規則免除了無線設施的責任，偏偏這些技術未來最有可能會是使用者賴以上網的憑藉，結果立即招來力主規範與管理的社團，如「網路中立精簡版」的譴責（Nichols 2010），但同時也招惹了反規範的人物，如資深共和黨人弗雷德·厄普頓（Fred Upton）的抨擊，他說該規則對於網際網路「根本就是『突擊嚴打』」（轉引自 Kirchgaessner 2010）。聯傳會最終還是引入了中立規則的規範，即便許多社運人士仍然不滿，指其淡化，但通過的事實也已經顯示，有人認為放任自由的想法影響力很大，或許是說得有些過頭了。另一方面，共和黨人決心與一些重要產業要角聯手，試圖推翻這些規則，卻也顯示市場派與反國家介入的意識型態，持續存在。威訊通信在 2011 年 1 月宣布，它將對聯傳會提出訴訟，指其擴權，可能危及美國網際網路市場的穩定，這個動作是另一證據，顯示自由放任的思維持續扮演要角，影響有關網際網路規範的辯論。

治理政制的侷限

是否自由放任勿論，許多網絡活躍人士仍然同意的議題是，自我管理，以及運用非國家機構規範與管理網際網路，依舊可欲。堅持這個論點的人，不僅只是自由市場派的熱心人，他們對於國家介入，歷來有其本能的敵視；做此認定的人，還包括熱衷

想要推廣內容分享網絡的人，他們認為脫離產權束縛的實踐，理當進入網際網路的規範層。我們先前已經討論了，由於維基百科的成功、開放原始碼的軟體廣泛為人使用，以及點對點傳輸網站的備受歡迎，我們已經看到了一種需要的浮現，傳統上對下的規範權威之形式，理當讓位於其他採取共識治理的場所，如「世界資訊社會高峰會議」（WSIS），以及更為具有彈性的自我規範與自我治理的實踐作法。

不過，對這個認知趨勢提出批判的人，指出了一個重大問題：諸如此類的措施與實踐，並沒有讓網際網路免於遭致病毒入侵、垃圾郵件、違法內容與安全風險，或者，當然也沒有辦法讓線上環境，不再受到企業財團的控制或國家的影響。比如，吉特仁就說，由於網際網路具有「內在生成的」性質，亦即其開放及其難以預測，正就是容許病毒蟲害及惡意軟體得以安身的條件，這些壞東西在網絡是愈來愈瀰漫遍佈了。情況真是這樣，隨著網際網路走向制度化與商業化的過程，已有「壞內碼」的生意模式出現了（Zittrain 2009: 45），它若威脅要發動賽伯攻擊，就會有嚴重的財政後果。吉特林說，「這個經濟簡直與人不共戴天：病毒現在是很有價值的財產，這就造就了新興行業：製造病毒，量大就重要。」（2009: 47）不但如此，由於美國的自我規範與管理的系統已經確立，因此其網路惡意活動的例子，排名就是冠軍，或是接近第一（2009: 49）。

另有人對於自我規範與管理的特定政制，保留餘地，認為其是否可行堪虞。汪炳華認為（Ang 2008），保障線上隱私，或是研發可行及流行的內容標記和過濾系統，迄今為止的嘗試大致令人失望。部分原因是，強制執行的機制不多，也很少見效，部分原因是使用者的構成，多樣且又難以捉摸。「解決異質構成的最

簡單方法，就是把標準降至最低。但這樣一來，就又挫損了使用者自我規範政制的信心。」考量所有這些情況，汪炳華的結論是（2008: 311），「因此，網際網路自我規範的條件，並不存在。」柯林斯特別以英國的情境為準，同樣挑戰了一個迷思：「網際網路治理與自我規範普遍有效且占有支配地位。」（2009: 51）柯林斯所認定的情況其實是，治理的垂直科層與水平形式同時並存，在此脈絡中，自我規範與管理對於整個體系來說，僅只是提供了並不穩定的支持。情況既然是這個行業的大多數廠商彼此為敵，不是彼此以協作者相待，又既然是大型公司是有力量塑造自我規範與管理的議程，那麼，柯林斯的論點是，英國網路的自我規範之治理結構，無法為英國獲取長期的公共利益目標（Collins 2009: 57）。英國的自我規範機構，若不是消極回應，就是易受業界利益所影響或驅動，我們大抵無法責成其負責，若說我們需要的是剛健有力、競爭及平等的系統，那麼事實證明，它抵觸了這個目標。

西爾萬對自我規範說及其實踐，更是持續批判。在他看來，「法規制訂的工作委由非政府社團」為之，直接反映了新自由主義的信念，「總體市場競爭若能暢通無阻，就是最有效率，市場行動者之間的競賽，最客觀的仲裁者在此。」（Sylvain 2010: 233）西爾萬指出，治理方案的設想基礎，往往是一些工程原則，比如分散化、使用者培力，以及跨系統的可操作性，這些概念雖有強大的技術意涵，卻不必然足夠，並不構成符合公共所需的傳播政策。萊斯格論稱，「開放內碼」必須排除政府干預，弗魯姆表示民間的自我規範組織如 IETF，高度自恃其論述倫理；西爾萬與兩人不同，他的答覆是，「治理」一旦進入這類科技取向，「站不住腳」（2010: 231），主要理由有二。首先，身在網際

網路社群的人，並非每個人都能接受社群生產及協作方法；第二，選擇或強制共同標準的權利，分配極不平均（2010: 232）。

這個結論不是空穴來風，它是針對最重要的規範管理組織 ICANN 的研究，提煉而來。先前我們已經得知，ICANN 的創設，其特意強調的重點，就是它的自我規範管理及自主，然而，米爾頓・穆勒（Milton Mueller 1999）宣稱，這些修辭只是裝飾，用以混淆視聽，遮掩了關鍵的議題在於，美國政府鐵了心腸，要讓自己掌握監理網域命名過程的權力。他論稱，「該產業的自我規範管理，是個很有訴求力與吸引人的標籤，但整個過程的更為準確的描述，其實是美國政府作為掮客，仲介美國認為私人與政府都捲入甚深的幕後交易。」（1999: 504）局外人反而對此有比較正面的態度，他們認為自我規範與管理，「是公開邀請網際網路社群的人，擱置差異，齊聚一堂，形成新的共識。」（1999: 506）這是雙軌過程：一個公開、民主與散漫，另一個封閉與不透光，居間引導的是民間組織，如「網際網路編號分配機構」（the Internet Assigned Numbers Authority, IANA）與 IBM（1999: 506）。穆勒認為，這個作為造成了明顯的矛盾，一邊是要求自我組織的原則，另一邊卻是不負責任的遊說；最後的結果就是「基本上，效能足以遍達全球的國家權力，硬從美國商務部手中，下放給了 ICANN」（1999: 516）。總之，ICANN 的設置是「既有的主要經濟玩家及各種協議，彼此吸納結合成為網絡的過程」（Mueller 2002: 267），其企圖就是控制「根」，網際網路的定址系統。這根本不是新的共識政治形式，反之，它的成形，還是得歸功於傳統的統合作風、自上而下的科層結構，以及畢恭畢敬的行為形態。[6]

112

---

[6] 譯按：ICANN及網路的管轄問題，可從網址命名的爭論，看出一斑。早在

在跨國層次，帶有同情的批評多了許多（比如，Raboy,
Landry and Shtern 2010）。他們知道在類如 WSIS 與 IGF 等場合，
公民社會及社會運動是能夠宣稱，他們已經成功迫使數位落差、
普遍近用與民主治理等議題，進入議程。然而，雖說活躍份子能
夠指認這些成果，來自於公民社會持久的參與，惟穆勒認為，多
方利益相關人的參與是程序要求所致，不是要在目標納入多方利
益：「民主及參與的問題是入列了，惟國家主權及自上而下的科
層權力這些關鍵軸線，消失無蹤了。」（2010: 264）吉特林對於
這個見解，頗能認同，他說，在諸如 WSIS 等大會場合的對話，
「結果若不是味道平淡的共識聲明，就是最後的文件因為參與的
人數已經縮減，遂得同意。」（2009: 242）卡斯特則說（Castells
2009: 115），「由於不是針對特定企業集團或組織，而是指向使用
者社群」，WSIS 與 IGF 的價值為之削弱。由於它們沒有戰鬥，

2010年，專從網域命名賺錢的單位就試圖申請「酒」名作為「頂級網域」
（.vin 與 .wine）。2012年，ICANN展開評估。2014年4月因外界壓力，延緩
60天決議後在6月決定開放。消息傳出，法國率先開炮，西班牙、英國，事
實上是整個歐盟，紛紛聲援，甚至，將近2千多家美國酒莊也在七月加入，
同樣認為「酒」的頂級網域不能開放。（http://www.napavintners.com/press/
press_release_detail.asp?ID_News=600081）這些酒廠認為，來自特定地理區的
「酒」，名聲就是金錢、也是名譽，經過百年醞釀才有今日成績，任意開
放將會「牛驥同一皁，雞棲鳳凰食」，電子商務長期發展後，或將致使酒
名混淆、品質難有保障，他們可能人財兩失。誰有權力說.xxx、.vin、.wine
可不可以變成頂級網名呢？這是嚴肅問題。1998年以來，ICANN表面上是
在加州註冊的NGO，實則美國（商務處）握有大權最後裁定，它雖在3月
表示要放手，成立「全球的多方共管社群」。（http://www.ithome.com.tw/
news/85884）但這是換湯不換藥，如OECD國家的傾向「維持現狀」；或是，
印度、巴西與南非要求設立「新的全球體」控制，如同國際電信聯盟ITU；
或者，會是中國與蘇俄的偏好，由聯合國大會制訂某種規則？無論如何，牛
津大學Viktor Mayer-Schönberger教授說，網路治理已經進入「憲政時刻」，要
有權利清單，要有分立的評議單位承擔某種司法仲裁，不能成為「強大國家
的玩物」，應該是努力的目標之一。('Who should run the internet? A plaything
of powerful nations', *Economist*, 2011/10/1, p.18, 59-60.)

不是針對最強大有力的玩家攻堅，沒有挑戰其所擁有的不平等議題設定權力，它們也就繼續處於「淫威之下，兩大支配力來源，繼續壓頂，影響我們的生命：資本與國家」（2009: 116）。

力主國家干預的評論方家確實以此為例，他們往往論稱，即便在國內或國際間，協助新的自我治理之安排得以運作，這一點都不表示國家已從治理過程中抽身。比如，金匠與吳修銘描述了美國政府通過外包其多項作業的方式，達成了目標，開發了適合其目標的網際網路系統。「雖然『自下治理』及『網際網路社群』的話語喋喋不休，但美國其實從來沒有放棄控制 ICANN 或根網域。」（2006: 169）詹姆斯・劉易斯（James Lewis）主張國家在規範網絡方面，應該要有積極角色，藉此才是因應國際競爭的正確方向；他說，多方利益攸關人的治理結構提供了國家機構所需要的大好機會，正可以循此建立其正當性。「各種力量都在開始伸張主權，認定自己有權控制本國的賽伯空間。接下來所要採取的步驟，就是部署科技，以便讓各國落實其控制權，同時**創造多邊治理結構，以使其這些行動得到正當化**」（2010: 63，粗體黑字是筆者所加）。

這類結構的創造，部分意旨在於授予民主的正當性，祈使國家有權進入一個過程，重建其監理網際網路的職掌；惟這個看法並沒有說，自我治理對於促進更具有參與形式的規範管理，**無法**起到正面作用。但我們還得自知，除非各個多方利益群體能夠將其對於程序事項的關注，結合其意志而獨立提出訴求並推進，否則它們還是會持續處於邊緣地位；它們必須在本國及超國界層次，提出**另類**議程，使其有別於最強大有力之國家與企業集團所鍾情的議程。與此同時，國家與公民社會各個群體的關係持續緊張，它們在論及網際網路治理與社群的角色，尤其如此。比如，

113　2010 年 12 月，聯合國科學與科技委員會提議，成立工作團隊尋求改進 IGF 之道，惟它認為僅由會員國政府參與即可，此議立即引起公民社會各行動者的憤怒反應，他們等於已被擯拒於討論之門。他們要求，「要有公開與兼容並蓄的過程，確保來自發展中及已開發國家的政府、私人部門與公民社會，都能完整與積極的參與」（Internet Society 2010），這個呼籲是否能夠生效，取決於他們能否全面動員公眾，畢竟他們宣稱是其代言人。無論出現哪一種情況，多方利益相關人的治理方式，業已證明並不是神奇解方，根深蒂固的國家和企業財團的權力所帶來的問題，依舊存在。

網際網路規範的私有化？

　　有人老愛說，網際網路要不「規範管理」，就是「不受規範管理」，這個雙元分類於事無補，原因不僅只是此乃過時的看法（惟其實這從來就不曾是充分的說法，不足以捕捉網際網路的演化），而且還是它錯失了治理系統的繁複性質，既有市場自由化，也有國家監理，重點則在大家都說，要採取共識決策的方式。因此，我們已經往前推進，不再是毫無實益的極端化視野，不再是「無法規範」與「可以規範」，現在是整套更為細緻的區分，要在不同的規範管理形式之間，有所取捨與增減：法規的／志願的、正式的／非正式的、本國的／超國界的、科層自上而下的／分散水平的。在做此選擇的時候，我們也是提醒自己，第一，「政府的」與「非政府的」取向已經模糊了；第二，新形式治理，與傳統的傳播規範管理形式，存在某些持續性。

　　比如，孫斯坦早先是在《網路共和國》（Sunstein 2002）主張，要對線上空間有比較嚴格的規管，藉此才能平衡自由放任論

者所激發的政制黨派之見，不過，到了 2007 年，他已經完全改變了聲調。他接受沙龍網站（Salon.com）的訪談，此時他的堅持是，不再需要新的法律，因為現有的法律架構，已經重度規範網際網路了。「相當於入侵私宅之事，禁止。你在網際網路空間誹謗人，法所不准。你要在網際網路詐欺，法所不容。這樣看來，這樣好極了。」（轉引自 Van Heuvelen 2007）英國法律學者雅各·羅伯呑（Jacob Rowbottom）認為，由於線上表意仍有清楚的自上而下的科層現象，因此，小規模的「自由人聯合體的」活動無須規範，至於「數量不多的小群發言人，往往擁有豐厚的實質經濟資源，勢將持續能夠掌握大量閱聽人。據此論斷，某些類型的線上發言人，理當是大眾傳媒規範的對象」（2006: 501）。柯林斯的論點是，有許多論及規範管理的文獻，錯把網際網路當作是完全新的科技環境，「自成邊界」，不受先前所有的壓力所限制，「完全不同於其他電子媒體」（Collins 2009: 53）。反之，他強調的是網際網路與傳統媒體的「相互關係」，繼之，他反省了網際網路規範的不同層級，然後如此寫下：自上而下的科層體制之「『陰影』，總是籠罩在市場與網絡治理體系之上，並且也就在諸如此類的治理系統，塑造了諸如此類行動者的行為」（2009: 61）。

　　吉特林、班克拉與萊斯格通通細部地描寫了科層體制的「陰影」，會以哪些可能的方式，進入重新規範與管理傳播環境之路，這個科層所代表的是企業財團的利益，試圖「贏得並主張擁有核心資源，進行資訊生產與交換，排除他人」（Benkler 2006: 384）。所有法規工具，從美國 1996 年的《電信法》，到英國 2010 年的《數位經濟法》，都是為了數位年代已到而做的規範更新，但是，更重要的意義在於，它們是要將封閉網際網路之事，弄成常態。班克拉認為，法規管理氣候的這些變化所「倒向的制

114

度生態，有利於商業模式，有利於完全以財產權人的主張作爲生產的依據；這些公司強力遊說，如果這些法律得以擴張，得人遵守並被強制執行，它們就能坐收大量租金」（2006: 470）。

這個論點在 2010 年 12 月以前的一段時間，顯得格外突出，美國聯邦傳播委員會當日要對網路中立性的規定，投票決定。根據《華爾街日報》，在此之前，電信巨人威理通訊及 AT&T 已經與聯傳會高級文官有「至少」九次會談（Schatz 2010），他們自然是想要塑造規則，使對其有利。媒體改革活躍份子艾米‧古德曼（Amy Goodman）稍候的報導是，AT&T「實際上等於是替聯傳會寫了規定條款，僅需要由（聯傳會主席）格納考斯基（Genachowski）予以通過」（Goodman 2010）。與此算是異曲同工，歐洲聯盟亦有提案，試圖規範「小型文字檔案（小甜餅）」（cookies），原本，個別電腦的使用者必須要先勾選「我要」，這些小甜餅才會放置在其個人電腦，但線上廣告業團體「互動廣告局」的代表此時說話了，他表示這個作法「不是我們所能生養安息的方式」（轉引自 Sonne and Miller 2010）。歷經密切的遊說後，這些方案淡化了，要保留個人的小甜餅，再也無須使用者的同意，現在僅只是讓使用者總體表達「要或不要」的態度。最終一來，不太有人能夠同意箇中的規則究竟是些什麼，這就使得負責本案的聯傳會委員尼爾森‧克羅斯（Nellie Kroes）得到了機會，建議了一個「人性化」方案：業界應該採取自我規範與管理的綱領。[7]

---

[7] 譯按：FCC在2014年5月15日發布通知，邀請各界提供意見，9月16日至10月7日舉辦6場討論後，總統歐巴馬在11月表示，FCC應該將網路當作「共同載具」（如水管）與公共事業來管理。2015年2月26日FCC提出的網路中立性規範，與此相合。一般認爲，美國有線等相關業者將另政治遊說，調整或翻轉該決定。但網路中立的內涵並不一定只是「流量人人平等，禁止網路頻

　　萊斯格提醒我們，網際網路有助於人們重新思考法規權力的來源及範圍。內碼為基礎的規管是一層影響力，政府代表強大有力的企業財團行動者重新規範與管理，政府實際上還將法規責任與行動，委由民間公司自己執行（Lessig 2006）。新自由主義國家並沒有淨空規管之田，而是發起了更多的聯手機構，政府自己在它稱之為「網絡治理」的過程，僅只是小股東。根據穆勒（Muller 2010: 7），這個類型的治理就是這樣的一種情境，網際網路公司「建立了他們自己的政策，他們自己進行協商，決定哪些封殺，哪些過關，哪些要經過身分驗證，哪些不必」。這個形式讓人看來眼熟，自我規範管理，就是民間玩家得到了日常的控制權，其後台卻是公共權威當局先行通過總體綱領以為其背書。

　　但是，這也是法規權力的新動力。我們可以這樣認知，所謂規範管理，就是指規範網際網路的結構近用能力，就是塑造網際網路內容的能力，那麼，我們已經看到強大有力的新規範者，站在眼前：不只是康卡斯特（Comcast）、威理通訊及 AT&T，還有臉書、雅虎，以及，當然還有谷歌。杰弗里·羅森（Jeffrey Rosen）反思這些線上守門人的重要性之後，他指出，「最有影響力的是」類如谷歌這樣的民間部門，它們對於「線上的表意輪廓，影響力之大，星球上再無任何他人可及」（Rosen 2008）。一小群法律人有了最終的決策權，斷定了哪些內容適合在谷歌的搜索引擎，或 YouTube 的網路流通，單是這個實況就顯示了，確

115

寬分級收費」，也可能是相同網速級別之內，使用者無分個人或機關、公司行號，所獲待遇必須相同。夏正洵撰有《網路中立性的追求》碩士論文（2008，中正大學），有詳細的討論。歐洲聯盟行政機構也在2015年1月底提規範案，結果未知。荷蘭、智利與斯洛伐尼亞則已通過比較嚴格規範。FCC裁定後，卓越新聞獎基金會委由莊適寧編譯該會委員的不同意見書：http://www.feja.org.tw/modules/news007/index.php?storytopic=350。

實有一自上而下的科層治理，是相當僵化的形式，卻已在產生作用。羅森指出，「志願的自我規範與管理，在可見的未來，就是指谷歌的副首席法律顧問黃安娜（Nicole Wong）[8]及其同僚，未來還會持續擁有非凡力量，對全球線上言論產生影響。」（Rosen 2008）富蘭克林則說，這類守門權力，會使得公共與民間（私人的）規範管理形式的分野，愈來愈困難。「谷歌管理人員控制了愈來愈大部分的線上空間，比例日漸增加的全球網際網路用戶的活動，都是在此發聲。我們大多數人每日所占據的賽伯空間，現在暴露在企業財團行動者的權力與影響力之中，我們或許可以論稱，這個影響力就像是政府了。」（Franklin 2010: 77）

經此理解，我們因此可說，規範管理之事，並不是單純地外包給民間公司，而是嵌鑲融入於「規範管理的」科技了。吉特仁的看法是，對於具有創造力的線上表述，最為立即的危險，可能不是外顯赤裸的政府檢查，而是有些「並非生成內在的」設施與空間（如 Sky Plus、替你錄 Tivo 與蘋果的 iPhone）限制了使用與連線的範圍，因此等於也就是限制了我們的行為（2009: 106）。「花園有牆」，如專為 iPhone 而設計的門戶網站或應用軟體（apps）愈來愈受歡迎，但它們容不得修正，這是進一步的證據，顯示線上環境的圈地，及其潛在的「閉鎖」。這就是吉特仁所說：「內拴的器材設施與軟體是一種服務，未來，通過微小的內碼之技術調整，或是要求服務提供者略作調整，它就等於是可以輕易地進行重大的規範與管理。」（2009: 125）即便僅只是很小的技術決定——這裡升點級，那裡來個防止拷貝的東西——就會對於規管的後果，產生深遠的後果。

---

[8] 譯按：2013年5月8日，美國政府任命她為新設的首任網際網路隱私官，見 http://www.secdr.com/dirs/3589.htm。

　　儘管如此，還是有很多人對社群媒體及協作平台的力量，深具信心，比如吉特仁就是，他說「慷慨的精神，是社會強大有力的第一道節制防線」（Zittrain 2009: 246），可以擊潰這股「閉鎖」的威脅。不過，這些信念或許低估了企業財團的力量——無論是傳統的或是浮現中的產業，無論是自上而下的科層體制或是具有創新精神的公司，無論是生產軟體或是與硬體有關的企業——這些企業（譯按：將有二大反應），如果不是將源生自公有地精神的媒體所可能產生的威脅中性化，就是會將它們獨具的這些特徵，轉化爲可以獲利的模式（通常兩者盡爲其用）。[9]我們已在前一章看到，雖然網際網路激起了瞬息萬變的許多網站，所有人都期待「下一個大東西」會從中脫穎而出——先是 Compuserve、美國線上，後是「我的空間」、Bebo、谷歌與臉書——但無論是哪一個，有一現象沒有改變，此即「贏者通吃」的市場結構，並沒有改變，由於存在系統的肇因，線上與線下資本的巨量集中也就事出有因了。也許，這全然是一種新鮮的情況，贏者通吃的後果顯示，網際網路之所以能夠繼續推動這樣的年代，部分原因是科技特性，但部分也是因爲新自由主義的全球蔓延，此時不單只是技術的「內碼」在規範，而且愈來愈是「**資本**」在規範與管理了。

---

[9]　譯按：主流新聞平台「吸納」，或「合作」個人或非主流（包括非商業或另類新聞與評論）原生網站，在台灣同樣存在。先是主要報紙邀請特定人在其網路空間開設部落客，其後，2014年1月15日《蘋果日報》宣布，將在不審查標題與內容，並僅予以部分披露的前提下，由《苦勞網》、《新頭殼》、《上下游新聞市集》、《環境資訊中心》與《公民行動影音資料庫》，及稍候的《共誌》自行提供並自行上傳文稿，引起一些注意，如易汶健（2014），〈進攻還是收編？《苦勞網》孫窮理談台灣主流與獨立媒體合作〉，1月18日，http://www.inmediahk.net/coolloud-interview。

結論

116 　　既服務公眾，也服務私人利益與旨趣的科技系統，並不是以網際網路為先鋒──廣播電視與報章雜誌能夠協助重要的公共對話，同時卻也被市場完全利用。然而，網際網路又對競爭壓力特別有感應，這是因為網路雖然由公共團體建立，也繼續通過開放方式以協議運作，惟網路的骨幹及其大多數近用點，由私人擁有並操作。對於這個二分狀態的一個回應方式，就是認定公共與私人（或說，財產權人與非財產權人）的緊張關係，在歷經既定的科技邏輯發展之後，就會塵埃落定：所有源出資訊的創新，都從「某人」的嗜好，變成某人的產業；從有什麼就作什麼的裝置，變成讓人嘖嘖稱奇的東西；從任人自由近用的頻道，變成落入單一企業或卡特爾所控制──從開放變成封閉系統。這是一種進程，經常可見，以致似乎難以避免（Wu 2010: 7-8）。吳修銘的形容是，這是一種「循環」，完全就與克里斯·安德森（Chris Anderson 2010: 126）所說，如出一轍：「工業化的自然路徑：發明、擴散、採用與控制」，或者，德博拉·史琶（Deborah Spar 2001: 11）所說，這是科技發展的四個階段，無可避免：創新、商業化、「創造的無政府狀態」，最後就是規則的強制。所有科技起初都是亂成一團，卻以平淡整齊作結。

　　科技演化的命定論看法，有其危險，據此解釋，規範管理不是起於特定觀點與信念，不是據此對於網際網路發展提出的具體回應，其間，**積極**尋求與塑造之心也不見了；如今，網際網路只是一個既成事實，其後，也僅能聳肩了事。依此視野衡情論事，我們也就應該淡然處之，因此「來自於內碼環境的災難──比如，隱私權的喪失、過濾軟體篩選器的送檢，以及知識公有地

的消失，就如同是神所造成，與人無關」（Lessig 2006: 338）。但是，這是失敗主義，並無必要：網際網路不是靈修之物，也不是先驗之事，它是人所建造的環境，它是來自於整個系列的建築師之願景及行動。穆勒說得好，相當正確，他強調網際網路的歷史從未被事先命定，未來仍待抗爭，還在未定之天：「那些認為國家將在這個領域自動凋謝的人，顯然大錯。那些認為國家支配了網際網路，使其納入特定疆界並納入控制，是無法避免且屬理性的人，同樣大錯。萬事皆有可能，無事不可避免。現在的事情已經發生，我們要確認，要讓未來發生什麼事情。」（Mueller 2010: 254）。

　　網際網路的民主可能性必須保存，在此基礎之上，我們必須建立剛健有力的規範觀念，為公共財而作，遏止線上空間日漸封閉的危險。規範管理並不是僅限於禁制內容、偵測使用者或強制財產權關係。很有意思的是，一旦網際網路的基本原則——開放與去中心——嚴重遭致威脅時，許多評論方家，包括歷來不願意讓政府涉入的人，仍得轉請國家予以支持，採取行動。比如，吉特仁就論稱，「如果人基於善意而激發的大方與慷慨，無法解決衝突」，那麼傳統的規範管理者或許就得進場（Zittrain 2009: 246），萬維網奠基者蒂姆‧伯納斯－李堅持一個立場，他認為，若要讓網路保有動能、創新與平等的性質，網路中立就至關緊要，特別不能聽任「花園有牆」、社群網站淪為「封閉孤島」、設定財產權的軟體及專屬應用程式在旁窺視，威脅了這些性質（Berners-Lee 2010）。因此，我們必須瞭解，也要支持，是有一些規範管理形式，**不會**屈服於企業財團的壓力、不會遷就政府選定的優先任務或菁英的控制，反之，我們確實應該支持規範管理的行動進場，正是冀望循此擊退特殊利益對公共財造成的扭

117

曲。捨民主與負責又有完整代表性的政府之外，誰又能提供這個
手段？我們目前擁有的國家，還不合格，因此現在規管我們的政
策，也不合格，但是，我們理當戮力以赴的目標，當然是要建構
有權、有能，又能問責的民主國家。

參考文獻

Anderson, C. (2010) 'The Web Is Dead: Long Live the Internet', *Wired*, September.

Ang, P. H. (2008) 'International Regulation of Internet Content: Possibilities and Limits', in W. Drake and E. Wilson III (eds) *Governing Global Electronic Networks: International Perspectives on Policy and Power*, Cambridge, MA: MIT Press, 305-30.

Army Counterintelligence Center (2008) 'Wikileaks.org - An Online Reference to Foreign Intelligence Services, Insurgents, or Terrorist Groups?', 18 March. Online. Available HTTP: <http://mirror.wikileaks.info/leak/us-intel-wikileaks.pdf> (accessed 18 January 2011).

Barlow, J. P. (1996) *A Cyberspace Independence Declaration*, 9 February. Online. Available HTTP: <http://w2.eff.org/Censorship/Internet_censorship_bills/barlow_0296.declaration>(accessed 13 January 2011).

Bell, E. (2009) 'Digital Media Cannot Be Contained by the Analogue Rulebook', *Media Guardian*, 23 March.

Benkler, Y. (2006) *The Wealth of Networks: How Social Production Transforms Markets and Freedom*, New Haven: Yale University Press.

Berners-Lee, T. (2010) 'Long Live the Web: A Call for Continued Open Standards and Neutrality', *Scientific American*, 22 November. Online. Available HTTP: <http://www.scientific.american.com/article.cfm?id=long-live-the-web> (accessed 5 January 2011).

Castells, M. (2001) *The Internet Galaxy: Reflections on the Internet, Business and Society*, Oxford: Oxford University Press.

—— (2009) *Communication Power*, Oxford: Oxford University Press.

Cerf, V. (2002) 'The Internet Is for Everyone', *Internet Society*, April. Online. Available HTTP: <http://www.ietf.org/rfc/rfc3271.txt> (accessed 11 April 2010).

Collins, R. (2009) *Three Myths of Internet Governance: Making Sense of Networks, Governance and Regulation*, London: Intellect.

Daly, M. (2003) 'Governance and Social Policy', *Journal of Social Policy* 32 (1): 113-28.

de Bossey, C. (2005) 'Report of the Working Group on Internet Governance', June, 05.41622. Online. Available HTTP: <www.wgig.org/docs/WGIGREPORT.pdf>(accessed 5 January 2011).

Doctorow, C. (2010) 'Digital Economy Act: This Means War', guardian.co.uk, 16 April. Online. Available HTTP: <http://www.guardian.co.uk/technology/2010/apr/16/digital-economy-act-cory-doctorow?intcmp=239> (accessed 18 January 2011).

Downes, L. (2009) *The Laws of Disruption: Harnessing the New Forces that Govern Life and Business in the Digital Age*, New York: Basic Books.

Dyson, E. (1998) *Release 2.1: A Design for Living in the Digital Age*, London: Penguin.

European Commission (EC) (2010) 'Audiovisual Media Services Directive (2010/13/EU)', *Official Journal of the European Union*, 15 April, Brussels: EC.

Falque-Pierrotin, I. and Baup, L. (2007) 'Forum des droit sur l'internet: An Example from France', in C. Moller and A. Amouroux (eds) *Governing the Internet: Freedom and Regulation in the OSCE Region*, Vienna: OSCE, 163-78.

Federal Communications Commission (FCC) (2005) *Internet Policy Statement*, FCC 05-151. Washington, DC: FCC.

Foucault, M. (1977) *Discipline and Punish*, London: Allen Lane.

Franklin, M. I. (2009) 'Who's Who in the "Internet Governance Wars": Hail the "Phantom Menace"?' *International Studies Review* 11: 221-26.

—— (2010) 'Digital Dilemmas: Transnational Politics in the Twenty-First Century', *Brown Journal of World Affairs* 16 (2), Spring/Summer: 67-85.

Freedman, D. (2008) *The Politics of Media Policy*, Cambridge: Polity.

Friedman, T. (2000) *The Lexus and the Olive Tree*, London: Harper Collins.

Froomkin, A. M. (2003) 'Habermas@Discourse.Net: Towards a Critical Theory of Cyberspace', *Harvard Law Review* 116 (3), January: 749-873.

Genachowski, J. (2010) 'Remarks on Preserving Internet Freedom and Openness', Washington, DC, 1 December. Online. Available HTTP: <http://www.openinternet.gov/speechremarks-on-preserving-internet-freedom-and-openness.html> (accessed 5 January 2011).

Gilmore, J. (1993) John Gilmore's home page. Online. Available HTTP: <http://www.toad.com/gnu/> (accessed 15 January 2011).

Goldsmith, J. and Wu, T. (2006) *Who Controls the Internet? Illusions of a Borderless World*, Oxford: Oxford University Press.

Goodman, A. (2010) 'President Obama's Christmas Gift to AT&T (and Comcast and Verizon)', *truthdig*, 21 December. Online. Available HTTP: <http://www.truthdig.com/report/item/president_obamas_christmas_gift_ to_att_and_comcast_and_verizon_20101221/> (accessed 5 January 2011).

Halliday, J. (2010) 'ISPs Should Be Free to Abandon Net Neutrality, Says Ed Vaizey', guardian.co.uk, 17 November. Online. Available HTTP: <http:// www.guardian.co.uk/technology/2010/nov/17/net-neutrality-ed-vaizey> (accessed 19 November 2010).

Hals, T. (2010) 'WikiLeaks Shows Reach and Limits of Internet Speech', Reuters, 9 December. Online. Available HTTP: <http://www.reuters.com/ article/idUS TRE6B85I420101209> (accessed 21 January 2011).

IFEX (2010) 'News Media and Websites Censored and Blocked for Carrying Leaked Cables', 20 December. Online. Available HTTP: <http://www. ifex.org/international/2010/12/20/news_websites_censored/> (accessed 21 January 2011).

Internet Society (2010) Letter to Commission on Science and Technology for Development, n.d. Online. Available HTTP: <http://isoc.org/wp/ newsletter/files/2010/12/IGFWorking-Group-Decision1.pdf> (accesssed 20 January 2011).

Johnson, D. R. and Post, D. G. (1996) 'Law and Borders: The Rise of Law in Cyberspace', *Stanford Law Review* 48 (5): 1367-1402.

Kelly, K. (1995) *Out of Control: The New Biology of Machines*, London: Fourth Estate.

Kirchgaessner, S. (2010) 'Internet Rules Stir Republicans', FT.com, 2 December. Online. Available HTTP: <www.ft.com/cms/s/0/2df10252- fe57-11df-abac-00144feab49a.html> (accessed 5 January 2011).

Lessig, L. (2006) *Code 2.0*, New York: Basic Books.

Lewis, J. (2010) 'Sovereignty and the Role of Government in Cyberspace', *Brown Journal of World Affairs* 16 (2), Spring/Summer: 55-65.

Livingstone, S. (2010) 'Interactive, Engaging but Unequal: Critical Conclusions from Internet Studies', in J. Curran (ed.) *Mass Media and Society*, London: Bloomsbury, 122-42.

McQuail, D. (2005) *Mass Communication Theory*, 5th edn, London: Sage.

Mayo, J. et al. (2010) 'How to Regulate the Internet Tap', *New York Times*, 21 April. Online. Available HTTP: <www.nytimes.com/2010/04/21/opinion/21mayo.html>(accessed 27 April 2010).

Mueller, M. (1999) 'ICANN and Internet Governance: Sorting through the Debris of "Self-regulation"', *Info: The Journal of Policy, Regulation and Strategy for Telecommunications, Information and Media* 1 (6), December: 497-520.

—— (2002) *Ruling the Root: Internet Governance and the Taming of Cyberspace*, Cambridge, MA: MIT Press.

—— (2010) *Networks and States: The Global Politics of Internet Governance*, Cambridge, MA: MIT Press.

Negroponte, N. (1996) *Being Digital*, London: Coronet.

Nichols, J. (2010) 'In a Year of Deep Disappointments, the Deepest: Obama Pledged to Protect Internet Freedom; but His FCC Put It at Risk', *The Nation*, 31 December. Online. Available HTTP: <http://www.thenation.com/blog/157255/year-deep-disappointmentsdeepest-obama-pledged-protect-internet-freedom-his-fcc-put-it-> (accessed 5 January 2011).

OECD (2010) 'The Role of Internet Intermediaries in Advancing Public Policy Objectives', 16 June. Online. Available HTTP: <www.oecd.org/sti/ict/intermediaries> (accessed 5 January 2011).

Ofcom (2010) *Traffic Management and 'Net Neutrality'*, discussion document, 24 June, London: Ofcom.

Ohmae, K. (1995) *The End of the Nation State*, London: Harper Collins.

Ó Siochrú, S., Girard, B. and Mahan, A. (2002) *Global Media Governance: A Beginner's Guide*, Lanham, MD: Rowman & Littlefield.

Palmer, M. (2009) 'Google Tries to Avoid the Regulatory Noose', FT.com, 21 May, Online. Available HTTP: <http://www.ft.com/cms/s/0/cd5cf33c-452b-11de-b6c8-00144feabdc0.html#axzz1BIIP4ZGT> (accessed 15 January 2011).

Raboy, M., Landry, N. and Shtern, J. (2010) *Digital Solidarities, Communication Policy and Multi-stakeholder Global Governance: The Legacy of the World Summit on the Information Society*, New York: Peter Lang.

Robbins, P. (2009) Comments to the Westminster eForum, 'Taming the Wild Web?' -Online Content Regulation, 11 February. London: Westminster eForum.

Rosen, J. (2008) 'Google's Gatekeepers', *New York Times*, 30 November. Online. Available HTTP: <http://www.nytimes.com/2008/11/30/magazine/30google-t.html> (accessed 2 December 2008).

Rowbottom, J. (2006) 'Media Freedom and Political Debate in the Digital Era', *Modern Law Review* 69 (4), July: 489-513.

Schatz, A. (2010) 'Lobbying War over Net Heats Up', WSJ.com, 10 December. Online. Available HTTP: <http://online.wsj.com/···/SB10001424052748 70472080457600971366948 2024.html> (accessed 5 January 2011).

Schatz, A. and Raice, S. (2010) 'Internet Gets New Rules of the Road', *Wall Street Journal*, 22 December.

Sonne, P. and Miller, J. (2010) 'EU Chews on Web Cookies', WSJ.com, 22 November. Online. Available HTTP: <http://online.wsj.com/···/SB1000 1424052748704444304575628610624607130.html> (accessed 5 January 2011).

Spar, D. (2001) *Ruling the Waves: Cycles of Discovery, Chaos, and Wealth from the Compass to the Internet*, New York: Harcourt.

Sunstein, C. (2002) *Republic.com*, Princeton: Princeton University Press.

Sylvain, O. (2010) 'Internet Governance and Democratic Legitimacy', *Federal Communications Law Journal* 62 (2): 205-73.

Tambini, D., Leonardi, D. and Marsden, C. (2007) *Codifying Cyberspace: Communications Selfregulation in the Age of Internet Convergence*, New York: Routledge.

Van Heuvelen, B. (2007) 'The Internet is Making Us Stupid', salon.com, 7 November. Online. Available HTTP: <http://www.salon.com/news/feature/2007/11/07/sunstein>(accessed 5 January 2011).

Warman, M. (2010) 'Ed Vaizey: My overriding Priority Is an Open Internet', telegraph.co.uk, 20 November. Online. Available HTTP: <http://www.telegraph.co.uk/technology/internet/8147661/Ed-Vaizey-My-overriding-priority-is-an-open-internet.html> (accessed 5 January 2011).

Webster, F. (2006) *Theories of the Information Society*, 3rd edn, London: Routledge.

Williams, R. (1974) *Television: Technology and Cultural Form*, London: Fontana.

Wu, T. (2010) *The Master Switch: The Rise and Fall of Information Empires*, New York: Knopf.

Zittrain, J. (2009) *The Future of the Internet*, London: Penguin.

PART III　網際網路與權力

Internet and power

第 5 章
網際網路與社群網絡

Natalie Fenton

社群網絡網站的成長及其使用，非常驚人。2011 年的臉　123
書，已經是僅次於谷歌的世界第二大網站（http://www.hitwise.
co.uk），它取得這個地位所用的時間極短。尼爾森研究（Nielsen
research 2010）顯示，人們用在網際網路的時間，現在有 22% 是
用在社群網站。另有研究指出，全球平均用於臉書的時間，平
均是一日 25 分鐘，用在流行的新聞網站則是 5 分鐘（www.alexa.
com, September 2009）。臉書在 2010 年有用戶 5 億人——地球上
每 13 人有 1 人——每天有 2 億 5 千萬人以上登錄（http://www.
onlineschools.org/blog/facebookobsession/，2011 年 4 月）。社群網絡
更為得到年輕人的歡迎：18 至 34 歲的人，有 48% 起床之後、
28% 甚至在下床之前就要察看臉書（http://www.onlineschools.org/
blog/facebook-obsession/, 2011 年 4 月）。這些網站實在太受歡迎，
使用者投入的時間也很長，它們鼓勵大家積極生產，特徵是高水
平的互動，於是就產生了傳播的新儀式，同時，這也敦促媒體理
論方家重新思考大眾傳播的傳統脈絡，再次審視有關生產、文本
與接收的傳統議題；先前，生產、文本與接收，往往分開，是三
個階段。新的傳播脈絡已出，此時的閱聽人有了不同的稱謂，

「生用者」（prod-users）（Bruns 2008）或「產消者」（pro-sumers）
（Tapscott and Williams 2008: 124-50），用意都是要捕捉許多線上
活動的創作與互動性質。

　　數位媒體、特別是網際網路，改變了我們蒐集資訊，以及我
們與他人傳播的方式，轉變發生之際，我們的生產活動跟著有了
創造。若是從資訊的角度來看，使用網際網路明顯具有**潛能**，可
以產生影響，無論是「一般」公民，或是欠缺資訊的社會或政治
群體，其能力都將為之改觀；現在，他們的資訊範疇大為擴充，
如今有海量的資訊與技術須知佈滿網路，任何網路用戶都能使
用，自由免費，並且，幾乎任何我們能夠想到的題材，網路都有
（Bimber 2002）。若從傳播的角度審視，YouTube（影音分享網
址）或 MySpace（建立首頁的網址）在數年之間，用戶就以 10
億計，大抵經由「口耳相傳」——或者，至少是通過線上接觸，
轉傳其影音圖文的人數以百萬計。本文寫作之時，已有 5 億人在
臉書網站活繃亂跳——連結他人、分享思考與討論彼此關切之
事，組成群體並與他人聯手，鎖定人我共同感到興趣及從事的活
動。推特（Twitter）——這個網站讓人產生連結，並且可以跟隨
成為粉絲，用戶可以通過最長 140 個英文字的符號，與他人聯繫
與傳播——目前（2011 年 12 月）有 1 億活躍用戶，每日送出 2
億 5 千萬推文，企圖傳播特定資訊，同時將某些主題的議題，優
先傳出」（Infographic 2010）。

　　又有人說，這些社群網站打破了傳統公共與私人傳播領域的
障礙，權力如今是在使用者手中，因此私人所關注事情的細節，
現在也得以在公共空間露臉；生活在私領域的公民，現在可以更
為輕易地監督運作於公共領地的各個官方政治機構（Papacharissi
2009）。是以，我們不妨說，社群網絡帶來的傳播工具是為公眾

而存在、是由公眾所控制（比如 Rheingold 2002; Gillmor 2004; Beckett 2008; Shirky 2008）。這些理論方家對於社群網站、對於個人對個人的媒體，或是大眾的自體經營之傳播，均有正面解釋、正面看待（Castells 2009），他們認為，這些新傳播形式既能維持現存的社群網站，同時又能協助陌生人結交新好，只要彼此能有共通的興趣、政治觀點或活動參與，連結基礎就能產生。經此述說與理解，社群網絡可以說是前所未有、無所不在的領頭羊，足以讓人變成施為者。

　　另一方面，有人提出了比較批判的觀點。他們認為，這類傳播的形式與本質就在展示，不外就是「日日見我、我又來了」，只是版本不斷重複（Sunstein 2007）。這樣一來，公共議題變成個人之事，政治性質蕩然無存，存在已久的不平等固然重新得到強調，但與此同時，這些個人資料卻又餵食了企業財團，使其更能進行線上行銷、促銷生意與利用私人材料——這種轉向，格外違反民主，勢將導致公民身分走向私人空間。這個批判取向出於政治經濟的關切，它提醒我們，網際網路並沒有超越全球資本主義，而是深刻捲入其中，畢竟網際網路支應了企業財團的利益，使用網際網路的人也浸潤於資本主義及新自由主義的論述（參見第四章）。根據這個視野，新自由主義在生產個人化的身分與認同時，已經進而烙記了社群網絡，網路在促進社群的中介過程，已經深刻進入了商品化的航程。換句話說，位處已開發的西方民主政體，社群媒體的社會與政治脈絡嵌鑲於特定的科技進展，煽風點火致使傳播現象無時不在進行、線上的連結狀態成為永恆，卻又變成了一種個別化身分的凸顯，因此，社群網絡與網址延伸而不是挑戰新自由主義的意識型態。

　　有關新科技的辯論（無論是先前的收音機、電視或電腦，莫

不如此），往往落入毫無實益的雙元架構；樂觀者與悲觀者各居楚河漢界，涇渭分明。但是，無論樂觀或悲觀，一旦孤立自賞就是化約，無論是科技面向的化約、或大抵屬於政經因素的化約，就都永遠無法完整掌握它們所要評論的傳播形式。這樣一來，二者都誤解了媒體的性質與影響（以本例子來說，就是數位社群媒體），誤解了媒體對當代的社會與政治生活之衝擊；因此，這也就誤解社會與政治及其涉及的複雜權力性質。造成誤解的部分原因就是媒介中心主義，它拒絕進入深刻與批判的脈絡，審視社會與政治生活。誠如柯爾粹所說（Coultry 2003: 47），一旦（任何形式的）媒體將自己當作是社會中心，就會將生活組織與日常儀式及其作為導向媒體，如此一來就有風險，成為「媒體中心論迷思」的犧牲者。所有的媒體儀式不但強調媒體的重要性與意義，並且還要指稱「出現在媒體」及傳播你的訊息給他人的重要性——至於這個傳播是為了金融財務的、政治的或社會的收穫，在所不論。你的權力及影響力愈大，你就站在更有利的位置，可以將自己的訊息外傳讓人知曉。網際網路及社群媒體一出，這類論點就又更進一步。確實是有數以百萬計的人，日日夜夜使用社群網絡及其網站，他們進入了一個中介世界，得到了更多的機會可以控制這些媒體，即便他們對於主流媒體力有未逮。這種媒體經驗具有流動性質、能夠與人互動，擁有無數的創造潛能：這些描述相當動人，但卻仍然是個迷思。既要聲稱網際網路無所不在，就得強調永遠開機、永遠上線是很重要的事情。這是神話，具有誘惑人的力量，社會生活順此川流不息，適足以讓人們失察，未曾念及新自由主義的社會主流價值，已經在此複製完成。

我們理解這層道理之後，對於媒體理論的掌握，就會另生領悟——特別是，傳統的、老式的生產者／消費者的二分，如

今漸次不再穩定，我們更是可以從更為廣闊、同時也更為深刻的脈絡，掌握並解釋傳播的生活，卻又不致於物化了傳播賴以進行的媒介形式。抗拒物化的媒體中心論，同時就能鼓勵我們重新思考，結構與施為者的關係、政治經濟取向與強調個人建構能力之取向的關係，以及政治經濟學與強調主體性及身分認同取向的關係。我們必須通過這個具有批判意義的脈絡與框架，理解中介及其與我們的社會與文化實踐之關係。本章以下篇幅將要批判地檢視，評估四個以網際網路與社群網絡為中心的神話。

社群媒體是傳播導引，不是資訊驅動

社群網址賴以運作的機制，是有機網絡。各個使用者都會送出邀請信，敦請對方加入一個特定的群體，這個人或整組人彼此敦促，互請對方將類似邀請信，轉發至他們自己的親友網絡。通過這個方式，這些網絡可以極其快速地擴張（比如Haythornthwaite 2005）。有人說（Papacharissi 2010），社群媒體具有能力，可以很快在家庭成員及朋友之間，發展穩固的關係，另在許多彼此認識的人之間，發展較弱的關係（Ellison, Steinfield and Lampe 2007）。數位的自體經營之傳播現在已經是許多人的日常儀式，這無疑問。人們的日常生活通過社群媒體而得知消息，韻律及活動居間穿插交織，而社群媒體也形同許許多多的自我，在日常生活占有一席之地。我們會把照片放到 Flickr、會與人在臉書談談最近的電影，提請朋友注意推特有這個消息、那個消息，當我們將這些活動當作習慣，我們就有了某種感覺，彷彿參與了就在哪裡發生的活動；現在，不再是線性的資訊告知我們作些什麼，或想些什麼，我們如今浸泡在數位社群傳播網絡，與時

126

代脈搏共同跳動、加入齊鳴的行列。

　　這不是直接互動，也不是簡單的網絡參與，而是參與了目標多重複雜的傳播行動，可能相當個人，也可能帶有公共的、社會的、政治的或文化的面向；或者，以上所列的任何一種或所有面向，同時涉及（Papacharissi 2010）。社群網絡的網站如臉書，只是社群媒體多面向現象的一環，僅需一點，就能啓動連接的過程，滑向新聞網站、YouTube 的影像、部落格、推特；人們現在也可以直接從手機上網，通過自己的社群網站，徹底體會所有中介的經驗。這種傳播經驗的形式，來自於人們產生了參與的感覺，有人說，它讓人們覺得可以自己作主，等於是捲入了情感（Donath 2007），這是因爲在網絡中，人的身分認同具有反思的、流動的，與表演的性質，彼此共享，同時也遵守網絡協定與行爲的公約數。人們願意捲入傳播，主要的動能及目標，是因爲自己可以在任何時候，以自己習慣的模式，表現自己。極其明確的是，傳播從來不單只是傳播的行爲，傳播的欲望及資訊的索求，往往重疊。但是，進入社群網絡的人，明確需要與人連結，人們現在的感覺是控制了自己的互動形式，也掌握了自我表達的手段，最終則是很有創造意味地宣傳了自己，我們可以論稱這個需要的重要性，得到了確認。

　　許多人的社群媒體認知與實踐方式，確實能夠與前述的描述能有很好的共鳴，這就讓我們必須正面審視傳播的情感（affective）面向，缺了這個關鍵，我們就很難理解與掌握當前這些中介的經驗。由於人有「傳播」的需要，社群媒體也就出現了，這時，傳播哪些「內容」的重要性是其次的，傳播所驅動的需求，凸顯了這個媒體形式的重點：人們在此互動及參與，主要是存在心理的及個人的誘因，遠遠超過了傳媒內容在公共消費

後，或將出現的政治意涵。社群媒體是一種傳播形式，最大的特徵是其連結性質，早期的相關書寫，往往也集中在這個面向。由於它具有社群性質，個別使用者自己選擇要與任何他或她想要溝通的人，產生連結，因此，這個形式給予傳播者相當高的自主水平。這是一種社群性的增加，有人指出，這就帶來新的理解，因為我們愈來愈能接收到範圍堪稱廣泛的觀點，有助於我們自由自在地與許多網絡，產生慎思審議的交往。自主水平既已提高，就有人進而認為，使用者的權力與控制能力，得到了改善。不過，我們應該謹記，使用社群媒體的人所重視的議程，很少包括民主提升，他們使用網路更多是為娛樂，不在追求資訊（Althaus and Tewksbury 2000; Shah, Kwak and Holbert 2001）。體認社群媒體的傳播密度是一回事，這股社群群性的增加是在特定政治與經濟的脈絡中發生，其重要性亦不宜低估。

127

　　換個方式說，傳播的欲望與動機是應該強調──與他人產生聯繫（我們理當承認，這是社群網站的主要面貌，也是它取得巨大成功的部分原因）──與此同時，我們倒也不該掉入陷阱，我們不能忘記，「**誰**」在對誰傳播「**什麼**」仍然重要，不容忽視。考量誰在傳播，這可是醍醐灌頂、發人深省。社群媒體的參與者眾多，但其使用高度不均勻，比例很低的一些人支配了多數內容。哈佛大學商業學院最近有份調查，發現推特的百分之十使用者，創生了百分之九十的內容，並且大多是人僅只推過一次（Heil and Piskorski 2009）。誰是這百分之十呢？他們是名人，或者，他們是主流媒體集團，如 CNN。其他近日的統計則發現（Infographic 2010），97% 推特用戶的跟隨者不到一百人，小甜甜布蘭妮（Britney Spears）等人則吸引了 470 萬粉絲。這樣看來，參與仍然是少數人的專區。

那麼人們究竟在傳播些**什麼**？就此檢視可以顯示，自我表述的工具已經被精心控制，自我的展示、環繞階級關係的結構（Papacharissi 2002a; 2002b; 2009），以及品味文化（Liu 2007），均已呈現特定面貌。這類研究成果顯示，社群媒體遠遠不能拓寬我們的傳播視野，也不能促進我們的審議明辨之理解，反之，它強化了既存的社會科層，也進一步強化了社區的封閉。不止於此，還有人論稱，社群媒體網絡預先決定了內容，因為有助於友誼及社群建構的消費之內容，優先得到了凸顯，這就是馬維克所說的：

> 第一，個人資料已經納入嚴格的結構，造成使用者呈現他或她自己的方式，局部受制於應用程式，不是使用人 [⋯⋯] 第二，個人資料進入結構的方式並不中性，反之，權力自始至終都以多種途徑，鑲嵌在應用過程。總體地說，使用者不是以公民，是以消費者身分進入 [⋯⋯] 應用程式促使人們通過他們所消費的娛樂產品界定自己：音樂、電影、圖書，以及電視節目 [⋯⋯] 使用者不但被當作是消費者，整個社群媒體的運作還會誘使他們消費他人，整個網絡的概念，其實是偏厚社會資本，遠重於友誼或社群建構。假使援用生意的術語，「連結成網」的意思就是「目標取向」的過程，人入其間，交往圈子不斷擴張，結交愈來愈多的人，藉此企望取得生意的優勢 [⋯⋯] 第三，社群網絡媒體的本質，已經排除了世界各地的某類人口。比如，大多數這類媒體所用都是美國應用軟體，主要就只是要吸引美國用戶。（Marwick 2005: 9-11）

卡斯特認為（Castells 2009），網際網路面貌的塑造，必有衝突。
一方是全球多媒體商業網絡，試圖推進商品化；另一端則是「具
有創造能力的閱聽人」，他們試圖建立控制網路的公民權，因此
宣稱不受企業財團的控制或干擾，是公民的傳播自由權。他筆下
的企業財團巨人：

128

> 總是想方設法，試圖將通過網際網路，自主地進行大眾
> 的自體經營傳播之現象，重新納入其商品化航程。財
> 團進行各種實驗，有些網站由廣告支持、有些是會員付
> 費、另有免費的影像串流入口網站，以及付費的入口網
> 站 [……] 網路 2.0 的科技讓消費者得到了培力機會，他
> 們現在能夠生產及發行自己的內容。這些技術的成功有
> 若病毒，促使各大傳媒組織加緊利用傳統消費者的生產
> 力。（Castells 2009: 97）

社群媒體具備能力，可以帶來多重且繁複的聲音，並且人們在傳
播的時候，顯然擁有前所未見的自主空間；很多人於是以此為
由，聲稱這是「生產與使用者」的生產創造力之核心面向。但
是，我們在線上的所有來來去去，無不留下數位足跡，任人追
蹤、分析與商品化。出於這層道理，通過媒體創造的的大量密集
資訊，增加了集中化的走向，也對商品化的深化，助了一臂之力
（Fuchs 2009a）。

　　科斯特正有這個看法，全球多媒體巨人——蘋果電腦、貝塔
斯曼集團（Bertelsmann）、哥倫比亞廣電視團（CBS）、迪斯奈集
團、谷歌、微軟、全國廣播環球集團、新聞集團、時代華納集
團，以及雅虎——都是他經濟批判的對象（Castells 2009）。他表

示，這些全球企業巨人「的經濟集中日漸增加，它們運用一連串的傳輸評台，將閱聽人區隔後予以客製化，產生了經濟的綜效作」（Fuchs 2009a: 97）。在他看來，以全球爲範圍，日趨集中及整合的企業財團媒體及網絡平台營運商，塑造了、也控制了，同時也是削弱創造的能量。蓋偉仁（Geveran 2009）也指出了這個趨勢，他說社群媒體的行銷，是最新的廣告行銷趨勢之一，已在網際網路的世界翻騰。運用臉書或 MySpace 等等線上社群網絡，行銷人員可以將客製化，符合個人特徵的訊息，以普通人的身分，送給顧客的朋友。由於這類資料透露了顧客瀏覽網路的習慣，也透露了其購買類型，並且也因爲這類訊息隱含某種背書，這些訊息引起人們的嚴正關切，個人事務遭致揭露、人們接收的資訊之品質，以及個人能否控制商業機構對其身分的利用，無不成爲問題。

　　自主的概念史由來已久，通常與抵抗行動有關、與超越主流意識型態有關，人要「自己當家作主」。卡斯多里亞迪斯進了一步，提出挺管用的分析（Castoriadis 1991）。他說，個人的自主、（通過平等參與而有的）社會的自主，以及（解放人之想像的）政治主體的自主，三者有別。據此而對自主提出批判，卡斯多里亞迪斯批判新自由資本主義的（個人化的）自主，這種自主不同於試圖挑戰該系統的（社會）自主，亦與試圖超越該系統（的政治主體之）自主，並不相同。這些理論區分當然有其用途，我們據此可以詰問自主這個詞彙；惟我們的日常生活畢竟由匯流的媒體包抄，我們很有可能同時進入三種自主形式。因此，我可能進入社群網站，評論最近的名人傳聞瑣事；接著我在點擊之後，進入請願連署，聲援終結兒童的貧窮；再來，我也會更新我的部落格，告知所有願意聽聞的人，我剛做了些什麼，而我又認爲

怎麼做才可以讓世界更好。琶琶查瑞西（Papacharissi 2010）與福克斯（Fuchs 2009a）都說，這個論點可說與哈伯瑪斯（Habermas 1996: 104）的概念契合共鳴，他對「私下個別的自主與公開示眾的自主之聯合原創」有如下的理解——二者雖然可能對立，確有其內在聯繫，並且「往復交互地設定了對方」（Habermas 1996: 417）。換句話說，這是一種體認，知悉任何形式的自主都有其運作的深層脈絡，因此試圖瞭解不同自主的展現及其與脈絡的關係。社群媒體起於傳播的導引，較少是為了求取資訊，並且，順此啟動的自主其實僅只是積極地為個別化的身影背書，它可能只不過是新自由主義取向的延伸，成日凸顯肚臍眼的自我，它尋求的是行銷自我，以無數的方式複製了自我，所為無他，仍在為了自我的獨家優勢打轉。

　　卡斯特（Castells 2009）自己的經驗研究似乎顯示，數位公民一點沒有免於資本浸潤的自主空間。誠如福克斯所說（Fuchs 2009b: 95），「他們所造訪的龐大數量平台，都留下了他們的資料與使用行為，其後廠商還會予以評估，設定他們為廣告目標，從中牟利。確實如此，無論是使用谷歌搜索引擎、上傳或收看 YouTube 的影像、上傳或瀏覽 Flickr 的個人影像，或是通過 MySpace 或臉書等社群網絡平台，與人交換內容或進行線上傳播，循此結交與累積愈來愈多的朋友，這些在構成了「閱聽人商品」（Smythe 1994）之後，旋即被轉售於廣告廠商。傳統的大眾媒體與網際網路的閱聽人商品，差異是網路使用者同時也是內容生產者。當前人們發明了「使用者創生的內容」這個語彙，這可以說是無所不包的描述，指涉無止無盡的創造力活動、傳播、社群建構，以及線上內容的生產。但是，無法否認的事實俱在，使用者的活動已經變成商品，而這正是我們在第四章所做的論稱。

究其實，我們的日常習慣與儀式一般的行爲，表現爲愈多的資訊
科技形式，就使得我們愈是表達我們的意思，就會捲入愈深的
商品過程。這裡再次引述福克斯（Fuchs 2009b: 31）之言，他指
出，使用者花用在線上的大部分時間，是在生產「利潤，歸入大
企業的荷包，如谷歌、新聞集團（擁有 MySpace）[1]或雅虎（擁有
Flickr）。網際網路上面的廣告往往相當個人化——這是因爲在電
腦與資料庫的羽翼下，無論是監理、分類、評估使用者活動及使
用者資料，都已大爲可行」。在這個情境下，由閱聽人轉身爲生產
者，一點都不意味著媒體的民主化，邁向眞正的參與系統，也就
爲期尚遠。當然，這也並非資本授權，給予自主，反之，實情是
人的線上創造活動，已經深深進入完全自動控制的商品化過程。

吉特仁（Zittrain 2009）的憂慮與此相同。控制科技環境的
動力已經移轉，先前仍在個人，如今是權勢業已鞏固的私人集團
及工商企業，他們試圖從中獲利、保留品牌，另一方面，國家
規範者仍然對於更大的環境，保有控制能力。我們的創造力與自
主空間，現已經逐漸陷入工商企業的網羅，成爲商務交易的空間
（Fuchs, 2009b）。從這個角度看事情，先前人們的標榜，指爲具
有革命性意義的參與及自主，其實不是革命，各種消費者的身
分資料，早就自動進入，聯合參與打造了（比如 Hamelink 2000;
Turrow 2001）。

130

---

[1] 譯按：MySpace在2003年創辦，兩年後由新聞集團以5億8千萬買入，2011年6月再以3,500萬美元賣給Specific Media Group，2012與2013年用戶2,200與3,600萬人，2011年營收1.09億，2013年可能僅有2千萬美元。（2013/6/10, 2014/9/1讀取自http:// wikipedia.org/wiki/Myspace）

通過多重性及多重中心，
社群媒體容許或促進審議與異端發聲

先前的討論已經表明，對於傳播的強調，以及傳播可以在許多人之間以多重方式進行，無不顯示社會關係的多樣化。不止於此，另有人聲稱，社群媒體提供了數量更多的空間，可讓審議進行與異端發聲，單是這樣，社群媒體就對民主有功。這個論點說的是，資訊既已豐盛，就不再受到定點一對多之大眾傳播系統的桎梏。

研究線上討論的學者則說，網際網路傳播擴張我們的視野，拓寬我們的認識，提供我們無數的辯論網址，擁有各色意見與信仰的人在此穿梭。霍爾特（Holt 2004）表示，網際網路具有聯合背景殊異的人，讓他們齊聚一堂，這就具有很大潛力，可以在公民領域，有助於相關議題的辯論與討論。還有，亦有研究顯示，線上政治討論之時，志不同道不合的人也會讓參與者看到或聽到（Brundidge 2006）。但是，網際網路雖有潛能，具有潛能可以讓對立陣營相見於共同空間，也讓彼此暴露在相左的觀念中，惟另有其他證據顯示，若從另一不同的角度視之，這個情況未必出現。由於網際網路的結構使然，其所提供的情境特別有利於人們選擇性地暴露於特定媒體內容（Bimber and Davis 2003）。比如，Friendster[2]與 MySpace 網站都會仔細展示特別的文化品味與基準點，然後兩網站也都進行管理，指認它們與特定文化的關係，也指認它們會有哪些忠誠群體（Liu 2007）。有些研究指明，

---

[2] 譯按：2002年在加州創辦的社群網站，2009年底馬來西亞富商創辦、亞洲最大網路公司MOL Global以2,640萬美元購進該公司後，總部設在吉隆坡，2011年6月轉為社群遊戲網站，其9成流量在亞洲。（2014/7/5讀取自http://en.wikipedia.org/wiki/Friendster）

線上的政治討論領域同樣出現選擇性曝光，並就此演變為政治極化。比如，不少學者注意到了，若以價值與觀點衡量，線上虛擬社群大抵相當同質（Dahlberg and Siapera 2007），線上討論的參與者的政治觀點，往往近似而可以相互比擬（Wilhelm 1999）。社群網站的成員也會覺得，屬於某些網絡而不是另一些，就是其社會地位的傳播（Papacharissi 2009）。

不過，有人認為，這個多重性，或者應該說只是資訊更為豐盛而容易取得，其本身其實已經孕育了錯誤資訊橫行的機會，也會致使彼此欠缺瞭解（Patterson 2010），因為新聞的日常習慣及儀式都改變了。人們不再每日固定坐在電視機前收看，也不再每日早餐時翻閱報紙。現在我們的習慣是把新聞當作零食點心。但是，四面八方都有那麼多人隨伺在旁，端著甜點想要招待我們，這就使得「健康的」新聞零嘴，迅速遭致取代，那些立即就能讓人滿意的可口娛樂品，填補而入。更讓人憂心的還在後頭，帕特森的研究已經確認，就在媒體環境愈來愈多，讓人覺得有很多選擇的時候，原本就沒有那麼消息靈通的人，往往更為可能選擇娛樂的內容，相形之下，消息原本就比較靈通的人，對於新聞的愛好之心，還是不減，這就使得消息靈通與不靈通的人，二者的知識不平等程度，為之增加。帕特森（Patterson 2010: 20）還說，速度「加快了情緒的撩撥，但減少了學習」，他還注意到一個差異，固定閱讀日報的人，有60%每天至少讀半小時，反之，線上讀報的人，大約只有40%的人讀超過三十分鐘。

這個調查等於是提出了重要的新聞與資訊議題，當前世界已經是社群媒體的天下，其內容的風格類別已經模糊，往往還無法切割。一方是各種事實（雖說是有特定脈絡，也問題叢生），一方是喧囂且數量愈來愈多、日見擴張的評論、意見與宣傳，二

者又怎麼區分明辨呢？亞歷山大・沃爾夫（Alexander Wolfe）在
《資訊週》月刊[3]寫作專欄，對於即時出現於現場的公民新聞所
造成的衝擊與議題，他是這樣說的：

> 真是這樣，單是看到如山似海有如「孟買人」那般數量
> 的推特文蜂擁而至，就會讓人不免覺得，其間真有任何
> 具有價值的東西，值得讓人輕易使用嗎？由於單只是看
> 推文的前一百頁，就要用上好幾小時，我就另做安排，
> 隨機在這些日子，任意看看他人傳上的內容：11 月 26
> 日週三，27 日週四，以及 28 日週五，但沒有看到什麼
> 硬新聞。

從另一個方向提出相同的結論，是這樣說的——由於閱聽人提
供非常多內容，記者因此看到更廣闊的世界與內容、消息來
源更多，最終會讓新聞產品本身邁入民主大道。但烏訥布林
（Örnebring 2008: 783）發現的是，即便閱聽人從社群媒體取
材，媒體再轉作新聞之用，這類來源通常侷限在少數領域：「總
體印象是，使用者是可以得到培力的經驗，惟多數內容集中在流
行文化的創造，以及個人的日常生活，不是新聞 / 資訊。」

　　英國卡內基基金會同樣也發現，公共審議的領域在縮小，異
端的邊緣話語、欠缺權力或信心的人更是無法發聲，並非主流觀
點的意見，往往也難以現身（Carnegie Trust 2010）。即便中介的
空間在擴張、即便許多媒體平台是在出現、即便有人聲稱線上傳
播有利於互動、速度與國際觸角，公共領域似乎確實是在萎縮。

3　譯按：1979年創刊於舊金山的月刊，紙本發行量22萬，獨特訪客每月224萬
　人，2013/6/11讀取自http://en.wikipedia.org/wiki/InformationWeek。

　　有人相信多重中心這個概念，認為環境既然容許任何人可以自擁網站，那麼，權力就分散得更為廣泛了。然而，我們也可以用相同的邏輯，挑戰這個概念，正是因為社會與政治菁英擁有更多的文化資本與經濟資本，他們反而能夠動員社群媒體的力量，使自己得利。一旦科技形式的用途得到確認，人們掌握其傳遞資訊並可以聯繫人群的力量，那麼，政治菁英必然會找到方法，利用這些科技推進自己的利益，特別是，這些科技結合其他機制，已有能力使先前並不理會其訊息的人，如今亦得暴露在其言說之下。所以，政治領導人學會了將其影像部落格送上 YouTube，資深政治人同樣也會利用推特闖出一片天地，他們說這些新的行為，是在踐履其政治責任。2008 年 12 月 30 日，以色列紐約總領事館利用推特，進行即時的新聞發布會，其主要內容也同步放在該領事館設置的官方部落格。該館媒體與公共事務總領事大衛・薩蘭加（David Saranga）負責回答相關提問，就中東局勢與以色列及加薩關係的有關各方，說明官方立場。任何提問都得傳遞至總領事館的推特帳號 @IsraelConsulate，館方回覆得在 140 個英文字母內為之，需要更長篇幅才能回覆的說明文，就放在總領事館設置的部落格。以色列紐約館表示，選擇推特的原因，是其眼見推特的辯論交往，也察覺很多人的資訊並不可靠。以國政府認為，通過推特不失為表達官方意見的良好管道。現在，這個作法已經相當常見。

　　歐巴馬（Barack Obama）也有推特帳號，即時對外發布這位美國總統選前與選後的生活及活動資訊。其他總統候選人旋即跟進社群媒體的大花車，持續使用部落格與推特，加上其他微博工具，無非是要將他們想要傳遞的訊息，廣向大眾發送，創造了下個世代的「透明」政治人物。類同的道理是，網際網路作為一種

大眾媒體，往往直接與其他匯流媒體一起運作，人們據此就說，網路複製了相同的控制與功能類型，也有相同類型的商業目標，如同其他所有媒體（Margolis, Resnick and Tu 1997; McChesney 1996），但也正因爲如此，內容的同質也就一再複製，現存結構未被挑戰。

依此理論所進行的研究顯示（比如 Agre 2002; Hindman 2009），儘管人們一直說，社群媒體帶來了多重性及多重中心，惟實情是它們並沒有實現解放的潛能。確實並非如此，很多人撫今追昔、前瞻未來，他們對市民參與提出了浪漫的想法，因此經常流於使用一些語言與期望，誤認了當前中介形式所真正發生的事情。安卓杰維克的用語更爲尖銳（Andrejevic 2008: 612），他認爲，「大肆宣揚互動性具有顛覆的力量，等於是在部署不妨稱之爲『具有壓制性的大眾社會假說』，嘴巴說的是革命，其實是在刺激消費者勞動的生產力。」

當然，社群媒體有其潛在力量，這裡無意低估。在威權政體或開發中國家的民主社會，若要表達反對意見，社群媒體無疑是重要的。[4]已開發資本主義的新自由主義民主政體的人，他們對自己身家生活的控制，相較於必須在暴虐的政權手中，維持自身主宰能力者，相當不同；如果是生活在後面這個類型的國家，取得資訊相當困難，表述自己的政治主體認知，相當危險。若是身處這些國家，使用社群媒體就是新空間的浮現，毫無疑問；先前遭致壓制而他人無法聽聞的聲音，現在就可以見諸天日。國王下令戒嚴後，尼泊爾政府在 2005 年 2 月關閉所有通往國際的網際網路連結，雖然爲期很短。在那段時間，許多在科技上擁

---

[4] 譯按：作者這裡行文似有語病，即便在西方社會，社群媒體作爲告知與動員的潛力，同樣是重要的。

有相當創造力的人，正是通過社群媒體這些通道，取得一些資訊。2007 年緬甸軍政府關閉國內外的網路連結，反而使得海外的聲援蜂擁而至，無不通過社群媒體工具，特別是部落格、推特與 Flickr，將相關新聞與資訊向外傳遞，藉此反而創造了一種地下網絡形式，網際網路的傳播與社群媒體，彼此合流（參見第六章）。2011 年的埃及也發生了類似的事情。抗議人群使用臉書與推特等社群媒體，鼓動氣勢，引人前來參加示威，同時也向世界各地傳達革命的新聞。即便埃及當局關閉網際網路的使用，不需通過網際網路，可以經過傳統電信[5]直接進行「對推特說話」（speak2tweet），人們將其訊息經由電話或手機送出，聲音甫出就能記錄，然後使用 hashtag #Egypt，立即傳送（參見第二章）。

社群媒體是個體自營的傳播，也是大眾傳播

在卡斯特看來，當代社會的傳播有一新穎質地，此及大眾的個體自營傳播（mass self-communication）。這個概念的建立，仍然以多重性與多重中心的宣稱作為基礎，但更直接集中在個人力量的增強：

> 這是一種大眾傳播，因為它有傳達全球閱聽人的潛力，比如，上傳影像至 YouTube、上傳帶有 RSS 連結的部落格至許多網址，或通過電郵群組對大量收件人發送訊息。與此同時，這又是個體自營的傳播，因為訊息的生產是來自本人，設定的潛在接收者是自己決定的，從萬

5　譯按：本句參考http://en.wikipedia.org/wiki/Speak_To_Tweet後，綜合意譯。（2013/6/12）

維網與電子網絡存取特定訊息或內容是自己選擇的。
人際、大眾以及大眾自營傳播這三種傳播形式，同時
並存、互動，也彼此補充，不是取代對方。前所未有，
構成歷史新穎之處，是在這是所有傳播形式如今已經接
合，共組成為複合的、彼此互動的、數位的超文本，在
其多樣存在狀態中，既有包容、又有混合，也見重新結
合，這是所有文化表述的完整範疇，透過人的互動而進
行。（Castells 2009: 55，亦見 p. 70）

　　社群媒體提供的是個人化的內容，其特點在於讓人在公眾前現身
仍可維持隱私，以私人身分出場卻又如同公開示眾（Papacharissi
2009），這個情況仍然是對於自我及個人身分的強調，不是凸顯
公民身分。（根據人們自己的界定，）他們在私人領域與他人連
結，基礎是彼此共享社會的、政治的與文化的議程。重要的是他
們在此體驗了相互關係、親密接近和同理心（Coleman 2005），
在先進資本主義社會，這些經驗卻無他處可得。此時，社群媒體
提供的空間是流動的——可能是在火車站、咖啡廳、工作場所，
或在公車——但是它們提供的行動卻是交往、聯想與組合，人
們在此有了有權控制的感覺，自主與表述自己的感覺也油然出
現。它們往往就是面對面互動之外，另一種人際接觸，內在於或
貫穿了本地、全國或全球網絡，人們將其聯繫於社會資本的生產
（Hampton and Wellman 2001, 2003）。當然，愈是強調自我表達
的價值，似乎就會指向新社會習慣的發展。如果我們接受這個觀
察與論點，認為線上的公共與私人領域愈來愈見重疊與彼此連
結，那麼這就可能另有政治效應。
　　卡斯特認為大眾的自體經營之傳播，是通過「具有創造力的

134

閱聽人」所進行的「意義之互動生產」（Castells 2009: 127, 132），
在這個創造性的過程，自我得以實現了。他論稱，大眾傳播的傳
統近用控制之形式，現在派不上用場。任何人都可將影片上傳
到網路、在部落格寫作、開辦聊天室，或是自組電郵群組——
換句話說，他們擁有創造力的自主空間（參見 Fuchs 2009a）。近
用在這個時候是正常，封鎖網際網路近用是例外（Castells 2009:
204）。這樣說或許是真的，但儘管原則上所有人在網際網路協助
下，都能輕易生產並散播資訊，但並非所有資訊能夠以相同的顯
著度得到曝光，或得到相同的注意。即便我們接受這個說法，同
意社群媒體促進了個體自營的傳播形式，讓人得以表達、也能有
其創造力，個體自營而向大量閱聽人傳播之舉，仍然是個人想在
組織之上，為人聽聞，仍然是小組織想比大組織叫陣叫得更為響
亮。社群媒體無從逃脫，事實上它仍是層級分明的線上眼球經濟
之一個部分。這個經濟體的支配者，還是傳統與主流媒體。主流
新聞與資訊網站，依舊吸引大多數流量，如同某些名人與菁英創
造了最大的網絡。

　　2008 是美國總統大選年，歐巴馬選戰運動大獲成功，一般
說法認定這大抵是社群媒體之功。惟當年另有「皮優網際網路與
美國生活」研究（the Pew Internet and American Life Project 2008）
指出，美國網路使用者僅有 10% 會利用社群媒體網站進行政治
評論，會在部落格評論的比例是 8%。再者，電視網站如 cnn.
com、abcnews.com 或 msnbcnews.com 提供線上使用者 64% 的主
要新聞來源。54% 的社群媒體使用者，同時造訪諸如谷歌或雅
虎等新聞匯集網站（其內容大多數來自主流新聞組織），34% 則
使用主流全國報紙的網站。數位公民儘管連結良好，他們的偏好
不變，仍然是從各大主要媒體組織或電視，取得公共事務的新

聞，而不是取自網路為基礎的新聞組織或社群媒體網址（Kohut
2008）。並且，即便他們前往網路為基礎的新聞組織，相同的
科層邏輯仍然適用。我們自己也展開研究，調查了各種各樣的
另類新聞平台，如「獨立媒體」（Indymedia）與「民主開放」
（openDemocracy），我們探索的是，非主流的另類網址占了多少
流量，該研究是我們針對新媒體與新聞所做之更大型研究的一個
部分。根據「艾利沙流量排名」（Alexa，根據各網站流量占所有
網站總流量的比例所做的排比），[6]「民主開放」（另類新聞網路雜
誌）在所有另類新聞網站名列第一，若以全球最多造訪量為準，
是第 36,694 名，「獨立媒體」是第 61,148 名。[①]與此對比，線上
BBC 是第 44、線上 CNN 是第 52，線上紐約時報則是第 115（資
料來源：alexa.com，前十億網站，2008）。即便單只是看另類新
聞網站這個類型，流量也見集中。若只看英國另類新聞網站，那
麼，前 5 家的流量，比其後 14 家的流量總和還要多兩倍，也比
第 20 名（含）之後，所有其他另類網站的流量加起來還要多。
這些（另類）網站是那些資源配備比較好些，並且經濟上也因吸
引了定量的閱聽人，得以生存了下來。即便是在這些另類媒體網
站，網路閱聽人的分布曲線，也是極為陡峭。流量壓倒性地集中
在少數網站。人們最常造訪的網站同時也擁有最多網站納進其鏈
接，它們也最可能納入主流媒體的鏈接。就此來看，人們取得政
治資訊的主要平台，依舊是既定的新聞來源，以及財團大眾媒體
的線上版本。經由社群媒體而進行「大眾的自營傳播」顯然是存
在的，並且也是重要的來源，提供了額外且往往具有經驗效應的
洞見，但不容否認的是，強大有力的主流媒體之影響力已經先行

---

[6] 譯按：該公司在1996年創辦，全球三千萬以上網站均在其測量範圍，見http://
www.alexa.com/company。

設定框架。

　　若要瞭解「大眾的自營傳播」，必須透過整體的社會與政治脈絡，前者是後者的部分構成，（譯按：知小知大要同時進行。）放在西方先進資本主義國家如美國或英國的脈絡來看，個人主義的政治普遍存在，是新自由主義的一部分，此時，通過社群媒體進行的「大眾的自營傳播」，更有可能大抵是爲了個人成就所驅動的自我指涉之行爲（Kaye 2007; Papacharissi 2007），共鳴於物質及市場所支配的文化（Scammell 2000）。事理確實如此，放在這些脈絡裡審視，社群媒體就是將自己委了身，託付給或可稱之爲自我的「新自由主義生產」，應驗了（譯按：英國前首相，2013 年辭世的）瑪格麗特・柴切爾（Margaret Thatcher）曾經說的一句名言，「沒有社會，只有個人」——雖然，「大眾的自營傳播」是許許多多的個人，彼此麻思集結於網絡。通過網絡化的個人所進行的自我表述，是一個人爲之，但這些個人並不孤獨也不孤立，至少在他們還有社群媒體「伙伴們」之時。無窮無盡、交織成網而與他人相連成網，它的基礎是個人從事自營傳播，但是，它的運作也可以變成，拒絕正視線上不平等的深層結構。與此類似，米勒（Miller 2008: 399）是這樣說的：

> 先是部落格，現在移轉至社群網絡與微博，我們眼前所看到的是，網絡中的行動者之對話與傳播，已經轉變網絡的性質，原先是要協助實質內容的交換之網絡，現在變成是要維持網絡本身的存在。這樣一來，傳播旨趣已經臣服，不是溝通，而只是繼續維持傳播的存在，這樣的網絡持續擴張，僅在確認有一連結存在於意念之中……；從部落格的寫作，到了社群網絡，再到微博，

顯示了同步的撤離，不再是社區、敘事、實質的溝通與　136
傳播，現在是網絡、各種資料庫與寒暄應酬。

交際寒暄的重點是純粹的社群（網絡），不是實質的資訊或對話
意向。既然如此，自我表述所能提供的，很有可能是個人得到
控制權的頃刻，給人一種能夠自由創造的想像，但是，它也有
可能僅只是零碎的片段，與權力機構失去了聯繫。誠如卡斯特
（Castells 2009）所說，我們確實生活在典範轉移的時刻，所有
傳播形式刻正接合，文化表述的不同形式重新組合，擴張了可能
的意見範疇，也擴張其所可能達到的範圍。但是，我們得確保社
群媒體對自我的提升、使其為人所見，不會被化約，變成僅只是
傳播的科技能力之形式；反之，我們必須將其穩定放在社會結構
脈絡，使人的表述得以揚聲，又有宏大的音量。

社群媒體提供了講述社會的新形式

人們歷來無不聲稱，傳統的新聞媒體理當是第四階級，要
讓國家各種機構向人民負責，果真如此，那麼，達頓（Dutton
2007）宣稱，新媒體帶來了新的「挺社會」面向，超越了傳統媒
體的限制，堪稱是「第五階級」，穿越了現存媒體組織的界線，
同時訴求了更多的人，它已變成新聞的另一個來源，也是公民監
督公共生活及私人企業的管道。社群媒體因此可以說是提供了新
的形式，講述社會。

此一說法與監理的民主概念，可說密切相關（Keane
2009），這是指許多「後代議政治」的說法，其內涵是指，許多
種議會以外的、權力審議的機制，無不是要讓政治人、政府與政

黨無時不生警惕。根據基恩（Keane 2009: 15）的描述，民主的監理必然會在數位年代蓬勃，因為，這是多媒體已經飽和的社會：「傳播與溝通的豐盛已然成風，界定了媒體新星球，其內，眾多的糾察機構『叮咬』社會從不停歇。」社群媒體交出了一定的成績，公開地以個別為之的方式，為糾察而努力。確實有些例子顯示，推特推文接二連三前呼後擁，致使特定的議題像風行草偃一般地傳播，迫使主流新聞媒體、企業財團，或是有權有勢的政治人，重新思考事理。

　　斯蒂芬・蓋特利（Stephen Gately）是樂團「男孩地帶」的同志流行歌手，他的死訊傳出後，英國暢銷的小型報紙《英國日報》（*UK Daily*）專欄作家聲稱其死亡與其性傾向有關。這個說法立刻掀起抗議之聲，從推特排山倒海般地湧來，主導的名人是斯蒂芬・弗萊（Stephen Fry）和德仁・布朗與（Derren Brown）。弗萊這樣寫著：「我想，令人厭惡的無名小卒在報紙寫了既可憎也不人道的東西，任何正派的人都不會像是坐視。你覺得這位《英國日報》的簡・莫伊爾（Jan Moir）叫人作嘔嗎？投訴吧，讓她知道哪些地方錯了。她觸犯了報業倫理守則第一、三、五與十二條。」（引自 Booth, *Guardian*, 17.10.09: p. 2）抗議與訴願的聲浪如雪片般飛進英國「報業訴願委員會」（Press Complaints Commission），[7]創下史上最快的紀錄，致使該會網站當機。許多主流報紙也報導了人們對此事件的反應，主要頻道 BBC1 的政論節目《問題時間》對此也有討論。這股反同性戀恐懼的情感迸發

137

7　譯按：1995年起運作，取代「報業評議會」（Press Council），2009年運作經費183萬英鎊（約台幣九千餘萬），取自業界。這裡所說的四條款分別指正確、隱私、侵犯人之傷痛與震驚之情，以及歧視，2013/6/14取自http://en.wikipedia.org/wiki/Press_Complaints_Commission，取代這個組織的報業新規範機構最快會在2015年英國大選後成立。

後，我們不知道簡・莫伊爾或《英國日報》是否爲此受挫，惟確定的是，這起事件足以顯示，時興的運動可以因爲一個特定議題，在非常短暫的時空內，橫空彈出，某些（不爲人欲的）言說與論述，在社群媒體的世界，可以招惹廣泛的批評。

社群媒體之能，有助於民主之得，這在另一個例子也見相近的展現。托克國際（Trafigura）石油上市公司在象牙海岸海域傾倒有毒廢棄物，英國《衛報》披露了相關報告的內容，托克爲了阻止該報導，向法院申請禁制令，試圖使報紙緘默，但網路使用者與國會力量的結合，挫敗了托克的企圖。《衛報》捲入了長達五個星期的法律征戰，它試圖揭露證據確鑿的「明頓報告」（Minton Report）之細節，此時，有位國會議員在質詢時，指出有商家提出了禁制令。托克石油公司的委內律師卡特魯克（Carter-Ruck）立即警告該報，不得報導國會在討論的資訊，否則將遭蔑視法庭之訴。《衛報》刊登了一則新聞，指該報受此限制，無法報導國會的議政紀錄，在十二小時內，部落客察覺了該份被禁止報導的資訊（許多人是通過維基解密網站而得到——許多舉報人往往運用這個網站，推出特定國家法庭所禁止發布的資訊），登時之間，數以百萬計的人都已知道這份報告的存在，托克成爲當時國際網路最爲熱門的搜索字眼之一。

值得記取的是，這兩個例子的原出點，都是主流新聞媒體。但通過這個方式講述的新奇之處是，網際網路這個時候簡直就是海量資料的庋藏處所，通過各種搜索方式，很快就能確認某些人或某些事情，致使其水落石出的速度快得驚人；實情是，任何人只要可以使用電腦，可以連結網路，就能對於這場講述，有所貢獻；事情在此講述方式之下，環繞特定議題或關懷之事，也就創造了一種氛圍，足以在主流媒體挑起宣傳，也能激發政治回應。

推特最大的力量，就在其提供快照的能力，讓人知悉世界任何一角落此時此刻的提問，涉及了哪些大家都在談論的事情。比如，2009 年 10 月，英國國民黨（英國極右新法西斯主義政黨）黨魁尼克‧格里芬（Nick Griffin）出現在 BBC1 的電視討論節目《問題時間》。在那個時刻，迅速在谷歌搜索「尼克‧格里芬」，所獲之結果有些意思，包括了 BBC 網站有關他的簡歷，另有一篇《衛報》的相關社論。但假使以相同詞彙搜索推特，所獲得的是詳細，並且頗能服人的一些洞見，顯示了萬千人對於整個事情的觀點。

推特的雄心萬丈，要以這個星球的脈搏自居，我們確實能夠藉此在網絡社群，參與全球對話，這個意象相當誘人，但這個引人注視的特定政制，依舊還是陷入特定結構，有利於位居優勢的少數人（Heil and Piskorski 2009）。「皮優網際網路與美國生活」研究（Smith 2010）的發現是，教育程度愈高，進入推特的可能性愈高。相近的發現是，凱蘭—瓊斯（Cellan-Jones 2009）提及，G20 高峰會在倫敦舉行，人群藥集抗議，推特的主要用途是用來轉發主流媒體的訊息。雖然有很多人聲稱推特是雙向來往、是點對點傳播網絡的激進爆炸，但我們其實應該說，推特的流行其實是傳播權力的集中。

2009 年 10 月，推特與谷歌及微軟都簽訂了合約，同意各公司在其各自的搜索引擎，將「推特」納入，只要推特有任何新文推出，就能即時在其間進行搜索，這也就增加了兩個搜索引擎敵手的競爭。與推特成為伙伴，兩家公司就能利用推特數以百萬計使用者的資料，人們在彈指按擊滑鼠之間，就有已經完成包裝的即時觀點與意見，可供調用。兩家公司各有自己的運算法，試圖確認哪些種類的訊息最能吸引其使用者，不是僅處理最近被送上

網的，而是使用者覺得最為相干的，當然，推特也會以自己提供
的服務，達到這個目的。在這裡我們就察覺了困難之處。那麼，
谷歌與微軟根據哪些考量，會將某些推特優先處理，哪些則否？
它們會以民主意象作為重點考量，還是它們的目標是要從廣告取
利？[8]

　　所以，究竟社群媒體是不是提供了新的講述形式？我們再次
還得回返一個提問：「誰」在向誰說些什麼。說話的人還是由少
數、受有良好教育的人所支配，他們偶爾還能設定新聞議題，惟
更為常見的是，他們是回應早就被人設定的新聞議題；他們鮮少
能夠移轉新聞框架。他們說些什麼呢？他們是在說些風花雪月，
還是為真理揚聲？這個環境的本質就是速度，「查核事實」的需
要是箇中的受災戶。

　　這是新的社會講述方式，線上噪音刺耳，許多聲音夾雜，任
何數位的存在已由市場力量及社會力量劃定了界線。相當弔詭的
是，實情是耳語往往也難以不被偷聽。線上追蹤資訊，因此也就
跟著可以知道是誰送出訊息，藉此就能「告知」當局及警方及控
管機構，這些人是誰、在說些什麼。社群媒體也許提供了一種新
的講述方式，但與此同時，它們也在進行監理與檢查——這就是
活生生的例子，我們正在看他們看我們看他們（Khiabany 2010）。
企業財團設立的平台若能永遠控制使用者的線上行為及個人資
料，不但利益已在其間，它們也有力量幹此行徑，它們設定了

---

[8] 從推特、谷歌到臉書……等等網絡公司，爭取廣告收入不遺餘力，也就「推
陳出新」，在資本活動炙熱的地方先行出現。以推特為例，它鼓勵用戶邊看
電視邊推文，在2013年美國超級盃時，觀眾送「推」了2,400萬次，45%賽事
期間播出的廣告同時邀請觀眾「推」，它與電視公司合作，廣告收入與電視
公司分潤。參見'Watching televiseion: cracking the screens', *Economist*, 2013/10/12:
70。當然，廣告總量不變的前提下，長久下去，激烈競爭必將淘汰無法得到
足夠廣告的新媒體，這就是集中壟斷的路途是由競爭所鋪設完成的意思。

廣告，藉此積累資本（Fuchs 2009），不但如此，它們還有能力封鎖特定使用者，或關閉整個網絡。雖說極為稀少，但這個能力是可以用來產生好的效果。再者，警政控制與監理技術已經整編了社群媒體，可以用來鎖定越軌者、罪犯和恐怖分子。羅茲和趙（Rhoads and Chao 2009）撰有論文，論及伊朗政府使用社群媒體調查其公民、預見他們的計畫、確認誰是異端，然後對付他們。他們的論點是，伊朗政府聽任網際網路維持開放，是要藉此取得更多豐富的資訊，刺探自己的公民。高倫比亞（Golumbia 2009）的論點也是相同，他說，政府使用推特，控制與監督異端。

139 英國傳播署（Ofcom 2009）所出版的研究報告稱，英國 11 至 16 歲的年輕人，有 54% 須要諮詢他人，藉此才能得悉如何將自己的線上個人資訊，維持於隱私狀態。晚近，臉書所擁有的 5 億多使用者（譯按：2014 年 3 月已達 12.8 億），同時更會是比推特還要來得珍貴，對於谷歌與微軟等財團巨人，更是資訊的寶藏。臉書使用者每一天每一夜，生產出了超過 4,500 萬筆的個人資料之更新。不過，這些資訊寶藏大多數均屬隱私，搜索引擎無法找到。惟得注意的是，臉書業已開始鼓吹使用者，請他們將更多的資訊公開，原因就是想要讓資料外顯，為我們爭取注意力，以便能在商業上有所斬獲。

班克拉對此說得很清楚了，所謂工業時代媒體生產的經濟集中已在逆轉，僅只是偏頗之見；班克拉鍾情的非市場「分享」形式，以及這些形式顯然能夠促成的另類資訊基礎結構，在最好的情況下，也只是共存，**旁側**的市場作為基礎的媒體結構，還是存在（Benkler 2006:121, 23）。但是，雖然心知肚明當前的情況，他倒是沒有認為完全新穎的社會講述模式，前景黯淡；他反而確實論稱，「我們大有機會改變我們創造與交換資訊、知識與文

化的方式。」（2006: 473，另比較 162-65）但大衛・哈維（David Harvey 2005: 3）說了，新自由主義就是一再試圖「要將所有人的行動，引入市場的領域，這就（致使）資訊創造，以及積累、儲存、移轉、分析與使用大量資料庫，導引全球市場決策的科技──亦即業已串連交織成為電信設施的網絡──成為已經全球化的新自由主義之最佳的良伴」。

　　有此瞭解之後，我們理當體會認知，社群媒體再有多少激進的潛能，無論是作為社會批判、監督民主，或是講述社會的新方式，資本主義與批判的關係實在相當複雜。波爾坦斯基與查培羅（Boltanski and Chiapello 2005）的看法是，批判同時強化與變革資本主義。批判必然從原有的支配權力結構長出，因此必然帶著出生的社會－歷史印記。與此類同，批判必然一直要在支配體系之內進行鬥爭──若以英國來說，占據支配地位的就是新自由主義。網際網路是一種傳播工具、是科技，並沒有超越新自由主義，它是其構成的一個部分，雖說它是有潛能，暴露揭發新自由主義的各種欠缺。放在這樣的脈絡與背景衡情論理，更為可能的情況必然就是，社群媒體形將複製與鞏固社會不平等，不是解放人類使不受其苦。馬維克是這樣說的：

　　　　我們權且假設，社群網絡網際網路可與其他力量分離，個別解釋人類行為；我們接著設定，有關性別、性傾向、種族、階級等等的系統權力關係對於行為的影響，先予略而不談；然後，我們再得暫且假設，主體採取實際行動的能力，不受他或她也身在其間的更大的交互運作脈絡之影響。果真如此，那麼就是社群網絡的各種運用已經將「這些權力之網」移除，同時也揭示了身分的

> 自我呈現與關係連結，其結果就是網絡不帶任何價值與
> 意義。（Marwick 2005: 12）

140 但是，即便如此，另有一引人焦慮之事，得做交待，問題還不只
是有權使用資源與否，還在能否得到接納，進入社群網絡。《連
線》雜誌的一篇文章（Wired June 2009）談及臉書有許多統治世
界的計畫，它作此陳述：

> 大約是過去十年來，谷歌的演算法形同界定了萬維網
> ——嚴格並且有效的各種等式，等於是詳加細讀線上活
> 動的每一筆資料，從中創建了線上世界的嚴明圖集。臉
> 書執行長馬克·扎克伯格（Mark Zuckerberg）所想要看
> 到的是，更為個人化的、人文化的萬維網，屆時，我們
> 的朋友、同僚、同儕，以及家人，都是我們的主要資訊
> 來源，一如線下的情況。依照扎克伯格的願景，使用者
> 會查詢這幅「社群圖」，得知哪裡去看醫生、哪裡有最
> 好的戲院，或去哪裡僱用人——不再需要敲敲打打谷歌
> 那個冷冰冰的數學運算之搜索。

換句話說，我們通過社群媒體，協助了我們的朋友圈、我們的社
群網絡之建立，他們將是我們的主要資訊來源。如果我們接受這
個論點，認為線上網絡大致就是強化，並擴張了意念相同的人
之交換，那麼這可就讓人不得不為其潛能，大興關注之情。來自
於階級、種族與性別的排他領域，就此更為穩固，不平等也將持
續。我們憑什麼認為，各個網絡的網絡可以超越先前的不平等，
畢竟現有的證據指出了相反的方向？為什麼我們還是掉入陷阱，

會認為網際網路是獨立變項，畢竟，如同先前有關媒體接收的研究，我們已經知道網際網路的使用及使用目的，已經清楚地由社會與政治背景所驅動，也是由個人所承襲的過去與現在的市民活動所驅動（Jennings and Zeitner 2003），雖說媒體使用的各種習慣也許有了改變？

由此得出的推論是，我們使用網際網路本身的經驗，或許以某種方式隱匿了真實進行的事情，它將我們導入全球社會的優勢階層，讓我們對於激進變革的需要，視而不見。這可能也是通過社群媒體而自我再現的結果——僅只是通過中介的自我表述工具，而不是作為行動中的公民，想像我們自己是誰的能力——「存在的政治學」與「存在就是政治」分家了（參見第六章）。

結論

> 我們不再會想到人稱「資訊社會」的東西 [⋯⋯] 取而代之的是「傳播社會」[⋯⋯]，因為，就在我們與他人的傳播之際，資訊傳播科技最為直接地闖入了社會存在的核心。（Silverstone and Osimo 2005）

銀石所說的「傳播社會」，允諾了一個新的超越空間，一個合作型社會（或參與民主的形式），可說已經以其本尊形式內在於社會（只要社會政治條件許可），如今並且可能得到資訊與資訊科技的推進。但是傳播工具無法自動帶領人們進入這個好的及平等的（並且人們可在此審議協調的）社會，因為在資本主義之內，合作與競爭存在本然的拮抗狀態（Andrejevic 2007），既然如此，傳播社會也無法倖免，對於參與民主的潛力，這就是威脅。傳播

141

工具製造了**潛能，可能**削弱競爭，但與此同時，也會產生新的支配與競爭形式。數位媒體將各平台匯流，讓多種實踐匯流——消費者也是生產者，並且能夠直接創造意義；意義生產不再只是純粹的詮釋所能為之，而且是結合了製作／生產的行動，但消費者與生產者都是在特定的社會、經濟與政治情境中，完成其事。若以西方已開發的民主政體來說，這就是新自由資本主義的情境。

卡斯特（Castells 2009）強調，網際網路提供了**可能性**，讓我們能夠反擊權力，創造自主空間，這個說法或許是對的。但是，很不幸的是，如同福克斯（Fuchs 2009a: 95）所論，在資本與國家權力之外的自主，沒有那麼容易。這些自主當然無法自動存在於社群媒體，「但二者可說毫無例外，均在企業財團所支配的邏輯陣中，運作闖蕩。」雖然這不是說這些空間未來已無存在餘地，而只是說，如果我們要瞭解它們可能以何種面貌存在，就必須對於阻礙其出現的環境，提出批判的分析。

卡斯特（Castells 2009）所說的監督力量，是大眾自營傳播的一部分——監督、揭露與責成權勢負責的能力——在數位年代，這個力量確實是大舉擴張與增加了。但是，這個可能性的增加另有背景，那些掌握權力的人「有他們自己優先設定的目標，他們想要利用大眾自營傳播的潛能，服務他們的特殊利益」（p. 414）。即便卡斯特有了這個認知，指出資本與國家的支配力量持續存在，他還是認為，線上所能釋放的創造力，有其潛能，可以挑戰企業財團的力量，也能解體政府的權威（p. 420）。然而，基本上，這樣的論點僅只是基於生產的政治觀——一旦能夠生產，傳播自由就是你的；但這個觀點卻沒有充分考量，得以生產的結構條件是些什麼。福克斯（Fuchs 2008, 2009a）的論點這時就有用了，他說，在典型的網路 2.0，其企業策略不是「販售使用網

路的資源給人們」，而是邀請人們免費使用這些生產資源，然後
將人們（或者，正確的說，是與這些人有關的資料）販售給第三
方，求能藉此獲利。這層關係顯然高度不平等。他很明智地提醒
我們，我們若能謹記在心，誠屬幸事，此即企業財團在網路 2.0
年代的真正力量，遠遠大於使用者，後者用於反制前者的實際政
治力量，算是小巫。

　　晚期的現代新自由主義社會所盛行的個人主義及自我表述，
其價值在於它契合於私人領域的功能，竟然成為市民參與的基
礎。私人領域的流動至此地步，就又致使每天每日的例行活動，
就是將這些個人編織，使個人能夠永遠地隨傳隨到，形同我們
的生活已經在極大範疇內，淪為其所能控制（Castells, Fernandez-
Ardevol, Qiu and Sey 2006; Ling and Donner 2009）。這就是朱迪・
迪安（Jodi Dean 2009）所說，關於新媒體的開放性，總是有神
秘的面向居間流傳，它已經產生了一種霸權及領導意識的論述，
根據的就是多重性與多元性、自主、近用資源，以及參與等等修
辭，彷彿是這些修辭就已經導引人們，進入更為多樣化的社會及
更高水平的民主；殊不知，這些修辭出現之時，剛好也是極端的
企業財團、極端的金融掛帥與私有化，貫穿了全球。

　　諾瓦爾（Norval 2007: 102）提醒我們，千萬得避免「以為，
會有個政治架構，能在原則上讓各種聲音都能為人聽聞；若要做
此假設，我們還得同時注意，這個架構是怎麼產生，以及產生了
哪些結構，致使各主體是否得為人見，也已被結構化了」。物質
匱乏、剝削與壓制充斥的條件下，要談具有創造力的自主空間，
相當困難。單想依靠個人的特殊質地，以及政治欲望本身，就想
重新取回而後重建必要的制度或機構，揭示與維續新政治秩序的
出現，並無可能，即便新傳播科技接合並協助這些個人質地與欲

142

望的表述。

　　眞正的民主化，必須優先讓受到壓制與排除的人，得到實質及物質的參與；我們必須承認實質的及物質差異的存在，同時要有抗爭的空間，以及要能瞭解抗爭並要對抗爭的意義，有所回應。這個論點並非僅是簡單地指認寬容、多重性、參與，不是僅說每個人都有創造力的自主，如果只是這些宣稱，最多我們也只是跑到了一壘。它們或許很能當作一些指標，顯示行動即將捲起動態的變化。但是，認知這層道理，不應該等於只是拋出參與或互動這些概念，若眞如此，就是將自主物化了。

　　網絡沒有本質，不具有必然的解放力；網絡開放性無法導引我們直接進入民主。對於使用者來說，新媒體**也許**具有解放作用，但不必然有利於整體社會的民主化。我們要放亮眼神，有點智慧，在網際網路成形之前，更大的社會脈絡及政治架構，早就已經存在。老是強調創意的自主，形同很快就乖巧地將自己的政治個人化了，這就阻礙了進步的社會變革。社群網絡迫使我們產生新的認知，理解生產者與消費者的涇渭分明，不再能夠穩定區辨，而社會與政治的公共領域，界線也在模糊，假使我們希望完整瞭解這個新的情勢，就得引入整體情境脈絡的觀照。放在某些情境，網絡傳媒的擴張強化了民主修辭所具有的霸權與意識領導能力（Dean 2010）——在這些時候，所有的言論、意見與參與，都被物化了。它對我們說，你在臉書擁有的朋友數量、你的部落格有多少頁的點擊次數，就是不等成功份量的不同標誌。這種網絡化的傳播是可能有擴張機會，讓我們進行對抗，但它也有可能嵌鑲於主流媒體，更能吻合其優先項目與利益，致使網絡傳播更深地捲入其政治的本體。這就致使商業媒體的常規與價值得以進一步鞏固，但是，企業財團與金融的影響力及其遂行決策的

結構資源，卻從我們眼前溜過，政治鬥爭竟至窄化，變成現場實境娛樂的搬演。

關鍵的問題是：社群媒體的所作所為，是不是只能服務個人的自我中心之需要，只是反映個人的自我結構之實踐？動機動能起於公民之心，卻是歸宿於使用者自體吸收的社群媒體，線上互聯的無盡可能性，到頭來只是在對抗社會秩序的平庸。人的動力，往往來自要與社會相連的想望。賓伯（Bimber 2000）說，線上科技「致使公民參與的結構，趨向於更多的零碎化及多樣化」，這些科技往往也使得「政治失去制度依托、傳播為之零散，公共議程及決策的步伐加快，卻削弱了公共領域的一貫精神」（2000: 323-33）。好的社群或政治參與，首先就不是社群媒體所想要滿足；它們的首要功能就是要張嘴說話、就是表述，因此，瞭解社群媒體的最佳方式，就在於審視其潛能、研判它怎麼連結往往互有矛盾的政治環境之多種動能，不宜認為社群媒體可以是重新鑄造或更新結構的動力，畢竟，社群媒體得到了這些結構的支撐。

143

註釋

① 這部分成果是更大研究計畫（由 Leverhulme 贊助），有關新媒體與新聞的一個部分（參見 Fenton 2010）。保羅·葛保度（Paolo Gerbaudo）協助分析這個部分的研究，在此致謝。

參考文獻

Agre, P. E. (2002) 'Real-time Politics: The Internet and the Political Process', *Information Society* 18 (5): 311-31.

Althaus, S. L. and Tewksbury, D. (2000) 'Patterns of Internet and Traditional Media Use in a Networked Community', *Political Communication* 17:

21-45.

Andrejevic, M. (2004) 'The Web Cam Subculture and the Digital Enclosure', in N. Couldry and A. McCarthy (eds) *Media Space: Place, Scale and Culture in a Media Age*, Oxon: Routledge, 193-209.

—— (2007) *iSpy: Surveillance and Power in the Interactive Era*, Kansas: University of Kansas Press.

—— (2008) 'Theory Review: Power, Knowledge, and Governance: Foucault's Relevance to Journalism Studies', *Journalism Studies* 9 (4): 605-14.

Barber, B., Mattson, K. and Peterson, J. (1997) *The State of Electronically Enhanced Democracy: A Survey of the Internet*. A report for the Markle Foundation. New Brunswick, NJ: Walt Whitman Center for Culture and Politics of Democracy.

Baron, N. (2008) *Always on: Language in an Online and Mobile World*, Oxford: Oxford University Press.

Beckett, C. (2008) *SuperMedia: Saving Journalism so It Can Save the World*, Oxford: Wiley-Blackwell.

Bell, D. (2007) *Cyberculture Theorists. Manuel Castells and Donna Haraway*, New York: Routledge.

Benkler, Y. (2006) *The Wealth of Networks. How Social Production Transforms Markets and Freedom*, New Haven, London: Yale University Press.

Best, S. J., Chmielewski, B. and Krueger, B. S. (2005) 'Selective Exposure to Online Foreign News during the Conflict with Iraq', *Harvard International Journal of Press/Politics*, 10 (4): 52-70.

Bimber, B. (2000) 'The Study of Information Technology and Civic Engagement', *Political Communication* 17 (4): 329-33.

—— (2002) *Information and American Democracy: Technology in the Evolution of Political Power*, Cambridge: Cambridge University Press.

Bimber, B. and Davis, R. (2003) *Campaigning Online: The Internet in U.S. Elections*, New York: Oxford University Press.

Boltanski, L. and Chiapello, E. (2005) *The New Spirit of Capitalism*, trans. G. Elliott, London: Verso.

Brodzinsky, S. (2008) 'Facebook Used to Target Colombia's FARC with Global Rally', *Christian Science Monitor*, 4 February. Online. Available HTTP: <http://www.csmonitor.com/2008/0204/p04s02-woam.html> (accessed 22 November 2008).

Brundidge, J. (2006) 'The Contribution of the Internet to the Heterogeneity of

Political Discussion Networks: Does the Medium Matter?' Paper presented at the annual meeting of the International Communication Association, Dresden International Congress Centre, Dresden, Germany, 16 June. Online. AvailableHTTP: <http://www.allacademic.com/meta/p_mla_apa_research_citation/0/9/2/6/5/p92653_index.html>.

Bruns, A. (2008) *Blogs, Wikipedia, Second Life and Beyond*, New York: Peter Lang.

Carnegie Trust UK (2010) *Enabling Dissent*, London: Carnegie Trust UK.

Castells, M. (1998) *The Information Age. Economy, Society and Culture*, Cambridge, MA: Blackwell.

—— (2009) *Communication Power*, Oxford: Oxford University Press.

Castells, M., Fernandez-Ardevol, J., Linchuan Qiu, J. and Sey, A. (2006) *Mobile Communication and Society*, Cambridge, MA: MIT Press.

Castoriadis, C. (1991) *Philosophy, Politics and Autonomy: Essay in Political Philosophy*, New York: Oxford University Press.

Cellan-Jones, R. (2009) 'Do Anarchists Tweet?', BBC News website, 2 April. Online. Available HTTP: <http://www.bbc.co.uk/blogs/technology/2009/04/do_anarchists_tweet.html> (accessed October 2011).

Coleman, S. (2005) 'The Lonely Citizen: Indirect Representation in an Age of Networks', *Political Communication* 22 (2): 180-90.

comScore (2007) 'Social Networking Goes Global'. Online. Available HTTP: <http://www.comscore.com/press/release.asp?press=555> (accessed 7 July 2009).

Couldry, N. (2003) *Media Rituals: A Critical Approach*, London: Routledge.

Council of Foreign Relations (2008) 'FARC, ELN: Colombia's Left-Wing Guerrillas'. Online. Available HTTP: <http://www.cfr.org/publication/9272/> (accessed 23 May 2008).

Current.com (2008) 'Facebook Users Spawn Grassroots Protest of Colombia's FARC'. Online. Available HTTP: <http://current.com/items/88832752/facebook_users_spawn_grassroots_protest_of_colombia_s_farc.htm> (23 November 2008).

Dahlberg, L. and Siapera, E. (eds) (2007) *Radical Democracy and the Internet: Interrogating Theory and Practice*, London: Palgrave Macmillan.

Davis, R. (1999) *The Web of Politics: The Internet's Impact on the American Political System*, Oxford: Oxford University Press.

Dean, J. (2009) *Democracy and other Neoliberal Fantasies: Communicative*

Capitalism and Left Politics, Durham, NC: Duke University Press.

Donath, J. (2007) 'Signals in Social Supernets', *Journal of Computer-Mediated Communication* 13 (1): article 12. Online. Available HTTP: <http://jcmc. indiana.edu/vol13/issue1/donath.html> (accessed August 2011).

Dutton, W. (2007) *Through the Network of Networks: The Fifth Estate*, Oxford: Oxford Internet Institute.

Ellison, N., Steinfield, C. and Lampe, C. (2007) 'The Benefits of Facebook "Friends": Social Capital and College Students' Use of Online Social Network Sites', *Journal of Computer-Mediated Communication* 12 (4): 43-68.

Facebook Group (2008) 'One Million Voices Against FARC' (English version). Online. Available HTTP: <http://www.facebook.com/group. php?gid=21343878704> (accessed 23 May 2008).

Facebook, Inc. (2008a) Create a Group. Online. Available HTTP: <http:// www.facebook.com/groups/create.php> (accessed 27 April 2008).

—— (2008b) Press Room. Online. Available HTTP: <http://www.facebook. com/press/info.php?statistics> (accessed 26 April 2008).

Facebook Statistics (2008). Online. Available HTTP: <http://www.facebook. com/press/info.php?statistics> (accessed 23 May 2008).

Fenton, N. (ed.) (2010) *New Media, Old News: Journalism and Democracy in the Digital Age*, London: Sage.

Fuchs, C. (2008) *Internet and Society. Social Theory in the Information Age*, New York: Routledge.

—— (2009) 'Information and Communication Technologies and Society: A Contribution to the Critique of the Political Economy of the Internet', *European Journal of Communication* 24 (1): 69-87.

—— (2009a) 'Some Reflections on Manuel Castells' Book "Communication Power"', *tripleC 7* (1): 94-108.

—— (2009b) *Social Networking Sites and the Surveillance Society. A Critical Case Study of the Usage of studiVZ, Facebook, and MySpace by Students in Salzburg in the Context of Electronic Surveillance*, ICT& S Center Research Report. Online. Available HTTP: <http://fuchs.uti.at/wpcontent/uploads/ studivz.pdf> (accessed October 2011).

Geveran, W. (2009) 'Disclosure, Endorsement, and Identity in Social Marketing', *University of Illinois Law Review*, 1105. Online. Available HTTP: <http://home.law.uiuc.edu/lrev/publications/2000s/2009/2009_4/

McGeveran.pdf> (accessed August 2011).

Gillmor, D. (2004) *We the Media: Grassroots Journalism by the People, for the People*, Sebastopol, CA: O'Reilly Media.

Golumbia, D. (2009) *The Cultural Logic of Computation*, Harvard, MA: Harvard University Press.

Habermas, J. (1996) *Between Facts and Norms: Contributions to a Discourse Theory of Law and Democracy*, Cambridge: Polity Press.

Hamelink, C. (2000) *The Ethics of Cyberspace*, London: Sage.

Hampton, K. (2002) 'Place-based and IT Mediated "Community"', *Planning Theory and Practice* 3 (2): 228-31.

Hampton, K. and Wellman, B. (2001) 'Long Distance Community in the Network Society-Contact and Support Beyond Netville', *American Behavioral Scientist* 45 (3): 476-95.

—— (2003) 'Neighboring in Netville: How the Internet Supports Community and Social Capital in a Wired Suburb', *City and Community* 2 (4): 277-311.

Harvey, D. (2005) *A Brief History of Neoliberalism*, Oxford: Oxford University Press.

Haythornthwaite, C. (2005) 'Social Networks and Internet Connectivity Effects', *Information, Communication and Society* 8 (2): 125-47.

Heil, B. and Piskorski, M. (2009) 'New Twitter Research: Men Follow Men and Nobody Tweets'. Online. Available HTTP: <http://blogs.harvardbusiness.org/cs/2009/06/new_twitter_research_men_follo.html> (accessed October 2011).

Herman, E. S. and McChesney, R. W. (1997) *The Global Media. The New Missionaries of Global Capitalism*, London, Washington: Cassell.

Hill, K. A. and Hughes, J. E. (1998) *Cyberpolitics: Citizen Activism in the Age of the Internet*, Lanham, MD: Rowman and Littlefield.

Hindman, M. (2009) *The Myth of Digital Democracy*, Princeton: Princeton University Press.

Holguín, C. (2008) 'Colombia: Networks of Dissent and Power', *OpenDemocracy. Free thinking for the world*, 4 February. Online. Available HTTP: <http://www.open democracy.net/article/democracy_power/politics_protest/facebook_farc> (accessed 22 November 2008).

Holt, R. (2004) *Dialogue on the Internet: Language, Civic Identity, and Computer-mediated Communication*, Westport, CT: Praeger.

Holton, R. J. (1998) *Globalization and the Nation-state*, London: Macmillan Press.

Infographic (2010) 'Infographic: Twitter Statistics, Facts and Figures'. Online. Available HTTP: <http://www.digitalbuzzblog.com/infographic-twitter-statistics-facts-figures/>(accessed May 2010).

Internet World Stats (2007) http://www.internetworldstats.com/sa/co.htm (accessed 22 May 2008).

Kaye, B. K. (2007) 'Blog Use Motivations', in M. Tremayne (ed.) *Blogging, Citizenship and the Future of the Media*, New York: Routledge, 127-48.

Keane, J. (2009) *The Life and Death of Democracy*, London: Simon and Schuster.

Khiabany, G. (2010) 'Media Power, People Power and Politics of Media in Iran', paper presented to the IAMCR conference, Braga, Portugal.

Kohut, A. (2008, January) 'Social Networking and Online Videos Take off: Internet's Broader Role in Campaign 2008', The Pew Research Center for the People and the Press. Online. Available HTTP: <http://www.pewinternet.org/pdfs/Pew_MediaSources_jan08.pdf> (accessed March 2008).

Jennings, M. K. and Zeitner, V. (2003) 'Internet Use and Civic Engagement: A Longitudinal Analysis', *Public Opinion Quarterly* 67: 311-34.

Ling, R. and Donner, J. (2009) *Mobile Communication*, Cambridge: Polity.

Liu, H. (2007) 'Social Networking Profiles as Taste Perfomances', *Journal of Computer-Mediated Communication* 13 (1): article 13. Online. Available HTTP: <http://jcmc/indiana.edu/vol13/issue1/liu.html> (accessed October 2010).

McChesney, R. (1996) 'The Internet and US Communication Policy Making in Historical and Critical Perspective', *Journal of Computer-Mediated Communication* 1 (4). Online. Available HTTP: <http://jcmc.indiana.edu/vol1/issue4/mcchesney.html> (accessed October 2010).

Margolis, M., Resnick, D. and Tu, C. (1997) 'Campaigning on the Internet: Parties and Candidates on the World Wide Web in the 1996 Primary Season', *Harvard International Journal of Press and Politics* 2: 59-78.

Marwick, A. E. (2005) *Selling Your Self: Online Identity in the Age of a Commodified Internet*, Washington: University of Washington Press.

Miller, V. (2008) 'New Media, Networking, and Phatic Culture', *Convergence* 14 (4): 387-400.

Nielsen (2010) 'Social Networks/Blogs Accounts for One in Every Four and a Half Minutes Online'. Online. Available HTTP: <http://blog.nielsen.com/nielsenwire/online_mobile/social-media-accounts-for-22-percent-of-time-online/> (accessed October 2011).

Norris, P. (2004) 'The Digital Divide', in F. Webster (ed.) *The Information Society Reader*, New York: Routledge, 273-86.

Norval, A. (2007) *Aversive Democracy*, Cambridge: Cambridge University Press.

Ofcom (2009) 'Children's and Young People's Access to Online Content on Mobile Devices, Games Consoles and Portable Media Players'.Online. Available HTTP: <http://www.ofcom.org.uk/advice/media_literacy/medlitpub/medlitpubrss/online_access.pdf?dm_i=4KS,1QAM,9UK2L,64F1,1> (accessed January 2010).

Örnebring, H. (2008) 'The Consumer as Producer of What? User-generated Tabloid Content in The Sun (UK) and Aftonbladet (Sweden)', *Journalism Studies*, 9 (5): 771-85.

Papacharissi, Z. (2002a) 'The Self Online: The Utility of Personal Home Pages', *Journal of Broadcasting and Electronic Media* 44: 175-96.

—— (2002b) 'The Presentation of Self in Virtual Life: Characteristics of Personal Home Pages', *Journalism and Mass Communication Quarterly* 79 (3): 643-60.

—— (2007) 'The Blogger Revolution? Audiences as Media Producers', in M. Tremayne (ed.) *Blogging, Citizenship and the Future of the Media*, New York: Routledge, 21-38.

—— (2009) 'The Virtual Geographies of Social Networks: A Comparative Analysis of Facebook, LinkedIn and ASmallWorld', *New Media and Society* 11 (1-2): 199-220.

—— (2010) *A Private Sphere: Democracy in a Digital Age*, Cambridge: Polity.

Patterson, T. (2010) 'Media Abundance and Democracy', *Media, Journalismo e Democracia* 17 (9): 13-31.

Pew Internet and American Life Project (2008) *The Internet's Role in Campaign 2008*. Online. Available HTTP: <http://www.pewinternet.org/Reports/2009/6-The-Internets-Rolein-Campaign-2008.aspx> (accessed 5 October 2011).

Porta, D. D. and Tarrow, S. (2005) 'Transnational Process and Social Activism: An Introduction', in D. D. Porta and S. Tarrow (eds) *Transnational Protest and Global Activism*, Lanham, MD: Rowman and Littlefield, 1-19.

Poster, M. (2006) *Information Please. Culture and Politics in the Age of Digital Machines*, Durham, London: Duke University Press.

Puopolo, S. (2000) 'The Web and U.S. Senatorial Campaigns 2000', *American Behavioral Scientist* 44: 2030-47.

Quantcast (2008) Facebook.com. Online. Available HTTP: <http://www.quantcast.com/facebook.com> (accessed 30 June 2008).

Rainie, L. and Madden, M. (2005) 'Podcasting', Pew Internet and Life Project, Washington, DC. Online. Available HTTP: <http://www.pewinternet.org/pdfs/PIP_podcasting2005.pdf> (accessed 3 October 2007).

Rheingold, H. (2002) *Smart Mobs. The Next Social Revolution*, Cambridge, MA: Perseus Books Group.

—— (2008) 'From Facebook to the Streets of Colombia', in *SmartMobs. The Next Social Revolution. Mobile Communication, Pervasive Computing, Wireless Networks, Collective Action*. Online. Available HTTP: <http://www.smartmobs.com/2008/02/04/fromfacebookto-the-streets-of-colombia/> (accessed 22 May 2008).

Rhoads, C. and Chao, L. (2009) 'Iran's Web Spying Aided by Western Technology', *Wall Street Journal*, 22 June. Online. Available HTTP: <http://online.wsj.com/article/SB124562668777335653.html> (accessed October 2009).

Sassen, S. (2007) 'Electronic Networks, Power, and Democracy', in R. Mansell, C. Avgerou, D. Quah and R. Silverstone, R. (eds) *The Oxford Handbook of New Media*, Oxford: Oxford University Press, 339-61.

Scammell, M. (2000) 'The Internet and Citizen Engagement: The Age of the Citizen Consumer', *Political Communication* 17 (4): 351-55.

Sennett, R. (1974) *The Fall of Public Man*, New York: Random House.

Shah, D. V., Kwak, N. and Holbert, R. L. (2001) 'Connecting and Disconnecting with Civic Life: Patterns of Internet Use and the Production of Social Capital', *Political Communication* 18: 141-62.

Shirky, C. (2008) *Here Comes Everybody: The Power of Organizations without Organization*, London: Allen Lane.

Silverstone, R. and Osimo, D. (2005) 'Interview with Prof. Roger Silverstone', *Communication & Strategies* 59: 101.

Smith, A. (2010) 'Who Tweets?', Pew Research Center Publications. Online. Available HTTP: <http://pewresearch.org/pubs/1821/twitter-users-profile-exclusive-examination>(accessed October 2011).

Smith, A. and Raine, L. (2008) 'The Internet and the 2008 Election'. Pew Internet and Life Project. Washington, DC. Online. Available HTTP: <http://www.pewinternet.org/pdfs/PIP_2008_election.pdf> (accessed 8 July 2008).

Smythe, D. W. (1994) 'Communications: Blindspot of Western Marxism', in T. Guback (ed.) *Counterclockwise: Perspectives on Communication*, Boulder, CO: Westview Press, 263-91.

Streck, J. M. (1998) 'Pulling the Plug on Electronic Town Meetings: Participatory Democracy and the Reality of the Usenet', in C. Toulouse and T. W. Luke (eds) *The Politics of Cyberspace: a New Political Science Reader*, New York: Routledge, 8-48.

Sunstein, C. (2007) *Republic.Com 2.0*, Princeton: Princeton University Press.

Tapscott, D. and Williams, A. (2008) *Wikinomics: How Mass Collaboration Changes Everything*, London: Atlantic Books.

Turrow, J. (2001) 'Family Boundaries, Commercialism and the Internet: a Framework for Research', *Journal of Applied Developmental Psychology* 22 (1): 73-86.

Wilhelm, A. G. (1999) 'Virtual Sounding Boards: How Deliberative Is Online Political Discussion?', in B. N. Hague and B. D. Loader (eds) *Digital Democracy*, London: Routledge, 54-78.

Williams, C. B. and Gulati, G. J. (2007) 'Social Networks in Political Campaigns: Facebook and the 2006 Midterm Elections', paper presented at the Annual Meeting of the American Political Science Association, Chicago. Online. Available HTTP: <http://www.bentley. swswwswswswswedu/news-events/pdf/Facebook_APSA_2007_final.pdf> (accessed 27 March 2008).

Zittrain, J. (2009) *The Future of the Internet*, London: Penguin.

第 **6** 章

網際網路與激進政治

Natalie Fenton

導論

　　網際網路具有能量，能夠建立與動員反抗的政治網絡，對於　　149
支配權力的結構，展開回擊，無論是在本國之內或在國際之間，
已經有相當翔實的紀錄（比如 Diani 2001; Downey and Fenton
2003; Fenton and Downey 2008; Hill and Hughes 1998; Keck and
Sikkink 1998; Salter 2003）。這類文獻有所超越，不再只是聚焦於
個人（雖說是已經相互連結的世界之個人）、不再只是網際網路
習以為常的日常傳播領域；它處理線上的政治動員，探討集體激
進政治的可能性。激進的反對政治具有許多形式，各自源生自複
雜的社會與政治歷史；並且，政治本身已經有所改變，傳統政治
的焦點是制度，必有各種正式、組織良好的系統作為中介，如
今，各種分散的社會運動及其結盟，已經浮現（Hardt and Negri
2004; Loader 2007），它們的操作通過非正式網絡而進行，能夠與
其共鳴的政治是比較鬆散、攸關於生活風格的議題，不是社會階
級。這個轉變對於傳統形式的代議政治是一大挑戰；同時，這個
轉變回應了業已產生變化的社會、政治與科技條件，也回應了政

治公民身分情境的改變。

　　關於網際網路所可能帶來的願景，爾來已有不少聲稱，本章將就此評估。無論是放在本國境內或國際脈絡，有關網際網路的激進潛能，許多人的主張都是環繞相關概念而論述：多重性、互動性與自主等主題。本章所處理的文獻之特性，在於它所指涉的政治意涵正在浮現，它所處理的政治，停留在「多重歸屬感」（人們通過數不清的網絡，聯繫自己的重疊成員之身分）以及「彈性認同」（特點是兼容並蓄，積極強調多樣及其交互促進），但未將其政治意涵善事清理。

　　筆者接著會將這些聲稱的對立論點，合併考察，審視它們的關係。確實，是有人認為，多重性並不是政治多樣，反之，它是政治耗散和分裂（Habermas 1998），至於互動性，不是帶來審議，而是讓人產生錯覺（Sunstein 2001）。換句話說，根據後面這個視野，網際網路沒有帶來新的、有活力的政治反對文化，我們目睹了來去自如、任意跳轉的政治，此時的你，永遠都只是以點擊作為請願；此時的科技形式，攛奪議題的流動，人們以個別的身分，迅速移轉議題的焦點，從此網址到彼網址，對於這些議題少見承擔或承諾，甚至也少有思考；時代至此，集體的政治認同已成短暫的記憶，彈指間就可刪除。

　　以上兩種評估都不完整。前者是更為振奮人心，往往是更為帶勁的取向，它聚焦於已經湧現的熱情與抗爭，但是卻沒有看到，現有的權力與控制仍然有其優勢，並在特定情境中運作。後者是更為冷靜、往往帶有犬儒味道的取向，但是卻沒有感同身受，人們是已切身體驗，他們的政治團結也是很有潛能，總是希望尚未成真的民主，真能到來。

　　無論讀者採取那一種取向，網際網路確實已是數位年代中，

激進政治的核心：在地的訴求與運動，因之加溫，跨國政治運動，同樣因之而生動有力。這些活動結合了集體行動與個人的主體感受；個人的政治忠誠在此表述，加入了線上環境的公共辯論。加總起來，它們打開了行動與辯論的空間，在地／本國的搭配、專在特定領土運作的傳媒，現在有所擴展，進入「全球的」反高峰會議及全球的網際網路，如「歐洲與世界社會論壇」的例子。[①]跨國的激進政治與民族國家的反對政治之間，存有明顯的差異，前者欠缺共同的政治身分，它也拒絕通過廣闊的、統攝一切的後設敘事作為組織的基礎，如社會主義或共產主義。反之，這些激進政治的形式仍然有其特徵，以其多重性與兼容並蓄作為眾多網絡的網絡，這是一種不作代表的政治，沒有人為他人代言，人們在此公開擁抱差異。

　　網際網路作為工具，用途是作為中介活動，傳輸這類激進的反對訴求，試圖喚起人們的意識，讓先前沒能發言的人，得到出聲的機會，也讓人們得到社會培力的機會，同時也讓完全不同的人及義理，得到組織自己與形成聯盟的機會，最終則是將網際網路當作推動社會變遷的工具。就在滑鼠一點一擊之間，形成網絡的能力，以及創建聯盟的契機就已經產生，人們認為，對於建立反對的政治運動，這是可資運用的手段；這些反對運動可以散播跨越國界，能夠在寬闊的共同訴求之中，浮現若干主題，雖說這些訴求往往會有變化。

　　有些時候，這類激進政治的出場形式，往往也是混合交雜的新社會運動，佈滿了矛盾也隨機變化，通常包括非常不同的聲音與經驗。另有些時候，描述這類反對政治的最佳意向，在於指認它們是多種群體、組織與個人的隨機聯盟，其政治親和僅在特定時刻匯聚。這些個別取向雖說都是激進政治，但在其內部之間，

以及在其彼此之間的差異，以及對於某共同義理或關切，其集體回應會是些什麼，（譯按：並無必然的答案，）這對許多積極活躍人士來說，往往是多種政治難局的呈現。不過，對於這種政治形式，我們還得理解，它有一種固有的活力，往往採取高度個人化的取向，依據不同立場與視野而運作；相形之下，昔日的傳統階級政治，依賴既定的政治綱領，二者已經大相逕庭。

151　　　　網際網路還有另一項特徵，使其更能適合激進政治──這個媒介與年輕人有更多的親近屬性（比如，Ester and Vinken 2003; Livingstone and Bovill, 2002; Loader 2007）；年輕人格外疏離於主流政治（參見 Park 2004; Wilkinson and Mulgan 1995），同時卻又與網際網路打得火熱（Livingstone et al. 2005; Ofcom 2010）。討論年輕人與政治的文獻已經相當普遍與廣泛，大抵落在兩個陣營：心懷不滿的年輕人，以及公民身分的位置轉換（Loader 2007）。

　　　　前面這類文獻的研究說，傳統的全國政黨政治選舉登場之時，年輕人前往投票的人數下跌。他們說，這就是證據，顯示年輕人大舉疏離於社會的核心制度，他們還接著發出警示，指出任此情勢衍展，將有長程的危險（Wilkinson and Mulgan 1995）。後面這類文獻說的是，源自主權民族國家的傳統政治之參與，已經錯位：「比起先前一些世代，年輕人不見得減少了政治興趣，但是，傳統政治活動似乎不再合適，無法處理當代青年文化所關切之事。」（Loader 2007: 1）反之，公民社會或其構成部分如今晉身到了前面，這裡是另類的場所，這裡才有公共信任、資訊與代議。有人論稱，年輕人的政治動機，往往是心向非主流的政治場所，通常也就是非政府組織及新社會運動──這些是政治積極活躍主義的另類形式，運作在主流公共領域之邊緣（Bennett 2005; Hill and Hughes 1998; Kahn and Kellner 2004, 2007）。還有人進一

步論稱，這些政治介入的形式更能貼近現實，社會已經零碎化與個別化，一般公民都能感受到這個經驗（Loader 2007），通過網際網路而進行的傳播，其結構與性質也是這樣，二者契合——年輕人現在都非常熟悉網際網路。

　　總加這些成分，科技、年輕、反傳統政治——各個成分都對其他成分，相互促成——就會使得網際網路成為雀屏中選之物，適合於當代的（跨國）政治積極主義。人們往往認為，網際網路的雙元特性——多重性與互動性——具有激進解放的潛能。這些人所共稱的特性，又可以滿足線上政治的本質，這往往是訴諸抗議，不是訴諸長期固定的政治計畫（Fenton 2006）——這是參與及發聲為主，拒絕決定，甚至也拒絕預先認可任何單一政策，或認可直接的政治結果或終點，因為這會是任何結社或聯盟開始出現排除，以及／或走向上對下科層體制的時候。就某種意義來說，這並無新奇之處。激進政治總是走在前列，動員抗議與示威。願意及渴望積極地參與這類政治活動，原本就是界定「激進狀態」的特徵。前所未見的情況是，現在這是跨國產生，速度極快，產生了更為複雜的密集表意網絡，往往也使得反對活動以高度個人化的形式，對外呈現。這些新的鬥爭有一本質，它們擁抱社會關係的多樣性，這是它們的政治現實——也是明明白白的挑戰，認為某些積極活躍份子所相信的傳統左翼政治，其實已經過時；這些傳統的理解和價值觀，已經不再契合時代所需，它認為這是政治敘事的教條，必須予以抵抗。

152

網際網路與激進政治：多重性

十多年前，克萊恩（Klein 2000）論稱，網際網路對於非政府組織（NGO）的國際傳播大有幫助，同時能夠讓抗議人士從國際層級對當地事件有所回應，卻又僅需最小資源投入、也可繞過官僚科層組織。這些事情得以發生，是因為經驗與戰術能夠以國際為基礎，彼此交換分享，這使各地的訴求及運動，資訊更為豐富，能力也有所增加。根據克萊恩的看法，網際網路還不只是一種組織工具。網際網路還是一種組織模式，對於政治抗議的新形式，既有國際屬性，又是分散進行，涉及的利益與興趣多樣繁複，卻又指向共同目標，這個模式是個可取的示範：雖然這些目標可能（譯按：不會落實，而呈現為）永遠是兵家必爭的狀態。

索爾特（Salter 2003）也是這樣認為。他說，對於民主的傳播需要來說，網際網路是新穎的科技資產，原因正在它的分散，以及其文本能力使得大多數內容，往往可以由使用者提供。站在這個基礎上，網際網路更能吻合當代的激進政治所需，可以在更為流動與非正式的行動網路中，運作自如，擺脫了往昔的階級與政黨政治；網際網路的政治沒有會員表格、沒有任何成文法規，也沒有其他正式的組織工具；網際網路會有人皆可見的階段，也會有相對不為人見的階段。

克萊恩與索爾特所描述的抗議政治形式，當時已經浮現，其部分是來自新社會運動。這個政治形式無法由政黨之名予以定位身分，也沒有確鑿不移的意識型態，其形式、取向與任務，往往也會很快變化。反對政治的這些形式有可能以特定地方作為基礎，但很快就會擴散到其他地方；它們通常不會有上對下的科層組織，彼此協議可以開放商討，多方的公開傳播與自己產生的資

訊與身分，通過積極活躍的精神與活躍份子的網絡而運作。這個
類型的網絡往往堅決反對科層官僚組織形式，也反對任何中心，
對於大型的、有組織的、正式的及制度的政治，大表懷疑。再
者，新傳播科技自有全球運作的能力，並可考量隨情勢而變化的
各種社會和政治背景，回應全球的經濟議程，這個能力釋放了訊
號，顯示線上的潛在意見無窮無盡，可能在關鍵抗議事件中，產
生凝聚作用，即便這些意見發端於截然不同的脈絡。

　　這些擁抱差異的激進政治之形式核心，再怎麼變種、再怎麼
流動，它們得以成立的基礎，仍然得有共通性，即便這個共通性
絲毫沒有往昔的團結印痕，並無階級／勞動的構造。參與這些
網絡的人，有其齊聚一堂的理由，他們的價值系統及政治理解
內涵，擁有共同要件——雖然它們可能反復無常，往往流於經
常改變（della Porta and Diani 1999; Keck and Sikkink 1998）。這個
政治的團結美德，其基礎價值是尊重差異，卻又不僅只是尊重他
者，而是更有兼容並蓄、廣納聲音的政治。馬克赫德（Marchart
2007）說這是一種「後基礎的政治」，另有人宣稱，有了新傳媒
的空間，寬闊的聲音與多種類的材料，得以傳播給更多的閱聽
人，卻又沒有受到限制，無須遵循特定的政治信條或指示，而
是僅需表述自己與特定義理，在此有所投合（Dean et al. 2006;
Terranova 2004; Tormey 2005, 2006）。

　　這個領域的很多論述者都說，這類政治形式的第一回跨國操
練，就在反全球化的運動。不過，我們倒是還得記得，類似運動
在許多國家，其實已有前例，比如，在英國就有「自己動手作」
（DIY）運動（McKay 1998）。惟「西雅圖之戰」確實是將反全
球化（或者，也有人另用稱呼，改變全球化或社會正義）運動，
一舉凸顯而使世界之人予以注意。1999 年 11 月 30 日，勞工議

題與環境議題的活躍人士促成了聯盟，他們群集西雅圖，當時，世界貿易組織（WTO）兩年一次的部長會議首度在美國本土舉行，這些活躍份子企圖讓各國代表無法開會。消費者運動組織的人、反資本主義的人，以及許許多多的草根運動者，通通加入了。與此幾乎同時，世界各地有 87 個國家將近 1,200 個非政府組織也都高呼，世貿組織必須全盤改革，其中許多社團就在各自的國家，就地抗議（Guardian Online, 25.11.99, p. 4）。這些社運團體就將網際網路的運用，納入其策略之中。「國際公民社會」網站提供了每小時的新聞更新，西雅圖的主場示威場面，同步傳給大約 80 個國家的 70 個 NGOs（Norris 2002）。各方獨立與另類媒體組織及活躍人士共同創建了「獨立媒體中心」（www. indymedia.org），目的就是要以草根觀點，提供西雅圖的 WTO 抗議場景。該中心變成各地記者的資訊交換據點，同時通過其網站，提供即時報告、照片、聲音及影像素材。該中心也編採自己的報紙，在西雅圖會期發派，同時通過網路向其他城市發送，報紙之外，還有數以百千計的聲音檔案，經由網路傳送，同時還在西雅圖設立了收音機電台。在西雅圖示威期間，其使用開放出版系統的網站，有超過兩百萬人進入點擊，主流網站如美國線上、雅虎、CNN 與 BBC 及其他網站，也都推出或轉載該網站的相關報導。

　　人們高呼這場示威是跨國網路行動主義的成功先鋒。其後數年，數百位媒體行動主義者在倫敦、加拿大、墨西哥市、布拉格、法國與義大利，在倫敦創辦了獨立媒體中心（IMCs）。在這些活動之後，幾乎現在每個大陸都已經建立了 IMCs。它們是愈來愈多、日見成長的另類線上新聞之一部分，對於具有政治進步色彩的報告來說，這是互動的平台，是要邁向「和平、自由、

合作、正義與團結的世界，這是無數的鬥爭，要反對環境生態敗壞、新自由主義的剝削、戰爭、種族歧視與父權作風。這些報告涵蓋的主題與社會運動非常廣泛──舉凡鄰里街坊的運動，或是草根動員，無論是批判分析或是直接行動，通通在內」（http://london.indymedia.org/pages/mission-statement, February 2011）。

　　其他線上群體比較不是新聞取向，其存在明顯是爲了政治行動。「數位行動」（*DigiActive*）的人全部來自志工組織，設定目標在於協助全世界的草根行動主義者，它們運用網際網路及行動手機增加其影響力。它們的宗旨是要通過數位科技的使用，促成世界各地的行動主義者，更有力更有效。創建「數位行動」網站的所有人，有其基本信念，他們認爲，各種數位工具都是偉大良方，尚未開發但存在無疑的人民力量，能夠藉此表述：

> 諸如網際網路與行動手機這類工具，能讓我們與他人溝通傳播，並分享我見我思，散播改變的訊息、組織並告知我們自己、遊說政府，以及參與行動主義。總括起來，我們說這些活動就是數位行動主義：列位公民使用數位工具的方法，祈使社會與政治變化。我們爲此創建「數位行動」，因爲我們想要在世界各地，散播數位行動主義。（http://www.digiactive.org/about/）

還有類似的許多社團，其存在也是爲了相近的宗旨──「賽伯異端」（Cyberdissidents）、「戰術科技集體人」（Tactical Technology Collective）、「進步傳播聯盟」（the Association for Progressive Communication）、「反擊」（Counterfire）、「網路罷工」（Netstrike）、「電子嬉皮」（Electrohippies）、「電子干擾劇場」（Electronic

154

Disturbance Theatre），這裡僅只是順手拈來，舉了這些例子。 在線上操作的這類型群體，無不認定他們既已無限擴大了網絡傳播，就能散播更多的意識（Hampton and Wellman 2003; Wellman et al. 2001），帶來更廣泛的議題與多樣的政治視野，協助行動主義者在多重平台，進行國際傳播。當然，必有其他群體聚焦在特定訴求與運動，然後事過境遷，淡出無痕。既有的 NGOs、工會與其他反對陣營的政治平台，通通都想要進行線上動員與組織，所有團體都想激發個人支持，突出其特別的反對政治程度，直至他人無法忽略。這是一種兼容並蓄的實作，又在線上傳播已爲更多人運用，致而更見包容，如今，抗議人群可以在國際層級，針對地方事件有所回應，所需資源極少。

多重性或是更多的相同？

然而，若往深處挖掘，那麼，多重性無止無盡的說法，明顯就不一定站得住腳。有關數位落差的研究（參見第一章）指出，比起不使用的人，網際網路的使用者有更多是年輕的、更多人擁有高等學歷、更爲有錢，更可能是男性，也更可能住各大都市（Norris 2001; Warschauer 2003）。這些備受關注之事，不僅只是涉及了網際網路是否得以近用，以及全球南北的巨大落差之存在等問題；它們還涉及了已開發國家之內的線上活動，以及由來已久的落差，一邊是受有良好教育的中產階級，他們支配了公共論述，另一邊是身處邊緣或根本就遭排除的人（Hindman 2008）。這樣看來，多重性似乎是專爲優勢人群而保存。「數位行動」曾執行數位行動主義的調查（DigiActive 2009），特別是在開發中國家的數位行動主義者，比起該國人口整體，更爲可能支付月費，

155

交換在家使用網際網路的權利，也有能力付費換取高速的連結，他們大多是白領職業，在其工作場所，往往也有免費網路可供使用。簡而言之，數位積極行動者很有可能是荷包飽滿，該調查還發現，密集與重度使用網路，不僅只是偶爾簡單上個網，是得以進行數位行動主義的關鍵決定因素。這類重度使用的狀況，僅只是對於有能力支付費用的人，或是任職白領工作且其場所有免費網路使用的地方，才有可能。類似的道理是，手機擁有更多功能——比如，可以上網、看影音內容及全球定位系統——的受訪者，更有可能使用手機推進政治行動。這是另一個指標，顯示財務資源對於政治參與的重要性，不但數量如此；品質上也是這樣，若要能有更多的科技近用機會，就得要有更好的硬體（手機）。結論至此就很簡單了。網際網路也許是有民主化的功能，但是強烈感受其效能的人，往往還是全球的中產階級。

　　網際網路的傳播所能覆蓋的範圍，自然可以作為動員政治反對力量之用，前述所言，一點沒有對其用途降等的意思。眼前我們已經目睹了許多所謂的「推特革命」，無論是在伊朗、摩爾多瓦（Moldova）、突尼西亞或埃及。這些國家的事件當然都是社會起義，也都得到科技的協助（卻不是由其體現）。但是科技代言的勢頭不減，米拉迪（Miladi 2011: 4）討論了突尼西亞 2011 年那場革命，他有此說：

> （這些抗議浪潮的）升高，至今為止最為重要的工具因素，就在社群網絡如臉書與推特，如同雨後春筍般的冒出。數以千計的人加入了臉書的不同群組，藉此也就知道了新聞的進展，相互動員起而行動……部落客人數眾多，他們已經證明，不僅能夠挑戰國有媒體及其他獨立

（卻又自我檢查的）報紙及收音機電台，他們還能針對
政府對眼下正在發生事件的論述，提出挑戰。

但是，如第五章所說，網際網路同時也是監督與監理的首要場
域。突尼西亞起義期間，該國許多臉書用戶察覺，政府發動網路
釣魚，攻擊他們的帳號。另有其他報告指出（Elkin 2011），突尼
西亞的網際網路機關當時修改了網頁，灌入 JavaScript 後，竊取
使用者的谷歌、雅虎與臉書的帳號與密碼。人們在不知情之下進
入這些網站後，其機密敏感資訊也就形同流失遭竊。得手之後，
突國政府再很快地刪除其臉書帳號與群組。

　　雖說網際網路積極行動者確實備受國家檢查之苦，也面臨刑
事罪犯之害（Morozov 2011），我們倒也應該努力，要在黑暗深
處放入明亮的光線，祈使線上傳播對於社會運動仍有助力，我們
也必須詰問政府這些不當的措施。「青年社運聯盟」（the Alliance
of Youth Movements, AYM）成立於 2008 年，是非營利組織，宗
旨是要協助草根積極行動人士，建構他們改變社會的能力。該組
織在 2008 年假紐約市舉行成立大會，宣誓「務求識別與確認、
匯聚人群並且從事網路的二十一世紀社會運動，這是歷史的第
一次」（http://www.movements.org/blog/entry/welcome/）。AYM 在
2011 年開辦了網站，從此自稱是 Movements.org。該網站的創建
人之一是賈里德・科恩（Jared Cohen），他是谷歌點子（Google
Ideas）的主任、（外界認為是美國對外交最有影響力的智庫之）
「美國外交關係財團法人」（the Council on Foreign Relations）兼
職研究員，其主要工作是從事恐怖主義、反激進化、網路科技的
影響，以及「二十一世紀治國方略」。

　　美國對國際外交的新戰略，部分內涵就是二十一世紀的治

156

國方略。外界對此頗多讚譽，引為回應數位年代、特別是回應數位行動主義的良方。它聲稱可望延伸美國外交的範圍，不再局限於政府對政府與公民社會的溝通傳播，而是調整國家介入的方式，通過網際網路，重新塑造發展與外交議程。「這就是二十一世紀的治國方略——各種傳統外交政策之外，佐以治國方略之新近創新、整飭有成的工具，充分運用網絡、科技，以及我們這個連結成網的世界之人口統計資料。」（Ross 2011）科恩先前曾經是美國國務院政策計畫室的成員，任職四年，歷經兩位國務卿康多莉扎・賴斯（Condoleezza Rice）和希拉里・克林頓（Hillary Clinton）。在這個職務上，他專司中東、南亞、反恐與反激進化任務，當然，他還負責發展「二十一世紀治國方略」的議程。

Movements.org 網站的另一位創辦人是賈森・利伯曼（Jason Liebman），他也是「跨平台串流」網站（Howcast Media）的合夥創辦人。通過它的多平台傳輸網絡，「跨」的每個月串流影音內容，可以千萬計。「跨」還直接與各大品牌企業、機關或組織，如「奇異」（GE）、「寶鹼」（Portal & Gamble）、「柯達」（Kodak）、1-800-Flowers.com 網站、（大型辦公室用品連鎖店）「史泰博」（Staples）、美國國務院、美國國防部、美國紅十字會與福特（Ford）汽車公司有合作關係。「跨」希望藉此建立自訂的品牌娛樂、打造創新的社群媒體，也能目標清楚地推動媒體宣傳活動。創辦「跨」之前，利伯曼在谷歌工作了四年，他負責推動整合工作，通過內容授權這個重要性日漸增加、具有戰略位置的工作，他也負責推動谷歌旗下的公司 YouTube、「谷歌視頻」（Google Video）與「谷歌廣告」（AdSense）的業務。進入谷歌以前，他就職於網絡廣告公司「應用語義」（Applied Semantics）直

至 2003 年谷歌予以蒐購——這是谷歌最大金額併購案例之一。[1]
利伯曼在「應用語義」的職務有許多個，包括銷售與商業部門的
執行副總裁。他在這個角色的執掌，是負責監督新的商業產品，
包括「谷歌廣告」，並負責將這項業務推介給網路出版人。他的
職業生涯雲起於瑞士信貸（Credit Suisse），負責投資。

　　當然，我們不能說，就只是因為先前有這段企業財團的經
驗、直接從事美國政府工作，及明確與谷歌有染，就必然致使其
作為啓人疑竇，必然使其迎合國家發動的行動主義。再者，參與
Movements.org 高峰會的積極行動者無疑是誠摯純眞的，他們是
想要力挺進步的社會和政治議程。但是，峰會背後的人、出資贊
助它的廠商（百事可樂、谷歌、音樂電視、哥倫比亞電視網新聞
部、公關公司愛德曼〔Edelman〕、「跨平台串流」網站、「聚會」
社群網站〔Meetup〕、手機服務公司〔Mobile Accord〕、YouTube、
臉書、微軟的 MSN、國家地理雜誌、宏盟集團〔Omnicom
Group〕、視訊行銷公司〔Access 360〕，以及創未來〔Gen next〕）
（譯按：不是潔白無暇，）這些鼓勵他們投入二十一世紀治國方
略議程的力量，堪稱是非常強大的國家－企業財團聯合體，它們
努力所推廣的行動主義，針對的是美國國務院想要使其「改變」
的「問題點」。卡特魯其（Cartalucci 2011: 2）宣稱，「任何地方的
抗議人群與運動，如果是在削弱各國政府不利於美國企業的議
程，那麼我們就會發現，Movements.org 網站從來就不會不支持這
些努力。」無論我們怎麼評估這個組織，它既有谷歌、臉書、推
特、美國國務院與 Movements.org 的千絲萬縷之連帶，當然就會

157

1　譯按：第一筆收購是2001年2月，至2013年6月已有127起，到了2014年8月26
日是166起，Google公司收購列表見http://en.wikipedia.org/wiki/List_of_mergers_
and_acquisitions_by_Google。

讓人起疑。就此一想，不免覺得慶賀新科技開啓了激進的反抗政治之可能空間，不是爽直，而似乎是極其幼稚之舉了。

　　老是在說有了推特……等等技術之後，就是革命將至的人，簡直就是佈道說教、信口開河。對於他們，我們可以有個簡單的駁斥，惟卻往往少見人注意，這就是說，我們必須審視對抗性的政治行動主義與網際網路的關係，對於權力，假使未能從概念進入，予以鑑別與釐清，我們也就無法充分理解箇中關係——誰在哪些情境與條件下擁有權力，這些權力是怎麼顯現的？瞭解所有社會變遷與政治動盪，這是起點，即便是社會運動本身內部，亦復如是。但是，雖然這是政治經濟的詰問，雖然是批判之言，但又不只是這樣的論點。它還是一個懇求，呼籲我們必須考量政治生活與公民身分的社會面向——什麼原因能夠讓人們齊聚一堂，人們何以願意尋求團結、提煉休戚與共的感受。不考慮權力關係、不考慮社會，無以瞭解政治。哪些內涵構成了政治——經濟、社會與科技——唯有對此了然於胸，同時還要更深入瞭解捲入其中的權力本質，並且還要通過特別的社會－地理鏡頭詮釋這些仍在權變的因素，此時，也只有在這個時候，我們才有可能處理網際網路所扮演的角色，網際網路在當代日常繁複生活的角色，也才有可能釐清。下文所舉的事例，即將說明這個論點。

2010年秋天／2011年冬天英國學生示威抗議

　　試以2010年秋天／2011年冬天大量英國學生在全國各地示威抗議爲例，解說如後。2010年5月保守黨與自由黨聯合執政，宣布下學年起，新政府擬將大學學費調整三倍至一年九千英鎊，同時，所有原先用以補助教學的經費，人文藝術與社會科學學門，全部刪除，科學技術與工程領域刪減百分之四十。新聞

既出，各方抗議聲浪四起，示威遊行、快閃抗議，以及占領校園建築物，無不登場。第一場大型示威在 2010 年 11 月 10 日舉行，約有五萬來自英國各地的人羣集倫敦，其中大多數是年輕學生，很多人還是第一次參加示威，此外，大學教師、家長與其他身分的人，也都加入。他們憂心，英國將有更大一部分的人，勢將因此無法接受高等教育，畢竟這是將大學教育私有化，致使攻讀學位必然積累大量學生貸款，他們已無能力承擔（Solomon 2011）。如同反政府宣傳的許多行動，網際網路此時的用途，就是在政府操弄的資訊之外，提供另類訊息、散播不同方案可能導致哪些後果的說法、組織抗議事件與活動、動員人群參加示威，以及遍傳文化異聲。網際網路扮演了這個工具角色，很多人為此而覺得自己是行動的一個部分，他們的怒氣也藉此表達。對於高學費及其背後意識型態備表關切，也願參與其間的人來說，網際網路創造了一種政治團結、希望、培力與可能性的氛圍。對於還在高中小學就讀的人來說，他們還沒有投票權，他們必然將因為這些新方案而蒙受最大傷害，社群媒體打開了連接的寶藏庫，提供了表述反對立場的工具，也就變成組織其參與活動，將他們導引出來，走到街頭的關鍵機制。臉書群組織了他們的行動，特別是促使學生得以占領大學建築物、促進了審議過程，同時也是一種出聲與彼此相連的形式：在網際網路問世以前，提供這些條件、促成此情此景，都要困難許多。

抗議人群侃侃而談，表示他們通過線上組織，繞開了無能代表他們的制度，控制了他們自己的命運（Casserly 2011）。來自現場的推文，轉進到了主流的新聞網站；被說成是「暴徒」、「惡棍」或「罪犯」這些在現場抗議的人，得到了邀請。他們現身挑戰傳媒的再現，同時也凸顯了警方的野蠻殘酷，對於警方以「甕

中捉驚」(kettling)②的挑釁行為，想要限縮抗議人群的行動範圍，亦予撻伐。YouTube 網站播放了影片，顯示警方驅馬衝撞抗議人群——雖然先前警方否認有這種事（Solomon 2011）。網際網路確實有助於抗議者的組織，也能夠讓這個時刻的感性激情盡情發揮，同時還可以宣洩人所感同身受的政治不公義，但是，網際網路本身並沒有創造政治的不滿及怨懟。這個怨懟來自於許多因素，其中，尤其重要的是，當今掌權者是保守黨與自由民主黨聯合政府，但自民黨選前叫得最為響亮的政策訴求卻是廢除學費。[2]另一個同樣讓人難以忍受的關鍵是，聯合政府在就職後僅僅四個月，在其第一份緊急「全面檢討支出」計畫書，就已經提出了「樽節措施」，但其中絕大多數在組成聯合政府的兩個政黨競選藍圖或選戰過程，連提都沒有提過（Deacon et al. 2011）。事理再單純不過，人們認為代議民主的運作失靈。有位抗議者這樣說：

> 道理已經愈來愈清楚，我們終生得到鼓勵，說要通過「民主管道」追求變革，如今完全無用、過氣過時。它們終究不過是幻夢一場。這波抗議風潮的興起，原因在此，抗議後就寢，起床後抗議，反覆周始，就是這樣。你用了抗議權，但他們啥都不鳥……他們知道你會守法，法律設定了限制……單是抗議，再也不夠用了。
>
> （引自 Killick 2011）

[2] 譯按：迄今（2015）年英國仍是歐洲所有國家的少數例外，要求學費由學生在就讀大學時就支付。歐洲大多數國家仍採政府的公務預算編列，如德國聯邦憲政法庭在2005年判定各邦收取學費不違憲之後，由於教育歸各邦自治，學費高低有別，但大致一年僅在四萬台幣左右，大約是德國人兩周平均所得，大概僅占高教支出百分之三（2008年德國學費總額是12億歐元，總支出達360億）。英國在1998年開徵學費，當時是一千英鎊，2004年增加至三千，2011年變成九千英鎊。

過去二十多年來，人們對於政黨及政治人物，已經有愈來愈多的深層不信任（Guardian Euro Poll 2011），這次的厚顏無恥、罔顧政治的民主過程，更是加峻了這股民情，況且在學費事件前不久，一連串的政治醜聞爆發，[3] 顯示政治人物更為注重自己的利益，不是其公開信誓旦旦、公職人員理當重視公共利益。如果不曾瞭解這段政治簡史，誇談使用網際網路作為抗議之用、以其作為動員異見及發動示威的行動，也就意義不大。

159　　　政治行動主義的當代脈絡，以及英國主流政治（欠缺、引不來）政治參與，凸顯了若干相互關聯的因素。政治的專業化致使公眾對於傳統代議政治，更不信任也更表狐疑，他們的聲音與情感在輿情民調的加總過程中，往往乏人聽聞。新傳媒科技則提供了潛能，變成是民主實踐的形式，既有參與又有直接民主的特徵，兩者在全球化的新自由主義社會之內，若要整合極為困難，畢竟在新自由主義眼下，代議民主體系只不過是管理麻思大眾及其運作的一個方式。一旦人們認為選舉式的民主已經失靈，往往就會進而覺得，個人既然自認能夠控制這個科技、既然認為它讓人繞過並且經常可以智取國家，那麼，人們自然也就樂意擁抱這個科技了。這樣的科技讓人覺得民主在望，因為人們從中有了動力、產生了有機的感覺，這是參與者引導的過程，他們則在參與過程中，又覺得進入了更大的場景之中，成為其部分，這些都增

---

[3] 譯按：其中之一是國會議員濫用公款。英國在2000年創制政府資訊公開法，2005年實施。2009年1月工黨曾提案想要讓國會議員申請支用公款的項目不對外揭露，引起物議後旋即撤回。其後相關傳言甚囂塵上，《每日郵報》當年五及六月兩度披露相關資訊後，國會網站在6月18日也公開了2005-2008年間所有國會議員申請的細目，包括50萬英鎊的志願退回款。該案在2010年仍是風波。（2013/6/19整理自https://en.wikipedia.org/wiki/United_Kingdom_parliamentary_expenses_scandal，https://en.wikipedia.org/wiki/List_of_expenses_claims_in_the_United_Kingdom_parliamentary_expenses_scandal）

加了反對政治運動的可能空間。

但是，反對政治的線上空間雖然誘人，卻也說了一個警世故事。在這些學生抗議聲浪中，網際網路致使反對政治的戰略更加零碎，更為傳統的反對政治形式，如全國學生聯合會及高等院校工會之內，更難尋求政治的代議（Grant 2011; Killick 2011）。眼前的環境已經成為，每個人在多重平台都能有其聲音，但卻沒有制度或機構能夠涵蓋、框架或協調這些聲音，這樣一來，零碎化及政治解體就會出現——在數位年代，各級工會無不面對這個當代隱憂（Ward and Lusoli 2003）。

2011 年 1 月，另一場反高學費及削減高教補助的示威在曼徹斯特登場，當時的全學聯主席波特（Aaron Porter）遭到現場抗議人群的砲轟，指他沒有妥適代言他們的觀點。早先，波特已經試圖讓全學聯自成一局，想要與爆發暴力抗議行動的人群，保持距離，當時他就被抨擊是接受了「建制」路線（Salter 2011）。若是從往昔的政治組織觀點來看，網際網路召喚出來的多重意見，會是一個難題。人們跟著線上網絡的韻律及推文、不同群體不斷衍生並且各擁空間，又有新的群體接著形成，致使訊息難以控制。有些時候，這個情勢確實會與既有的組織者（如工會）、或是已經有更明確主體認同的社群（如「反預算削減藝文聯盟」），產生衝突，這些情況就會使得身居科層政治組織的人，無法直接更為仔細地指揮與協調相關活動。倫敦大學金匠（Goldsmiths）學院學生會的宣傳活動執行人詹姆斯・海伍德（James Haywood）這樣表示：

（譯按：位在倫敦白金漢宮東南方約兩公里的泰晤士河畔的保守黨中央黨部、競選總部的）米爾班克

（Millbank）大樓示威之後，不僅只是鼓舞了更多人出來抗議；這次衝突改變了英國抗議人群的整個態度。現在，值得注意的是，特別是對於更爲年輕的學生來說，示威權利已經重新取回：人們遊行愈久就會愈想要遊行，他們破壞了警方甕中捉鱉的戰術，他們要找建築物，進入占領。沒有人坐等工會或組織者下令。這是新穎之事。（Haywood 2011: 69）

160

比起往昔的政治，前面述及的遊行示威之運動實踐，孔隙非常之多，也更爲有機。英國學生抗議的這個例子，既有水平也見垂直操作（Tormey 2006），（來自工會／學生會運動內部的）科層領導這個基礎系統，固然仍以中央化的組織力量產生動能，但是，這次卻是清楚地遭致了矯正與反抗，通過網絡從事抗拒的人挑戰了科層組織。這個網絡政治的形式連結了先前位處邊緣的群體，建立了反抗論述，但也無窮無盡地抗拒建構單一但涵蓋所有議題的政治，他們堅持保存多重的政治行動之政治認同、觀點與取向。

　　諸如此類的（無）組織之政治行動與積極主義，很容易就被說成是無政府，事實上，這也確是大多數主流新聞報導所說的。但是，我們若要瞭解新社會運動（new social movements, NSMs）的多重性與水平連結，我們就必須清點盤查代議政治──個別的人如何**能夠**平等代言不同觀點的多重性？一旦我們提出這個質詢，我們立刻面對詰問，何以自由民主本身這個概念的假設能夠成立。若說自由民主必然在很多重要的面向，注定失靈，少數民選代表根本不會有能力代言許多人的意見，那麼，我們並不會詫異，試圖挑戰這些假設的反對政治，刻正浮現。

　　但無庸贅言的是，不同地方的不同人士認定的民主，各有指

涉。因此，隨之而需提出的問題是：NSMs 的線上政治活動之特色，似乎大都以「多重性及互動性」作為重要概念，但是，這個認定能夠放在五湖四海，在所有脈絡都能適用嗎？或者，我們其實又再次陷入更為徹底的化約，是以西方化的概念來詮釋理論與政治？

「綠色革命」：2009 民選的伊朗

接下來，我們還可以另舉例子，續作考量。2009 年 6 月伊朗總統大選，引起大規模騷亂，因為現任總統內賈德（Mahmoud Ahmadinejad）贏得連任，官方統計指在 85% 投票率下，他獲得了 62.6% 選票。支持改革派候選人穆薩維（Mir Hossein Mousavi）[4]的選民認為選舉有問題，與德黑蘭鎮暴警察發生衝突，儘管當時禁止公開抗議活動。伊朗抗議聲起，全球抗議組織響應，即便無法接近記者，抗議人群仍然使用社群網絡工具推特，維持與海外世界的聯絡與傳播。伊朗的第十屆總統選舉在特別的脈絡中舉行，其政府更有超級領導人哈米尼（Ayatollah Ali Khamenei），權力比民選總統還大，有三分之二選民相對年輕，在 1979 年的革命後才出生，他們也有更多人使用社群媒體。

另外，2005 年的伊朗，網際網路使用者還不到一百萬，到了 2008 年已有兩千三百萬，至 2009 年大約已有 35% 伊朗人能夠上網；使用手機發短訊的人從 2006 年，占有成年人口的 30%，到了 2009 年已有 49%。即便 1994 年以來伊朗就禁止收看衛星電視，也禁止擁有衛星碟等設施，但據估計，伊朗七千萬人口有 25% 是可以看到衛星電視。BBC 在 2009 年 1 月創辦了自

161

---

[4]　譯按：2013年6月15日的大選，內賈德支持的候選人落敗，得50.7%選票，參見〈溫和派羅哈尼 當選伊朗總統〉，《自由時報》，2013/6/16。

己的波斯語收音機頻道，也在 BBC 網站設置了波斯語網頁——
惟伊朗政府封鎖了 BBC（Ilves 2009）。BBC 收到了數以千計的電
郵、照片與影像，世人從中得知伊朗發生了什麼，但這些消息
不僅放在 BBC 的波斯語電視頻道，也在英國國內頻道、BBC 世
界新聞新聞部門、BBC 收音機世界服務及其網路，到處現身
（Ghoddosi 2009）。

大選之前，國際新聞組織派到德黑蘭的海外特派員非常少，
抗議選舉結果那段期間，這些外國記者已被驅除出境（Choudhari
2009）。國際新聞組織廣播至伊朗境內的內容，包括從 BBC 傳出
的影音都被攔截干擾，它們的網址也被封鎖。抗議活動過後，伊
朗境內媒體也遭受攻擊。政府查封了許多反對派報紙，法國的
「記者無疆界」組織說，超過 39 個記者遭逮捕（http://en.rsf.org/
iran-press-freedom-violations-recounted-31-12-2009,33433）。

大選期間，政府試圖嚴厲壓制資訊，不使傳至境外，它也刻
意放慢網際網路的連結，封鎖社群網絡與影音分享網站如臉書及
YouTube，但是推特繼續存在，因為推特與 SMS 的短訊發送可
以相容。再者，雖說有些地區的手機接收訊號已被關閉，推特文
字仍可以「轉播」網站更新。隨著選舉時間日近，SMS 流量洶
湧澎湃，伊朗內部的多重來源傳出了情況，其境內 SMS 網絡在
投票所開門前幾小時，也都不能傳通了。「記者無疆界」組織指
稱，關閉 SMS，是政府的部分伎倆，試圖阻止反對勢力的支持
者蒐集選舉結果之情資。到了選舉時刻，伊朗政府關閉了所有德
黑蘭的手機服務。

美國國務院的動作，使得伊朗－推特的迷戀，旋即成為媒體
現象。國務院說，它已經要求推特公司延遲原已排定時程的維修
工作，國務卿柯林頓說，「維持這個傳播線路的開放，讓人們得

以分享資訊，是非常重要的權利表述，特別是當下已無多少其他資訊來源，我們重申任何人都能說話，也有權進行組織。」（Tapper 2009）[③]傑夫・賈維斯（Jeff Jarvis）說這是「API 革命（http://www.buzzmachine.com/2009/06/17/the-api-revolution/），指涉的是第三人通過名稱是 API 軟體，能夠「使用」（比如，原作為服務手機提供者的）其他應用程序，繞路將訊息傳至推特。克雷・雪契（Clay Shirky）說「這是大代誌」（http://blog.ted.com/2009/06/qa_with_clay_sh.php）：

> 這是第一個竄升至全球舞台的革命事件，社群媒體使其產生巨變。世界各國的人不但在聽，他們還在回應。他們接觸個別參與者、他們將所得之訊息傳給朋友，他們甚至提供詳細指令，以便使得網路代理伺服器能夠讓網際網路的使用，不會被政府當局立即檢查。

但是，我們不知道的是，究竟有多少推文真正進入伊朗內部，很難確認。推文是在流亡於美國的伊朗人之間流傳，往往是以英文書寫，因為推特的介面並不支持波斯文，雖說波斯文是最常見於部落格的語文之一。儘管很多人似乎將推文送出了伊朗，伊朗境內究竟有多人使用，仍是問題。洛杉磯波斯文新聞網站經理梅弟・亞雅尼佳（Mehdi Yahyanejad）的評論是，「推文在伊朗的影響，是零。此間是有許多激動的鳴響，但是一旦看仔細一些……我們登時就會發現，大多數是美國人與美國人推文來推文去。」（轉引自 Musgrove 2009）

　　此說若屬真實，就有三大緊要問題得作處理：第一，網絡大量產生的噪音及（錯誤）資訊，致使正宗與刻意放入的內容，很

162

難區分。第二，社群媒體既不先行重視，也不認為平衡是個重要的原則——若以前舉推文為例，大多數都支持反對黨候選人穆薩維，他往往能夠吸引年輕、更有電腦能力的伊朗人，得到他們的支持，同時也更能吸引西方的積極行動主義者。第三，社群媒體往往放大了不正確的資訊，因為速度會產生自身的動力，網絡也是無休止地重複錯誤。就以這個例子來說，社群媒體反覆宣稱，德黑蘭有三百萬人抗議。就此進行的獨立評估則說，應該是數十萬人。聲稱另一場「推特革命」正在發生，顯然是掩蓋了更深也更為重要的議題：

> 頭腦簡單的網路 2.0 大師緊抓伊朗的牢騷／不滿之夏，指其是「推特革命」。但是諸如此類的科技決定論掩飾了長期存在的政治、文化與性的挫折，掩飾了年輕人的利比多性慾本能、創造力與欲望無處可以宣洩。科技命定論的解釋力道太稀薄，完全沒有體認伊朗的政治結構與實踐，再三挫損，也沒有體認每個伊朗世代都得重新來過，更對政治蛻變成傳播形式的方式，渾然不察。它也未能掌握伊朗的數位發展水平及其控制問題。
>
> （Sreberny 2009）

但最重要的或許是，在論及伊朗部落格的海量增加時，史瑞伯尼與柯巴尼（Sreberny and Khiabany 2010: xi）指出，有關網際網路與社會的大量文獻，存在一種「普世假設」，卻又未能提供關鍵的特定情境之脈絡分析；他們著重說明的是，如果我們未能瞭解「革命的政治文化之遺產、一般公民的看法及他們經歷的壓制、伊朗流亡人群所偏好的文化表意模式及他們的生存異議與經驗，

以及根深蒂固的伊朗人世界主義」，我們就無法瞭解伊朗在 2009 年發生了什麼事情。作此說明之後，他們認為，我們必須進入多面向的脈絡，深入並廣闊地考量伊斯蘭共和國的社會、政治和文化環境。

史瑞伯尼與柯巴尼堅持脈絡的必要，他們之所長，正是卡斯特（Castells 2009）之所短，他雖博學，最終卻又對「傳播的力量」提出了過度的概括。卡斯特（Castells 2009: 300）論稱，介入反對派政治的社會運動——「這是一種過程，目標在於改變政治（改變制度），使鑲嵌於現有政治制度的邏輯，無從連續」——現在已經得到機會，能夠從多個來源進入公共空間，帶來變革。他以四個案例，展示社會運動通過哪些方式，可以試著重新編制傳播網絡、重新構建符號環境，藉此打造媒體工具，取得反擊的力量——這四個例子是環保運動、民主的全球化運動、凱達組織 2004 年 3 月攻擊[5]事件後西班牙的反應，以及歐巴馬總統選戰。他從這些個案舉了許多例子，包括科學家、積極行動者、意見領袖與名人串連成網；支用娛樂及流行文化，推進政治義理；通過社群網站（Myspace、臉書等）的協助，進行動員與串連成網；名人作為號召與呼籲手段；事件管理；另類線上媒體；影音分享平台（YouTube 等）；行動主義；街頭劇場；駭客攻擊；公民電子不服從主義；由手機支持的快閃族；線上募款；歐巴馬動情的政治風格，承諾帶來希望與改變，激活熱情與草根行動主義；線上請願；政治部落格；或者，在網際網路支持下，進行不限地域的動員，並設定微目標戰術。

在此論斷之下，來自許多社會節點的介入與操作，可有多重

5　譯按：當時（11日）馬德里火車站遭攻擊，191人死亡，1,800餘人受傷，2013/6/19讀取自http://en.wikipedia.org/wiki/2004_Madrid_train_bombings。

前景，它們聯手創造了新的符號力量，可以反擊並移轉主流的代議形式。政治反擊的線上力量膨脹到了一個規模，線下諸個實體再也不能忽視，因此也就由大眾傳媒承接。不但運用水平傳播網絡，主流傳媒也在其運籌之中，他們的形象與訊息因此得以傳送，他們制訂社會和政治變革的機會也就增加——「即便他們從臣屬的位置出發，即便其制度權力、財政資源或符號形象正當性，原本都受支配。」（Castells 2009: 302）但是，這樣的變革僅只是等待機會來臨，只是根據傳播工具而作的預測，這似乎是相當冒險的作法，畢竟，果真抱持這個認知，就不會有人深入且廣泛質疑，是要在哪些情境與條件下，人們的力量才會超越企業和國家的權力、才能使民主蓬勃發展；果真抱持這個認知，就會走向過度地強調科技，從而損害了社會的、政治的與經濟的脈絡分析。

164　　這就是第五章所說，網際網路並沒有本然的政治性格，確認不公不義及不平等的存在並予以傳播，僅只是政治行動的一個部分。無論是威權或新自由主義國家，廣為周知政治上的國家機器失靈，針對這些政權組織抗議力量，都有可能通過團結一致的演練，增加變革的遠景，但是，轉變政治與經濟系統，無法單只是通過傳播工具而倖致。

互動性、參與及自主

以公民作為基礎的民主若要欣欣向榮，就得存在公民與政治參與，這是一般認定的前提條件。跨國網路積極行動的重要因素，就在其促進參與之能。網際網路的互動及參與能量，就在它可以加速與增加抗爭資訊的流通，很多人認為，這是有些社運

及宣傳得以成功的原因，如反全球化運動（Cleaver 1999），又如中東 2011 年的支援民主運動的抗議聲浪之擴散（Ghannam 2011；Miladi 2011）。許多當前的線上激進政治動員形式，來自於特定的個人自主權概念，它又直接聯繫於多重性與差異的慶賀：為自己表述與行動的能力，是集體運動的一個部分，惟任何個人或是位在中央的科層組織，都無法控制這個集體。

　　無人可為集體代言，各人控制自己的政治行動，這個原則也是新社會運動網絡政治的核心。在所有社會運動，第一個明顯擁抱，進而為這個取向背書的是墨西哥的「薩帕塔民族解放軍」（the Zapatista Army of National Liberation, EZLN），它對新自由主義模式的資本主義發起造反，特別是反對「北美自由貿易協定」，追求薩帕塔原住民地區的解放。從一開始，主導這場薩帕塔鬥爭的人就是副司令官馬科斯（Subcomandante Marcos），它與先前政治運動的差別，就在對於國家權力並無興趣，也對科層結構的組織嗤之以鼻，它的焦點很清楚，就是自主與直接民主（Graeber 2002; Klein 2002）。在這個脈絡底下的直接民主，強調的是共識，不是多數決，也指涉邀請所有人參加政治。與此同時，他們對於彼此互聯成網也相當重視，運用網際網路創造集體的政治身分與認同，使之得以散播寰宇，也是他們的重點（Atton 2007; Castells 1997; Kowal 2002; Ribeiro 1998）。副司令官馬科斯刻意抗拒領導人的地位，他也拒絕任何名字，避免他被當作是特定的個人。薩帕塔這場鬥稱與衝突，催生了「人民的全球行動網絡」，幾年之後的 1999 年西雅圖示威活動，以及全球正義運動的濫觴，在此發源（Day 2005; Graeber 2002; Holloway 2002），鞏固網際網路的運用，已經成為整個政治行動曲目的部分構成（Traugott 1995）。是以，人們以此作為證據，論稱激進

政治也可通過水平連結、通過網絡形式而興起，沒有非得要如同傳統的勞動者之工會政治那般，採取科層組織的意識領導。

從此以後，無政府主義與自主馬克思主義之名，就與當代激進政治的網絡社群及其自主，產生了概念上的連結。這些取向的想像是，網絡是持續無邊開放的政治空間。從這個視野看事情，網絡還不僅只是網絡化個人的表述，而且，自我構成的、沒有上下科層組織，以親近作為基礎的關係，同樣得以在此展現，這些表述與關係超越了國家疆界，同時其核心要旨，還在於它結合了「自主」（每個人有權表述他們自己的政治身分與認同）與「團結」（克服權力／新自由主義）這些概念（Graeber 2002: 68）。

參與當代的激進政治，意味著不再與傳統的政黨政治密切聯繫，對此若有認知及認可，就能理解前述情況。德拉門（della Porta 2005）密集面訪，也請積極行動主義者填寫其問卷，她發現，他們對於政黨及代議機構不表信任，但同時，卻又高度相信並參與社會運動。制度化的政治及社會運動的區分，在於前者是由代表團所成立的官僚組織，後者來自於參與及直接介入。這個差異對於我們是一種鼓勵，我們可以不再只是從自由主義的審議體制這個概念出發，它必然僅能實現於傳統的民族國家之政治結構。反之，它讓我們另以分散分權的民主概念衡情論理，此時，我們排除了現代主義模式的政治工程願景，不再認為非得要有一個單一，且其構成要素都能連貫相干的社會改革目標，我們現在可以接受更有彈性，能讓彼此協商的秩序得以浮現，「多樣的權威結構，各在不同面向出頭，不是單一匯聚場所，集中所有公共權威與權力。」（Bohman 2004: 148）與此道理相通，班克拉（Benkler 2006）指出，網際網路具有潛能，能夠激進地改變民主的實踐方式，因為它具有參與及互動屬性。網際網路讓所有公

民改變他們與公共領域的關係，所有公民現在可以成爲創造者與重要主體，參與社會生產。就此來說，網際網路可說就是民主化力量的賦予者。

　　但是，如果以政治效能作爲考量因素，就會對植基於自主的參與方式，產生高度的爭議，因爲網絡社會所產生的認同，是在地化的、不化零爲整、不整合的、零碎片段的、多樣與分裂的身分。卡斯特（Castells 1996）早些年的著作曾說，新媒體具有零散性質，這對新政治運動來說，就得將其能量，限定在創造連貫相干的戰略，因爲行動者愈來愈個別化。類似的考量是，這個取向的基礎，在於欠缺組織，而參與人數的問題及資訊的混亂，必然對於決策過程所須要的分析與行動整合，構成挑戰——如此一來，怎麼辯論這些議題，決策又怎麼形成，最好的情況下是，並不清楚，更糟一些，就是深不可測。如果如同卡斯特等人（Castells et al. 2006）所說，我們也認定這個兼容並蓄的取向，終究會走向分散化，並且致使團結不再可能，我們就會得到一個結論：這個政治形式欠缺方向，也失去了政治施爲者。卡斯特何以在 2009 年之前，就已經改變想法，並不清楚，但可能的原因是，這類活動的數量與密度日愈增加。

　　但是，即便我們接受早先的論點，認定政治衝突的相關網絡能夠浮現，市民社會的建設可期，而社會變革有望，問題還是存在：零散且又多重的反對群體，又怎麼能夠一起運作，擁抱共同接受的政治目標？理解這個取向的關鍵，出在「後基礎的」（post-foundational）（Marchart 2007）激進政治觀，我們得記住，任何終局觀點都存在多重可能性，要造訪通達彼此的路線有很多，各不相同。化約政治行動，使其指向單一終局觀點的建構，對於很多人說，就是指有一理性的、無所不包的取向，足以將所

有潛在的終局觀點涵蓋在內；許多人認爲這個取向不對，在概念上就弄錯了，他們難以接受：畢竟，何以某些人所參與的政治，其基礎得是由他人界定；又何以要將不同見解扁平化，這樣一來不就是異端想法將因此窒息：這些，不正是早就失靈與過時的代議政治嗎？

別人開出條件，我們參與。人們認爲，這種參與是錯誤的導引，理念理想變成同質單一，這就是一種圖謀，想要移除不確定性與不可知，也就將政治化約爲「物的行政」（Bhabha 1994）。人們認爲，這就是將政治行動，剝離了創造力與自主。當代的政治積極主義者無不談及，想像及創造力的自主空間有待創造，這些是隨情況條件而轉移，是開放也無從預測的──這是兔脫於意識型態政治的方式，藉此也才能走入對話政治，我們得在其間承認差異，同時彼此相互學習。政治的前提就是反化約主義，拒絕單一邏輯的過程或願景。諸如此類的抵抗形式還能聯合，是因爲大家共同認知了不正義的存在，不是在此之後，出現了大家所擁抱的共同的、已經決定的「更美好世界的」願景。

再退一步，即便我們認爲，分散的與多重的反對群體，通過網際網路可以創造他們專屬的政治介入方式，我們還是得面對下個階段的課題：（往往根據人們不想要什麼的共識，再據此產生的）團結政治，又怎麼能夠通過差異（往往根據人們所想要的是些什麼）而形成，並予實現及維持？致力於執守差異的價值，體會每個人有權出聲反對，又怎麼能夠維持連貫相干，並且是有效的激進政治呢？

研究社會運動的塔羅和德拉門（Tarrow and della Porta 2005: 237）有個分類，指線上與線下參與的相互連結類型，有下列三種：「根深蒂固的國際都會者」（rooted cosmopolitans），這群人

有其特定的在地國家背景，但是參與了或說捲入了跨國接觸與衝突的網絡；「多重身分歸屬感者」（multiple belongings），擁有重疊身分且與多中心網絡聯繫的積極行動者；「彈性身分者」（flexible identities），強調兼容並蓄，格外重視多樣性及相濡以沫（della Porta and Diani 1999; Keck and Sikkink 1998）。托米（Tormey 2005）的看法是，在此運作的這類政治，看重的是來自與內在於日常生活的微權力與微政治，它反對意識型態思想大師這樣的能指詞，順此「延伸」，它也「認爲革命鬥爭的力量無須凝聚於若干共識，它認爲這不是『運動』理當建立或建構的工作」（Tormey 2005: 403）。

　　德勒茲和瓜塔里的書《千高原：資本主義和精神分裂症》也呼應了這個看法（Deleuze and Guattari 1988: 469-73）。它論稱，「大多數人說法」（majoritarianism）必須反對，這是一種概念，認定存在某種基模、目標、宏圖遠景、終極目的，從而「我們」能夠爲此而聯合，他們寧可取用「少數人說法」（minoritarian）的立場。他們認爲，普世藍圖的索求終究徒勞無益，他們拒絕，認爲它最終根本就是本質主義、毫無意義的渴求。德勒茲和瓜塔里說，爲了要抵制，不被納入主流的支配理念，那麼我們就有必要開創更多空間，好讓微政治能夠寓居其間，建立基地並欣欣向榮。在他們看來，這些親近與創造力的空間具有潛力，積極行動主義者能夠藉此形成微政治的網絡，無須意識型態也無須戰略，就能聚合，也能增生並可發展——這些空間必然存在，只要人們參與、學習、團結與擴散增殖。此情此景就是「湧向奔泳」（swarming），親近的結合所形成的各種網絡，在此又能整合，並形成多重的抗拒與行動（Carty and Onyett 2006）。

　　哈特和奈格里（Hardt and Negri 2000, 2004）也是試圖再一

167

次的提出（譯按：多種異樣的）「群眾」（multitude）政治，對於許多捲入線上動員，以及跨國政治抗議的人來說，他們的這些著作是一個驗證與方向的指認。哈特和奈格里（Hardt and Negri 2004）呼籲我們重新取回民主這個概念，取其激進的、烏托邦的意思：「人人統治人人」的絕對民主（2004: 307）。他們論稱，群眾是第一個也是唯一的社會主體，只有他們能夠實現這個宏圖大業。他們對「群眾」的描述是，「許許多多的單一個體之公開網絡，他們彼此相連的基礎，在於他們共享，也共同生產這個共同」──不過，這樣的一種聯合並不消滅這些許許多多單一個體的根本差異，也不致使任何差異低人一等。各種不同的群體以多節點的抵抗形式相聚，以流動的網絡表述「生命之共同」，結合再結合（2004: 202）。換句話說，他們相聚，成為群眾。由於群眾是多樣的，由於群眾分享資本所控制的「生命之共同」，人們遂據此聲稱，「群眾」是真正民主的構成。

「群眾」有能力傳播、形成聯盟並共構團結──往往正是透過壓制群眾的資本主義網絡來完成──也就得以生產共同的知識與信念體系，足以作為民主抵抗的平台，這樣的聯合一點都不會在這麼多分立的群體中，消滅其根本的差異，也不會使這些群體的任何一個變成低於他群體一等。這就是歐斯威爾（Oswell 2006: 97）所說：

> 如果人民的定義，是以其主權與被代表的同質性質，作其身分認同的基礎，那麼，群眾剛好與其對立，其定義是其絕對的異質性，其組成必須通過其許許多多單一存在的聚集，才成。

哈特和奈格里（Hardt and Negri 2004）指出，反全球化及反戰抗議可以說是民主的演練，人們起而投入，動力是人們心有欲望，想對影響他們所寓居的世界之各種決策，能有發言權利——這是一種跨國的運作。不過，他們所呼籲建立的「民主的新科學」（2004: 348），究竟所指為何，真難確認。我們究竟怎麼才能確認「群眾」並得悉其數量，未見鋪陳。拉克勞（Laclau 2004）與哈伯瑪斯（Habermas 1998）對於「少數人說法」的政治原則與聲稱，都表懷疑，「群眾」促成社會上具有意義的激進政治之能力，他們提出質疑。拉克勞（Laclau 2004）說，這是政治的對立面——一個既不連結，也不代表，亦無戰略思維的施為者（agency）之群體。這是沒有體系建築的烏托邦，是沒有意義的普世訴求。由對立素質所構成的運動，並沒有說明這個多元的共同究竟如何組織，千言萬語，它只是確立人有權利抵抗。

168

　　哈伯瑪斯也註記了他的狐疑，新資訊與傳播科技真能具有潛力，成為平等與兼容並蓄的傳播來源嗎？他論稱，網際網路並沒有帶來政治動員及參與，而是對於公民社會的零散化，起了作用：

> 各種系統與網絡的成長是事實，多種可能的接觸與資訊交換確實也多重化了，惟這不直接等同於是交互主體感知，或共享的世界範疇之擴張，也不是政治公共領域所賴以興起的多種概念之言說交織，無論是相干、是相同主體或矛盾。具有能力計畫、傳播與行動的主體，他們的擴張與片面零散，似乎同時進行了。網際網路所生產的公眾仍然彼此隔離，如同只是地球村。就眼前看來，擴張之中的公共意識雖然仍以生活世界作為中心，但仍

> 不清楚的是，它是否仍有能力，系統地跨越情境各異的
> 脈絡；是否這些系統的過程一旦獨立了，但卻長期以
> 來，已經不再聯繫——由政治溝通與傳播所產生的所有
> 情境與脈絡，是不是早就已經被這些系統過程切斷了連
> 結，置諸腦後。（Habermas 1998: 120-21）

哈伯瑪斯認為更加多元化（pluralism），是審議民主的風險，不是救主。孫斯坦的著作也呼應了這個關懷，他認為，網際網路致使激進網站與討論群體，大量滋生蔓延，這就使得公眾得到機會，繞過出現在大眾傳媒的，更為中庸及平衡的意見表述；孫斯坦又認為，大眾媒體本質上也是因為科技原因，致使進入了片面零碎的境地。尤其值得注意的是，這些網址往往只與相近觀點的網站連結（Sunstein 2001: 59）。[6]其他經驗研究同樣也支持了這些發現，比如希爾和休斯（Hill and Hughes 1998）。孫斯坦因此論稱，這就造成一種結果，我們目睹的是群體極化化（2001: 65），可能隨時間前移而更驅極端。這樣一來，就使得孫斯坦堅稱，網際網路成長及多頻道廣電出現以後，運作良善的、審議的民主所需要的兩個先決條件，受到了威脅。第一，人們原本應該暴露在他們並未預先選擇的材料之前。若能如此，就有可能會讓人們重新考量相關議題，往往人們因此還能認出，對立觀點仍可能局部有理。第二，人們理當擁有相當範圍的共同經驗，這樣才能讓人們對於特定一些議題，能夠有所瞭解（Downey and Fenton

---

6　譯按：Cass Sunstein本人有相當多的經驗與理論研究，亦都有此發現與強調，如他在出任歐巴馬政府的政務官（2009-2012）前所出版的 *Going to Extremes: how like minds unite and Divide*（2009）、*Infotopia: How Many Minds Produce Knowledge*（2006），二書均由Oxford University Press出版，後者另有中譯本（《信息烏托邦》，華竟悅譯，2008，法律出版社）。

2003）。

　　雖說如此，墨菲（Mouffe 2005）另有論點，她說，確認抵抗的權利、揭示政治鬥爭以及衝突的多樣形式，對於民主的真正實踐，仍很重要；唯其如此，聯合及共同行動的多重形式，才能得以確保，如同我們所看到的 2011 年中東起義事件。只要存在政治衝突，首要目標永遠就會是資訊的流通手段，由於網際網路的協助，這類「革命」資訊就能快速散播，變革的閃爍可能性，很快就能成為火焰。線上抗議與政治鬥爭的頃刻轉傳，形式快速，往往不是理性的過程，慫恿的是熱情與感性的回應，這就使得鬥爭與抗拒像是零距離了。這個情況相比於威權政體擺出的酷吏政治，或是相比於與愈來愈通俗但卻乏味，也欠缺深層訴求力的新自由主義政體之政治，經常就形成了鮮明的對比。

169

結論

　　愈來愈多年輕人脫離了以國家為核心的政治──貫穿現代史，符合並服務「民族－國家」政治整合所需的那種政治──這樣的趨勢已經逐漸成形，有了「公民不參與」的樣子。與此同時，新傳播科技日新月異，整個政治旨趣與期待隨之移轉到了新的地貌，沒有國界而全球一體：這種政治正契合於網際網路。但是，這些網路不是民主制度與機構；它們並不分派會員權利或公民身分；它們並不奉行治理的立法模式，也不奉行選舉的代議模式。然而，吸引年輕人的部分原因，卻又正在這些特徵：傳統政治以國家為疆界，但年輕人與網際網路與此不同，他／它們也都擁抱差異。如果新媒體已經醞釀了新的政治，這必然是非代議的政治；是情感與對抗的政治。它所涵蓋的是經驗的多重性，其成

分彼此矛盾，端視情境而定。

　　達爾格倫（Dahlgren 2009）指出，一序列的因素塑造了公民文化：既來自家庭也來自學校，也來自群體環境、權力關係（包括社會階級、性別與種族）、經濟、司法系統與組織議題。他還指出，更為優渥有特權的人，可以取得更為豐富的資源；他又論及，媒體通過哪些方式，以及媒體的形式、內容、邏輯和其使用模式，無不對公民文化造成直接、又經常性地衝擊。他以網際網路做為例子，說明其意義與重要性，不僅只是在社會制度這個層次，並且還在人們的體驗，這是既混亂也很矛盾的體驗。

　　當代的線上激進政治已經加速，同時也放大了「轉變，現在是移轉到了更為流動的、以議題作為訴求基礎的群體政治，比較欠缺制度的連貫取向」（Bimber 1998: 135），此時的政治介入，整編進入了日常生活的慣性，但絕少直接涉及政策變革或資源。惟這只是一個面向，另一方面，這些社會行動主義往往流於原子化的表達，有時能夠聚焦、有時則否，這個變化所反映的是，公民參與的許多更新形式，已經出現，它們所開啟的公共領域，對於是否要達成共識，意見分歧。它們給我們的提示是，人們怎麼考量政治，已經有了戲劇化的擴大與發展，對於社會變革的機制是些什麼，我們的瞭解也有了激進的演化。這些激進政治的形式究竟走向何方，其終點仍舊開放，還是未定之天；塑造特定意識型態取向之起始、中點與結束所需要有的後設敘述，不再需要。既然如此，它們也就永遠沒有完成的一天，恆久地難以言宣確認、恆久地只是一時一地的經驗，強調的是知識的水平分享及交換；行動與鬥爭都是高度自覺，也都高度自我反省，這些都在不斷實驗的動態中進行，永遠地找尋綜合。但是，人們在選擇了多重性與創造性的自主，並就此強調時，我們的風險是，我們透過自我

170

表達，就此產生我們能夠直接控制的幻覺（參見第五章），我們或將遭遇的危險局面是，無所作為卻已經自得其樂，傳播已經超載卻無手段可以減輕負重，我們的旅途將要走向何方，前景未曾清楚設定。再者，由於已經化約政治，致使政治只是自由主義者對差異的寬容，或是無政府的、自主的，以及終極來說是很個人化的政治，那麼，提出各種實質問題讓人認知其存在、實質變革的發生機會，也就等於是被阻絕而難以浮現了。

　　清楚可知的是，表面上似乎直截了當，其實不然。這有點像是在做奶酪，不論做了多少次，你永遠也無法知道奶酥會沈下去還是浮上來。但真實情況是，假使你花些時間，妥善地研究，就能發現有些情況是人力所能為，可以讓成功的機會比失敗，來得更大──用的雞蛋新鮮，但也不要太新鮮，攪拌蛋清使其稠度合適，確認烤箱夠熱。相同的道理是，網際網路是能協助，但政治變革的各種條件，以及如實地說，民主運作所需要的條件，我們都得予以詰問及考量。全球資本主義如今還是好端端、活得不錯，這不是純屬偶然，具有進步意義的變革也不會僅是因為運氣好或偶然，就能降臨。

　　安卓傑夫（Andrejevic 2007）論稱，在資訊社會，資訊帶來了潛能，可以減弱競爭，但與此同時，則又產生了新的支配與競爭形式。網際網路創造，並且讓資本主義的不同形式得以嵌鑲著床，但往往網路也帶來了抵抗的多方潛能，**一旦時機合適**，這些抵抗就能促進反對政治，以及反對政治的運動──完美的奶酪創造出來了。但人們卻又經常高估抵抗能量，以為起義就要來到，就此卻忘了成分的品質，或忘了烤箱的狀態。抵抗的潛能可以在網際網路得到孕育的機會，這是相當明顯的，藉此實現合作的機會也是可能的──通過多重性而形成團結；資訊社會可能對合作

型社會的實現，起到支持作用；資訊社會可能挺能挑逗，讓人覺得參與民主可期，也能讓人興奮，覺得直接民主的寶光在望。這些都很誘人，也可能促進激進的、對立的與進步的社會及政治想像得以釋放與浮現；但我們一時一刻都不能忘記，這個類型的希望政治若要成形，必然有段鬥爭與創造的過程，藉此我們才能協調彼此，透過系統的方式，超越資本主義那種高度協調的、靈巧地管理的，並以系統方式侷限動能的結構。傳統左派的中央化政治是失敗了，儘管如此，太快點擊刪除鍵可能又是抹去歷史的教訓，卻沒有從中學習。

171　　　我們寫作這本書，試圖要將網際網路安置在看似簡單的社會背景中，我們寓居其間，同時也要處理及關注網際網路這個特定類型的傳播與科技系統。我們業已揭示一個論點，指出當代的網際網路，本質上不是民主空間。當代網際網路與社會既有這麼繁複的交互關係，那麼，民主與反民主形構的潛能，通通存在。確認這些交互關係的精確面貌是些什麼，也就指認了哪些特定戰略，適合作為特定政治脈絡中，具有進步意義的政治變革之用。若要令其操作，我們就得研擬機制，促進真正的公民參與，並能控制我們寓居的空間，我們要打造新的國家關係形式，公共的價值要先於利潤、耐力要先於生產力，合作協調要先於競爭力。我們將在最後一章，勾勒邁向這個願景的可能綱領。[7]

---

[7] 譯按：沃夫森追溯「賽伯左派」的起源及其抵抗邏輯，他所採取的「批判與辯證科技觀」與本書三位作者可能較為近似。因此，從1996年的墨西哥經驗至占領華爾街（當然也可包括2014年的台灣318太陽花學運與香港928雨傘運動），社運去中心化的「結構」、直接參與民主的「治理」，以及運用新科技及其他戰略將跨地跨境的人串連成社會運動的「戰略」，可以說是三種抵抗邏輯，但其「潛能與陷阱俱在」，研究者必須予以分析。作者以「健康的懷疑精神」審視這個「緊張關係」，並再次表示「大多數成功的社運仍然是由面對面關係所驅動」。見Wolfson, Todd (2014) *Digital Rebellion: The Birth of*

註釋

① 「世界社會論壇」自建有成，是世界上最大規模的社運及行動主義者的年度聚集串連場所。它對自己的描述，這是一個「國際架構，所有反對全球化並尋思要建立另類方案的人，均可在此共同思考及組織，我們主張人文發展，我們要戰勝與超越市場對於各國及國際關係的支配」（WSF 正式網站，2011 年 3 月）。WSF 成功運作後，「歐洲社會論壇」也出現了，前兩年的集會分別是在義大利的佛羅倫斯（2002），以及法國的巴黎（2003），來自歐洲及其他地區的人數兩次超過五萬人。2004 年在倫敦舉辦的歐洲社會論壇的參與人數，超過兩萬人，來自將近七十個國家。

② 「甕中捉鱉」是警方戰術。遇有大型群眾抗爭時，警方常在這些示威場合，運用這個管理手段。它的作法是警察先圈定大的警戒線，然後警方進入，以便將群眾縮定在已經設限的區域。抗議人群僅有離開的選擇，或者完全就只能在限定區域內活動，盡由警方決定。抗議人群此時在相當期間內，無法得到任何飲水、實務或廁所設施。目前，已有人提出訴訟，認為在這些示威場合祭出「甕中捉鱉」違反人權，是否合法尚待商榷。

③ 大可對照的是，才不過一年之後，維基解密出版大量美國國防部的資訊，此時國務卿希拉蕊的說法是，維基這個行為等於是「攻擊國際社區、聯盟、伙伴、公約及各級協商所要致力維護的全球安全，以及經濟繁榮的推進」（Connolly, 2010）。

參考文獻

Andrejevic, M. (2004) 'The Web Cam Subculture and the Digital Enclosure',

the Cyber Left, University of Illinois Press, pp.4-7。

in N. Couldry and A. McCarthy (eds) *MediaSpace: Place, Scale and Culture in a Media Age*, London: Routledge, 193-209.

—— (2007) *iSpy: Surveillance and Power in the Interactive Era*, Kansas: University of Kansas Press.

Atton, C. (2007) 'A Brief History: The Web and Interactive Media', in K. Coyer, T. Dowmunt and A. Fountain (eds) *The Alternative Media Handbook*, London: Routledge, 59-65.

Benkler, Y. (2006) *The Wealth of Networks: How Social Production Transforms Markets and Freedom*, New Haven: Yale University Press.

Bennett, W. L. (2005) 'Social Movements Beyond Borders: Understanding Two Eras of Transnational Activism', in D. della Porta and S. Tarrow (eds) *Transnational Protest and Global Activism*, Lanham, MD: Rowman and Littlefield, 203-27.

Bhabha, H. (1994) *The Location of Culture*, London: Routledge.

Bimber, B. (1998) 'The Internet and Political Transformation: Populism, Community and Accelerated Pluralism', *Polity* 3: 133-60.

Bohman, J. (2004) 'Expanding Dialogue: the Internet, the Public Sphere and the Prospects for Transnational Democracy', in N. Crossley and J. M. Roberts (eds) *After Habermas: New Perspectives on the Public Sphere*, London: Blackwell, 131-56.

Cartalucci, T. (2011) 'Google's Revolution Factory - Alliance of Youth Movements: Color Revolution 2.0', Global Research.ca, Centre for Research on Globalisation. Online. Available HTTP: <http://www.globalresearch.ca/index.php?context=va&aid=23283> (accessed June 2011).

Carty, V. and Onyett, J. (2006) 'Protest, Cyberactivism and New Social Movements: The Reemergence of the Peace Movement Post 9/11', *Social Movement Studies* 5 (3): 229-49.

Casserly, J. (2011) 'The Art of Occupation', in C. Solomon and T. Palmieri (eds) *Springtime: The New Student Rebellions*, London: Verso, 71-76.

Castells, M. (1996) *The Rise of the Network Society*. Vol. 1 *The Information Age: Economy, Society and Culture*, Oxford: Blackwell.

—— (1997) *The Power of Identity*, Cambridge, MA: Blackwell.

—— (2009) *Communication Power*, Oxford: Oxford University Press.

Castells, M., Fernandez-Ardevol, J., Linchuan Qiu, J. and Sey, A. (2006) *Mobile Communication and Society*, Cambridge, MA: MIT Press.

Choudhari, H. (2009) 'Beating the Reporting Ban in Iran', in *World Agenda: Behind the International Headlines at the BBC*, September, London: BBC.

Cleaver, H. (1999) 'Computer Linked Social Movements and the Global Threat to Capitalism'. Online. Available HTTP: <http://www.eco.utexas.edu/faculty/Cleaver/polnet.html>.

Connolly, K. (2010) 'Has Release of Wikileaks Documents Cost Lives?', BBC News, 1 December. Online. Available HTTP: <http://www.bbc.co.uk/news/world-uscanada-11882092> (accessed December 2010).

Dahlberg, L. and Siapera, E. (2007) *Radical Democracy and the Internet: Interrogating Theory and Practice*, London: Palgrave Macmillan.

Dahlgren, P. (2009) *Media and Political Engagement: Citizens, Communication and Democracy*, Cambridge: Cambridge University Press.

Day, R. J. F. (2005) *Gramsci Is Dead: Anarchist Currents in the Newest Social Movements*, London: Pluto.

Deacon, D., Downey, J., Stanyer, J. and Wring, D. (2011) 'The Media Campaign: Mainstream Media Reporting of the 2010 UK General Election'. Paper presented to the MeCCSA conference, Salford.

Dean, J., Anderson, J. W. and Lovink, G. (2006) *Reformatting Politics: Information Technology and Global Civil Society*, London: Routledge.

Deleuze, G. and Guattari, F. (1988) *A Thousand Plateaus: Capitalism and Schizophrenia*, London: Athlone Press.

della Porta, D. (2005) 'Multiple Belongings, Tolerant Identities and the Construction of "Another Politics": Between the European Social Forum and the Local Social Fora', in D. della Porta and S. Tarrow (eds) *Transnational Protest and Global Activism*, Lanham, MD: Rowman and Littlefield, 175-203.

della Porta, D. and Diani, M. (1999) *Social Movements: An Introduction*, Oxford, Malden, MA: Blackwell.

Diani, M. (2001) 'Social Movement Networks. Virtual and Real', in F. Webster (ed.) *Culture and Politics in the information Age*, London: Routledge, 117-27.

DigiActive (2009) Website available at: http://www.digiactive.org/about/.

Downey, J. and Fenton, N. (2003) 'Constructing a Counter-public Sphere', *New Media and Society* 5 (2): 185-202.

Elkin, M. (2011) 'Tunisia Internet Chief Gives Inside Look at Cyber Uprising'. Wired.co.uk, 31 January. Online. Available HTTP: <http://www.wired.

co.uk/news/archive/2011-01/31/tunisia-egypt-internet-restrictions> (accessed February 2011).

Ester, P. and Vinken, H. (2003) 'Debating Civil Society: On the Fear for Civic Decline and Hope for the Internet Alternative', *International Sociology* 18(4): 659-80.

Fenton, N. (2006) 'Another World is Possible', *Global Media and Communication* 2 (3): 355-67.

—— (2008) 'Mediating Hope: New Media, Politics and Resistance', *International Journal of Cultural Studies* 11 (2): 230-48.

Fenton, N. and Downey, J. (2003) 'Counter Public Spheres and Global Modernity', *Javnost-The Public* 10 (1): 15-33.

Ghannam, J. (2011) *Social Media in the Arab World: Leading up to the Uprisings in 2011*. A Report to the Center for International Media Assistance, Washington, DC. Online. Available HTTP: <http://cima.ned.org/sites/default/files/CIMA-Arab_Social_Media-Report_2.pdf> (accessed July 2011).

Ghoddosi, P. (2009) 'Your Turn - Giving Iranians a Voice', in *World Agenda: Behind the International Headlines at the BBC*, September, London: BBC.

Gopnik, A. (2011) 'How the Internet Gets Inside Us', *New York Review of Books*, Digital Edition, 14 and 22 February: 124-30. Online. Available HTTP: <http://www.newyorker.com/arts/critics/atlarge/2011/02/14/110214crat_atlarge_gopnik> (accessed February 2011).

Graeber, D. (2002) 'The New Anarchists', *The New Left Review* 13 (January/ February) Online. Available HTTP: <http://www.newleftreview.org/A2368> (accessed 20 November 2010).

Grant, L. (2011) 'UK Student Protests: Democratic Participation, Digital Age', DML Central: University of California, Humanities Research Institute, 10 January. Online. Available HTTP: <http://dmlcentral.net/blog/lyndsay-grant/uk-student-protestsdemocratic-participation-digital-age> (accessed January 2011).

Guardian Euro Poll (2011) Prepared on behalf of the Guardian by ICM Online. Available HTTP: <http://image.guardian.co.uk/sys-files/Guardian/documents/2011/03/13/Guardian_Euro_Poll_day1.pdf> (accessed October 2011).

Habermas, J. (1989) *The Structural Transformation of the Public Sphere: An Inquiry into a Category of Bourgeois Society*, Cambridge: Polity.

—— (1992) 'Further Reflections on the Public Sphere', in C. Calhoun (ed.) *Habermas and the Public Sphere*, Cambridge, MA: MIT Press, 421-61.

—— (1998) *Inclusion of the Other: Studies in Political Theory*, Cambridge: Polity.

Hampton, K. and Wellman, B. (2003) 'Neighboring in Netville: How the Internet Supports Community and Social Capital in a Wired Suburb', *City and Community* 2 (4): 277-311.

Hardt, M. and Negri, A. (2000) *Empire*, Cambridge MA: Harvard University Press.

—— (2004) *Multitude*, London: Hamish Hamilton.

Held, D. (1999) *Global Transformations: Politics, Economics and Culture*, Cambridge: Polity Press.

Hill, K. and Hughes, J. (1998) *Cyberpolitics: Citizen Activism in the Age of the Internet*, Lanham, MD: Rowman and Littlefield.

Hindman, M. (2008) *The Myth of Digital Democracy*, Princeton: Princeton University Press.

Haywood, J (2011) 'The Significance of Millbank', in C. Solomon and T. Palmieri (eds) *Springtime: The New Student Rebellions*, London: Verso, 69-71.

Holloway, J. (2002) *Change the World without Taking Power: The Meaning of Revolution Today*, London: Pluto Press.

Horwitz, R. (1989) *The Irony of Regulatory Reform: The Deregulation of American Telecommunications*, Oxford: Oxford University Press.

IIves, A. (2009) 'An Election like no Other', in *World Agenda: Behind the International Headlines at the BBC*, September, London: BBC.

Kahn, R. and Kellner, D. (2004) 'New Media and Internet Activism: From the "Battle of Seattle" to Blogging', *New Media & Society* 6 (1): 87-95.

—— (2007) 'Globalisation, Technopolitics and Radical Democracy', in L. Dahlberg and E. Siapera (eds) *Radical Democracy and the Internet: Interrogating Theory and Practice*, London: Palgrave Macmillan.

Keck, M. E. and Sikkink, K. (1998) *Activists beyond Borders: Advocacy Networks in International Politics*, New York: Cornell University Press.

Killick, A. (2011) 'Student Occupation against the Cuts', *Three D*, April, 16: 7-9. Online. Available HTTP: <http://www.meccsa.org.uk/pdfs/ThreeD-Issue016.pdf> (accessed April 2011).

Klein, N. (2000) *No Logo*, New York: Flamingo.

—— (2002) *Fences and Windows: Dispatches from the Front Lines of the Globalization Debate*, London: Flamingo.

Kowal, D. (2002) 'Digitizing and Globalizing Indigenous Voices: The Zapatista Movement', in G. Elmer (ed.), *Critical Perspectives on the Internet*, Lanham, MD: Rowman and Littlefield, 105-29.

Laclau, E. (2004) *The Making of Political Identities*, London: Verso.

Livingstone, S. and Bovill, M. (2002) *Young People, New Media*. Research Report Online. Available HTTP: <http://www.lse.ac.uk/collections/media@lse/pdf/young_people_report.pdf> (accessed 28 January 2008).

Livingstone, S., Bober, M. and Helsper, E. (2005) 'Internet Literacy among Children and Young People: Findings from the UK Children Go Online Project', Ofcom/ESRC, London. Online. Available HTTP: <http://eprints.lse.ac.uk/397/> (accessed October 2010).

Loader, B. (ed.) (2007) *Young Citizens in the Digital Age. Political Engagement, Young People and New Media*, London: Routledge.

McKay, G. (ed.) (1998) *DiY Culture: Party and Protest in Nineties Britain*, London, New York: Verso.

Marchart, O. (2007) *Post-foundational Political Thought: Political Difference in Nancy, Lefort, Badiou, and Laclau*, Edinburgh: Edinburgh University Press.

Miladi, N. (2011) 'Tunisia: A Media Led Revolution?' Ajazeera.net, 17 January. Online. Available HTTP: <http://english.aljazeera.net/indepth/opinion/2011/01/2011116142317498666.html> (accessed January 2011).

Morozov, E. (2011) *The Net Delusion: How not to Liberate the World*, London: Allen Lane.

Mouffe, C. (2005) *The Return of the Political*, London: Verso.

Musgrove, M. (2009) 'Twitter is a Player in Iran's Drama', *Washington Post*, 17 June. Online. Available HTTP: <http://www.washingtonpost.com/wp-dyn/content/article/2009/06/16/AR2009061603391.html> (accessed June 2009).

Norris, P. (2001) *Digital Divide: Civic Engagement, Information Poverty and the Internet Worldwide*, Cambridge: Cambridge University Press.

—— (2002) *Democratic Phoenix: Reinventing Political Activism*, Cambridge: Cambridge University Press.

Ofcom (2010) *The Communications Market 2010*, London: Ofcom.

Oswell, D. (2006) *Culture and Society*, London: Sage.

Park, A. (2004) *British Social Attitudes: The 21st Report*, London: Sage.

Ribeiro, G. L. (1998) 'Cybercultural Politics: Political Activism at a Distance in a Transnational World', in S. E. Alvarez, E. Dagnino and A. Escobar (eds) *Cultures of Politics/Politics of Culture: Revisioning Latin American Social Movements*, Boulder, CO: Westview Press, 325-52.

Ross, A. (2011) '21st Century Statecraft', LSE public lecture, 10 March. Online. Available HTTP: <http://www2.lse.ac.uk/publicEvents/events/2011/20110310t1830vHKT.aspx)> (accessed March 2011).

Salter, L. (2003) 'Democracy, New Social Movements and the Internet: A Habermasian Analysis', in M. McCaughey and M. D. Ayers (eds) *Cyberactivism: Online Activism in Theory and Practice*, London: Routledge, 117-45.

—— (2011) 'Young People, Protest and Education', *Three D*, April, 16: 4-6.

Sassen, S. (2004) 'Electronic Markets and Activist Networks: The Weight of Social Logics in Digital Formations', in R. Latham and S. Sassen (eds) *IT and New Architectures in the Global Realm*, Princeton: Princeton University Press, 54-89.

Solomon, C. (2011) 'We Felt Liberated', in C. Solomon and T. Palmieri (eds) *Springtime: The New Student Rebellions*, London: Verso, 11-17.

Spivak, G. (1992) 'French Feminism Revisited: Ethics and Politics', in J. Butler and J. Scott (eds) *Feminists Theorise the Political*, London: Routledge, 54-85.

Sreberny, A. (2009) 'Thirty Years on: The Iranian Summer of Discontent', *Social Text*, 12 November.Online. AvailableHTTP: <http://www.socialtextjournal.org/periscope/2009/11/thirty-years-on-the-iranian-summer-of-discontent.php#comment-212> (accessed November 2009).

Sreberny, A. and Khiabany, G. (2010) *Blogistan*, London: I. B. Tauris.

Sunstein, C. (2001) *republic.com*. Princeton: Princeton University Press.

Tapper, J. (2009) 'Clinton: "I Wouldn't Know a Twitter from a Tweeter" and Iran Protests US Meddling', ABC News Blog site, 17 June. Online. Available HTTP: <http://blogs.abcnews.com/politicalpunch/2009/06/clinton-i-wouldnt-know-a-twitter-from-a-tweeteriran-protests-us-meddling.html> (accessed June 2009).

Tarrow, S. (1994) *Power in Movement*, Cambridge: Cambridge University Press.

Tarrow, S. and della Porta, D. (2005) 'Globalization, Complex Internationalism and Transnational Contention', in D. della Porta and S. Tarrow (eds) *Transnational Protestand Global Activism*, Lanham, MD: Rowman and Littlefield, 227-47.

Terranova, T. (2004) *Network Culture: Politics for the Information Age*, London: Pluto Press.

Tormey, S. (2005) 'From Utopian Worlds to Utopian Spaces: Reflections on the Contemporary Radical Imaginary and the Social Forum Process', *Ephemera* 5 (2): 394-408.

—— (2006) *Anti-capitalism: A Beginner's Guide*, Oxford: Oneworld.

Traugott, M. (1995) 'Recurrent Patterns of Collective Action', in M. Traugott (ed.) *Repertoires and Cycles of Collective Action*, Durham: Duke University Press, 1-15.

Ward, S. and Lusoli, W. (2003) 'Dinosaurs in Cyberspace? British Trade Unions and the Internet', *European Journal of Communication*, 18: 147-79.

Warschauer, M. (2003) *Technology and Social Inclusion: Rethinking the Digital Divide*, Cambridge, MA: MIT Press.

Wellman, B., Haase, A. Q., Witte, J. and Hampton, K. (2001) 'Does the Internet Increase, Decrease or Supplement Social Capital? Social Networks, Participation and Community Commitment', *American Behavioural Scientist* 45 (3): 436-55.

Wilkinson, H. and Mulgan, G. (1995) *Freedom's Children*, London: Demos.

Yla-Anttila, T. (2006) 'The World Social Forum and the Globalisation of Social Movements and Public Spheres', *Ephemera* 5 (2): 423-42.

PART IV　展望

Looking Forward

第 **7** 章

結論

James Curran, Des Freedman and Natalie Fenton

　　本書有兩個核心主題。第一，若要研究網際網路，不能狹隘、不能僅看科技，如果不談其脈絡與背景，就會誤解網際網路及其衝擊。第一章展開這個論點，審視四組「科技中心」預言，它們聲稱網際網路即將改變社會，惟實際情況是另一回事。網際網路並未促進全球人士的相互瞭解，網際網路反而漸次反映真實世界的不平等、語言分隔，以及價值與利益的衝突。網際網路並沒有以其允諾的方式，擴散與更新民主，部分原因是威權政體往往能夠控制網際網路；並且，人們疏離於政治過程，這對網際網路的解放潛能，同樣造成限制。網路沒有轉變經濟，部分原因是不公平競爭，致使企業財團的集中力量並未改變。最後，網際網路並未帶來新聞事業的文藝復興，反之，主流新聞品牌跨越科技，利用網路延伸其主導地位；與此同時，新聞品質下降，新的新聞形式雖已出現，卻無法抵銷損失的部分。四大預言無一不錯，它們僅從科技面向推論網際網路的衝擊，但網際網路的影響力，必須通過各種社會結構及過程而過濾。我們的看法在此，網際網路的影響力必然緊隨不同情境與脈絡，致有差異。

　　本書第二個核心主題是，網際網路本身不是僅由科技構成，

179

而是受制於資金來源與組織方式；另外，網路的設計、想像與使用方式，更不用說其規範與控制方式，都是網路的構成部分，也都造成影響。第二章於是細說網際網路的歷史，指出網路誕生於軍事考量，其後則是科學、反文化，以及歐洲公共服務信念與價值的影響。市場機制尚未進入之前，大抵是前述狀況；其後，商業化接手，國家的檢查與監理也愈來愈多。現在，我們身處戰鬥，為了網際網路的「靈魂」而奮鬥，網路不僅是西方產物，亦見全球的面向。

　　對於這個第二主題（網際網路影響力的評估），本書第二部分提出更為完整的議論。第三章說，安德森和賈維斯等等「第二波」理論方家的解釋，流於詩意；他們認為網際網路必將催生新的經濟形式，促進新的存在狀態：網路科技已經消滅稀缺，帶來豐盛；產品不再標準化，多樣化取而代之；科層秩序自上而下，不敵民主化及參與。以上所言，僅有社群主義的觀點聯繫於網際網路的非商業化發展，捨此之外，其餘所有說法的根源，都是市場模式。這些市場派未能正視的是，網際網路結合市場機制後，已經出現多重扭曲，企業財團取得支配地位、市場日趨集中、守門人被控制、員工被剝削、版權管理被操控、「封閉式應用程式」成為經濟排除手段，以及，染指資訊公有地。貼近網際網路市場並予檢視，我們發現許多問題的由來，脫胎自資本主義未受有效規範。

　　那麼，我們是否能夠想人之敢想，言人之不敢言，以不同的思考方式，為網際網路的經營，另作構思？當前的系統備受讚譽，我們這麼說似乎是大不敬。流行說法指這個系統相當理想，因為其規範寬鬆，國家未曾鎮壓，政府通過專家及用戶，讓網路自我規管，壓制人民的官僚退位。但是，近來許多分析業已

揭露，主流說法只是自我感覺良好，掩蓋太多。事實上，西方各國政府並未缺席，它們占據戰略位置，足以監管軍事及經濟重要性日增的電腦網絡，政府不曾袖手旁觀。政府監管的方式很多，有時獨斷獨行，如維基解密風波困窘美國政府，為了迫使維基解密噤聲，它就施壓信用卡公司，致使維基解密無法接受捐款。再者，網路企業日漸強大有力，它們運用軟體與硬體手段，限制網際網路使其成為禁臠。網路的自律與自我規範，經常等於企業財團的規管，這就對網路自由及其公共財特徵，造成威脅。所以，時候已到，我們很有正當性，應該評估是否有個更好的規管系統——不受政府控制，也不受市場控制——可取的規管方向，理當如此。下文還會就此鋪陳。

　　第五章與第六章聚焦在社群媒體的驚人竄升，眼見及此，很多人說它們勢將對於社會關係，產生深遠的變革作用。他們的推論是，個人與社群網絡既然擁有這個傳播工具，必然也就擁有集體培力的經驗。許多積極且正面的概念浮現，自主、近用、參與、多重性、多元主義等等修辭，強化了變革力量的形象。社群媒體確實提供愉快的手段，可以讓人自我表述，並使人與人相互聯繫，人們藉此奪回媒介權力的堡壘，有些時候，社群媒體讓人在特定情境下（如在伊朗），支持激進的公眾創生對立空間。對於這個說法，第五章表示狐疑。社群媒體更多是個人的抒發，不是集體的解放；是要表現自己（通常是消費者身分、個別化的取向），不是改變社會；是休閒娛樂，不是政治傳播（這個部分的支配者仍然是傳統媒體）；社會議程乃由菁英與企業財團設定，激進的另類框架摸不著邊。信手舉例，推特更為熱衷打聽名人八卦，無意多談政治變革。換句話說，外在環境塑造社群媒體，它們寓居其間，無法成為自主力量而變革社會。

181

這樣說來，網際網路與激進政治還有關聯嗎？年輕人拒絕傳統的政黨政治，他們不再執著階級爲本的關切，他們已經轉移至身分認同的激進政治。在此，他們表述其政治旨趣與期待，不受疆界羈絆，網際網路是其組織與推動訴求的工具。面向全球、網際網路的互動性質、更爲國際主義的訴求，政治的去中心及參與形式，這些要素具有本然的親近性質。但是，這個政治不是網際網路的產物，僅只是由其促動。我們如果舉些特定例子，就能查知箇中道理；網際網路若能支援抗議活動、使其有成，那是因爲抗議背後，早有肇因存在：2010 年，英國學生接二連三抗議，雖有其他事情，但主要是因爲政治人物背信棄義、自毀承諾；2009 年伊朗抗爭，因爲人們認爲選舉造假。網際網路引進新的方法，人們動員抗議時，很有創造力也很自主，效能不俗；但是，網路與激進政治的結合，仍有許多侷限。抗議的多重聲音可能流於零散片面，無法創建團結與休戚與共之心：訴求以特定議題爲主、人與人的關係太過流動，訴求制度改變的政治不見了，這樣一來，變革社會所需的方案無法從中加總鏨定。

當然，即便知道雙元對立是陷阱、有危險——網際網路究竟有、或沒有帶來巨變的能力；網際網路是強化、**或**弱化了實存力量——即便知道要把網際網路的評估放在特定脈絡，我們自己已經察覺，儘管我們再三警示，但眞要將所有事情都放入脈絡，非常困難。我們格外自覺的是，本書所選擇的例子及個案研究，取自相當狹小範圍的國家及視野；在此之外，可能另有其他的、對立的論點。

雖說有這些但書與領會，我們支持我們的取向與我們的結論如故：儘管一直有人認定，而一直到現在這樣的認定也還在流行，它指網際網路形將以幾乎是單槍匹馬的力量，改變世界；

但是，實情絕非如此。如同所有其他先前的科技，網路之使用、控制、產權、過去的發展及未來的潛能，無不取決於特定脈絡與情境。假使我們的願景是，兌現網際網路先鋒曾經擁有的夢想，那麼，我們必須挑戰這個特定脈絡情境，我們必須提出，並要執行整套新穎的方案，藉此培力公眾，使其監督、使其參與線上網絡。我們已經指出，網際網路的誕生與發展，最早並不是為了利潤而來，而是公共政策所創造，是要用來讓人協作與溝通傳播。長久以來，網路無不接受規範與管理——受到政府、市場、原始碼與社群的控制。其後的發展顯示，網路發生變化，從根本改變了這個局面，致使其作為所有公民的協作與傳播之潛能，可能遭致封閉與私有化。蒂姆‧伯納斯－李說，他出力協助創建的萬維網：

> 已經備受威脅，肆虐之力來自不同方向。某些萬維網最為成功的住民，現在開始蠶食他們先前賴以成功的原則。大型社群網站開始築牆攔路，它們要阻止其他人進入它們的網路使用資訊。無線網路服務供應商有了誘惑，想要下手，網站若是未能與它們簽訂契約，其訊息流量與速度，就要放慢。各國政府——不分極權與民主，無不相同——都在監理人們的線上習慣，危及重要人權的保障。（Berners-Lee 2010）

182

這樣看來，現在是網際網路歷史的重要時刻。

在這個時刻，另一個工業也刻正面對相近的重要關卡，參考其相關辯論，或許會有俾益：金融銀行業。雷曼兄弟（Lehman Brothers）在 2008 年崩盤後，金融危機隨之，許多比較有遠見的

評論方家及規範機關也都理解，假使要讓這個行業回穩並且重新讓公眾信任，嚴正認眞的改革就必須登場。其中包括有識之士，如阿戴爾・特納（Lord Adair Turner）爵士，他是英國「金融服務局」主席，負責規範英國金融業。他在 2009 年發表講演，指出這個部門必須從錯誤中學習，大舉變革金融業的經營方式，若不如此，未來就無法避免相近的災難再次發生。「我們必須激進的改變。規範機關必須激進地設計與改變規範，也要改變監管的取向，但我們同時還要挑戰我們過去的整個規管哲學。」（Turner 2009）兩年之後，眼見改革速度異常緩慢（雖然英國已經新創「國際金融穩定局」並提出方案，要求銀行業界自己要有更嚴格的控制），他再次呼籲，認爲金融銀行部門必須擁抱「激進的政策選項」，包括對這個行業課徵新稅，或是國家介入，經營銀行（Turner 2011）。

如果挪用這個認知於網際網路，率先提出的反對意見很可能會說，這類手段必會扼殺創造力，勢將扭曲許多市場準則。特納老神在在、心知肚明，他早就知道這些類型的反對意見之存在，他更指出，批評這些方案的人總是一成不變地說，「它們會造成『寒蟬效應』，影響所及，流動資金、產品創新、價格發現與市場效率，無一倖免。」（Turner 2011）他很快接著使出回馬槍，逐次反駁這些反對理由，此舉多少讓人有些驚訝，畢竟他是完全浸淫、也嵌鑲在倫敦金融界的局內人！他說，「並非所有金融活動都對社會有用」，自由自在及彼此你爭我奪的金融系統「有時既不能帶來穩定，也無從達到資源配置效率的要求」（Turner 2011）。這是委婉、也是禮貌周到的說法，內裡就是指輕度規管的銀行部門，辜負了消費者，破壞了整個金融系統。

我們汲取這些論點，原因不是銀行部門已經歷經變革（它

尚未），也不是因爲這個工業理當作爲網際網路的典範（它不該
是），我們只是通過這個引述闡述道理：規範與管理重大的公共
資源，不但可能，也很可欲；若不如此，無從產生「社會有用
的」結果，也無從制衡不負責的力量之橫行，無論是市場或是政
府力量。我們因此在此呼籲，採行特定的介入形式：「市場－否
定規管法」（market-negating regulation），經濟學者科斯塔斯・拉
巴維斯塔（Costas Lapavitsas 2010）在分析全球金融危機時，研擬
提出了這個概念。激進經濟學者理由充分，爲銀行部門獻策，提
出這些原則──價格由國家規範、利率設定上限、控制資本市
場，所有這些均是以公共之善（公共財）之名提出──那麼，又
有什麼理由，不能將這些原則運用在網際網路？拉巴維斯塔論
稱，我們有太多的「錯誤」管制型態（他稱之爲「市場－符合規
管法」，market-conforming regulation），這正是網際網路的規範現
況，各國政府、超國家機構、電信廠商及網路公司所想要達成的
協議，都是要求交易、關稅及其他措施等相關條款，服務它們自
己，不是服務公衆。

　　當然，我們還得有個「國家－否定規管法」，意思是任何規
管都不能讓政府（民選與否）壟斷數位空間，也不能聽任其使
用它們的權力，指揮在這些空間所發生的事──最近的一個例
子是，英國政府想要在國家危機期間（如 2011 年 7 月的全英暴
動），有權關閉社群媒體，來自公民群體與社群媒體公司本身的
壓力，很快就把這個想法與提議撲滅。不過，我們是可以運用國
家的權力，提升公共提供的服務，這與政府控制有別，這個概念
一點沒有任何新奇之處：美國有「醫療服務計畫」（Medicare），
法國有全國的醫療保健系統，英國有 BBC，這些都由國家創
建，但同時當然也不是任何當道行政權的禁臠。我們的信念是，

建立直接由公共資助的群體（其會員來自社會的不同部分），以及監督的系統（要對公眾負責），並使二者均與國家維持一臂之遙的關係，是可能的。

我們有清楚的自覺，知曉不能提出無所不包的建言，因為網際網路在特定國家，無不有其給定的情境屬性。反之，我們的目標是，在巴羅祭出檄文，提出自由放任宣言後十五年後，我們要提出賽伯空間的宣言版本，旨在重新建立公共利益的規範，逆轉當前業已形成的市場與國家之關係；它的運作是在替企業財團與各級政府累積權力，鮮少心存公眾，雖然政商都說公眾是它們服務的對象。我們的取向並沒有對立於其他權利清單，許多組織與個人對此都有準備，並且已經提出要求（參見 Jarvis 2011），它們都要確保網路的開放、協作原則，也表達要其符合倫理行為的要求。因此，目睹當下的環境，日趨縱容甚至獎勵不透明、不平等與不合乎倫理要求的行為，我們的宣言其實是要試圖找到機制，為開放、協作與倫理等目標，提出保障與滋潤。

我們希望，具有**資源重新分配效果**的公共介入行動，對於下列目標，能起扶植作用：

* 線上新聞事業要能善用網際網路的能力，參考更多資訊來源，以更佳方式連結讀者與新聞報導，**不是**加速生產我們已經看得太多的「抄聞」（churnalism）；[1]

---

[1] 譯按：譯詞取自何鉅華。他說，churnalism一詞是《衛報》記者在2008年首創，指媒體從外電或各機構新聞／公關稿取材，不是記者原始採訪，意思是「大量生產；粗製濫造」。英國的非營利「媒體標準信託」（The Media Standards Trust）在2011年推出《抄聞網站》（churnalism.com），比對新聞，試圖得悉有多少是記者第一手採訪，多少剪貼。見何鉅華（2011），〈英國新網站churnalism.com專門揭發業配新聞〉，3月11日，http://www.feja.org.tw/modules/news007/article.php?storyid=715。

- 建構寬頻基礎設施作爲公用事業，用以服務公民的需要，**不是**各國政府在經濟情勢不佳時，熱衷鼓勵私人建構以收費那種設施；

- 保障公共空間，善用網際網路最大的長處：相互聯結交織成網、速度快與參與易，不是創造力與想像力的封閉，**不是**建構商品關係；

- 提升公民在國境之內，以及跨國發言的能力，作法是以公共資金建設多種網站，處理公共關注的主要議題，**不是**充斥品牌消費者的假性國際社區；

- 各網絡流通的內容（無論是娛樂、新聞或教育）之規範，必須以公共之名爲之，不容主要廠商控制，如谷歌與臉書，它們不怎麼接受監督，促其問責的系統質量也屬低落。

184

當前的網際網路已經是數位盜賊貴族橫行的天下，我們並未籲求救主從天而降，前來解圍。我們其實是在呼籲，建構可以達成的介入方式——審議爲之的公共政策，必有公共意志予以支持——藉此創造更爲民主化的網際網路情境。

作此介入，也就意味政策方案要能重新分配資源：對私有的傳播商業活動，取稅課捐，藉此資助開放型網絡與公共服務的內容；改變當前的智慧財產權體制，修改的宗旨在於防止封鎖、不讓著作權不當延伸，也避免廠商通過數位著作權管理，剝奪使用者善用網絡資源的能力，畢竟，開放使用是最適合網絡的機制；各個國家創造專屬的特定條件，祈使網際網路的資金與規範，嘉惠使用者，使其無分財富、居住的地理區、身家背景與年齡的差別而有高下。我們理解，這些介入方式的採取，端視各國在特定時刻的條件是否許可，**但是，我們不相信改變不可能**。究其實，

我們提出的作法——以公共之力，控制重要事業——近來已經運用在經濟與社會的其他部門（美國部分汽車業、英國銀行業、阿根廷航空業，以及美國抵押貸款提供商）。

什麼是可能的，容我們舉個例子。對準跨國金融交易，課徵稅收，已在世界各地得到愈來愈多的支持，這就是托賓稅（the Tobin Tax），用以支持國際發展目標。如果我們都能同意，發展開放型網際網路環境是二十一世紀的優先政策，那麼我們爲何不爭取打造機制，就讓從資訊與傳播需求得到好處的企業行號，完整提撥款項，建設並支持這樣的一個環境？單只是以《福星》雜誌年度五百大企業爲準，如果僅從其美國電腦軟硬體廠商、網際網路服務、零售、娛樂及電信廠商的營業利潤，抽取百分之一的稅，每年就能籌措**十億美元**以上。我們可以稱此稅是瑟夫稅（a Cerf Tax），以此向溫頓‧瑟夫（Vint Cerf）致敬，他是各種網路協定的設計師，網際網路得以存在，他的貢獻居首；命名當然還可因地制宜，國際間可以有許多變化。

網際網路已經進入關鍵轉捩點。本書的論點是，縱使許多人誇大、也混淆了它的實際衝擊與重要性，惟無可置疑的是，我們必須瞭解網際網路的發展，也有必要予以保障並珍惜其價值。時刻已經來臨，我們務求網際網路要爲公共而建設，不容市場、也不容國家的差別待遇；這是當務之急，不但要在各國提出，也應超越國界發動，不僅線上呼籲，線下亦得跟進，不惟社會運動應該投入，社群媒體以及我們所屬的所有網絡，均宜用心致力。

185

參考文獻

Berners-Lee, T. (2010) 'Long Live the Web: A Call for Continued Open Standards and Neutrality', *Scientific American*, 22 November. Online. Available HTTP: <http://www.scientific.american.com/article.cfm?id=long-live-the-web> (accessed 5 January 2011).

Jarvis, J. (2011) 'A Hippocratic Oath for the Internet', 23 May. Online. Available HTTP: <http://www.buzzmachine.com/2011/05/23/a-hippocratic-oath-for-the-internet/>(accessed 25 August 2011).

Lapavitsas, C. (2010) 'Regulate Financial Institutions, or Financial Institutions?', in P. Arestis, R. Sobreira and J. L. Oreiro (eds) *The Financial Crisis: Origins and Implications*, Houndsmill: Palgrave Macmillan, 137-59.

Turner, A. (2009) 'Mansion House speech', 22 September. Online. Available HTTP: <http://www.fsa.gov.uk/pages/Library/Communication/Speeches/2009/0922_at.shtml>(accessed 25 August 2011).

—— (2011) 'Reforming Finance: Are We Being Radical Enough?', 2011 Clare Distinguished Lecture in Economics and Public Policy, Cambridge, 18 February. Online. Available HTTP: <http://www.fsa.gov.uk/pages/Library/Communication/Speeches/2011/0218_at.shtml> (accessed 25 August 2011).

跋

網際網路、報業「危機」與民主危機

馮建三

一、界定報業危機

　　2008 年 9 月 15 日，美國第四大投資銀行、員工兩萬六千餘人、資產六千億美元（同年，台灣國內生產的名目毛額將近四千億）的雷曼兄弟控股公司（Lehman Brothers）聲請破產，成為美國史上，最大企業破產案。此前，金融問題已經從 2007 年起日漸明顯而棘手；其後，金融弊端形同核子爆炸，連環效應如同骨牌，難以遏阻，從美國與歐洲往外擴散，至今還未停歇。

　　惟世界系統固然一體，各國作為其構成份子，以其互異的經濟體質與應對有別的政治策略，仍然顯現為不同的表現。以前經濟成長與分配，南美上升，北美低迷。歐洲聯盟的德國，超前英法義。在亞洲，2012 年起，中國漸下，印度緩升，安倍晉三在日本二度領政，空有聲勢，經濟低迷如故，南韓整體領先台灣。

　　同理，對於世界各國的報紙與傳統傳媒，金融核爆的影響，亦稱迥異。

2008 年美英多家報紙易手

在美歐，網際網路於 1995 年納進商業運行之後，反使各種分享機制林立，致令有聲出版品改變其經營模式。與此同時或稍晚一些，報紙這個科技形式遭遇新興網路，其昔日讀者與廣告數量不能不見收縮，金融核爆加重其擊。作爲核爆原生國的報團，美國論壇公司（Tribune Company）在 2008 年 12 月宣布破產，是較早「響應」外在巨變的大眾媒介。該公司擁有《洛杉磯時報》、《芝加哥論壇報》等知名報紙，不過，報紙廣告收入減少，其實僅是其聲請破產的部分原因或藉口。[1]如同早前一個多月，台灣的中國時報集團脫售給蔡衍明，原業主指是雷曼案牽連所致，未必就是全貌（陳鳳英等人 2008）。

槍聲既有第一響，陸續就有跟進者，其後兩個多月，全美已有〈33 家報紙聲請破產〉（2009 年 2 月 25 日）。與此同時，隔洋另有〈虧損千億 英獨立電視台大裁員〉（2009 年 3 月 5 日）、〈英媒體倒 60 家 地方記者上街頭〉（2009 年 3 月 28 日）的新聞。2006 至 2010 年，英美報紙發行量分別減少 13.9% 與 8.3%，廣告下降依序是 22.3% 與 47.5%（Hooke 2012: 39-40）。

厭惡主流商業傳媒意識及其負載之價值的人，慶賀其衰亡將是契機，傳媒可望再造，他們雀躍歡呼，表示，依靠廣告作爲財源的「老式新聞事業之死的最大可憾之事，其實就是我們不再受其茶毒了」、「我們對可能傷害民主最深的英國地方報紙，可眞連鱷魚的眼淚都不必掉落了」（Curran 2010: 465-6）。

---

[1] 主因不是報業虧損（見後文），是業主投資或投機業外（如土地）失利所致，如〈論壇公司 擬聲請破產：擁有洛杉磯時報等八大日報〉（2008年12月9日）、〈論壇公司聲請破產 地產大亨辦報變挖墳人〉（2008年12月10日）。

　　但如果主流傳媒旨在牟利，並使其歸由私人占有，這類報紙是否已是明日黃花？

　　首先，網際網路、手機……乘以金融核爆，接生了報業與老媒體出現新的面貌，但英美跌幅的規模，在西方似乎獨特，他國並未那般「慘烈」，如德國首傳報紙關閉或合併，已是 2012 年底（'The end of ...'）。

　　事實上，根據「世界報業協會」的統計，2009-2013 年的報紙發行量，亞洲、拉丁美洲、中東與非洲都見成長（6% 以上），減少的是歐美澳及大洋洲（那福忠 2014）。另有資料顯示，亞太地區的報紙收入超過 10%，拉丁美洲平均增加達 20%，在巴西，2003 至 2007 年的報紙發行量增加 22%，2009 年再多 1 百萬，達 820 萬（'Newspapers: the strange ...', 'The magazine ...', 'Media, Not ...'）。若以東非為準，其最大的「民族集團傳媒」（Nation Group）在肯亞等四國擁有 8 家報紙，占其總營收七成，它從 2007 至 2011 的收入，增加 45%（'East Africa's ...'）。2006-2010，中國與印度的報紙發行量增長 36% 與 15%，中國的廣告收入下降 1.4%，但印度成長 52.2%（Hooke 2012: 39-40）。2010 年，中國報紙發行量比 2009 年增加 14%，廣告增長超過所有傳媒；至 2013 年，中國報紙發行收入減少，但毛利仍達 11.29%。[2]在印度，2012 年報紙收入增加 7%，稅後利潤是 8-14%（Mallet 2013）。[3]

　　如〈表 1〉所示，南韓在 2007-2013 年間，廣告收入減少

---

[2]　2010年各傳媒廣告平均增長13.9%，報紙最高，電視「僅」11.9%（吉密歐 2011；李雪昆 2011）。2013年資料見〈《2013年新聞出版產業分析報告》摘登〉。

[3]　2006報紙發行1.57億份，比2005年多12.9%（'Indian newspapers ...'）；2005-2009 付費日報增加44%至2,700家；2008年付費日報發行量1.1億首次超過中國（Standage 2011: 6）。

6.92%。日本從發行量與廣告各減少約 12%。德國減量的幅度
（15.87%）不到英美之半，台灣的 36.51% 則超英趕美。

表1 六國報業收入、編採人力與經濟增減百分比，2007-2013*

	美國	英國	德國	台灣	南韓	日本
收入減少 %	-32.47*1	-32.24*2	-15.87*3	-36.51*4	-6.92*4	-15.56*1
編採增減 %	-30.23	23.33	NA	-20.72	-9.24	-6.40
人均 GDP 增減 %*5	14.22	-1.57	27.0	22.95	24.19	13.38

* 詳細統計資料來源與相關說明，見附錄相關表格。
*1 含傳統與數位廣告及發行與其他收入；*2 廣告收入，32.24% 是全國性報
紙跌幅，若併地方報紙計，跌幅是 47.27%；*3 報紙發行量；*4 廣告收入，
*5 台灣取自行政院主計處網站，其他國家取自世界銀行。

　　不過，收入儘管銳減，但這不意味報紙不獲利。表 1 的三個
亞洲國家，財務資料尚待尋找，但歐美上市公司都可公開取得，
或有媒體報導相關數字。

歐美報紙利潤率仍高

　　根據艾吉（Edge 2012）蒐集美國 11 家、加拿大 3 家報業
集團公開發布，2006 至 2011 年間的年度報告總計 84 份。這段
期間，美國報紙廣告收入銳減進入高峰期（達 55%），但即便在
其中最糟的 2008 與 2009 年，都有產業分析者指出，美國日報
平均利潤都還將近 16%。艾吉的研究則發現，僅有一家報團低
於《福星》五百大集團的平均利潤（4.7%）。加拿大因經濟較
好，其報業利潤在同段期間，未曾低於 10%。更不用說，美國
報業從 1993 至 2007 年間，平均利潤超過 20%，最高的 1999 與
2000 年，更達 28% 的高峰，2002 年經濟不景氣，平均利潤仍達
27.7%。〈表 2〉所列三家報團的獲利率不是最高，但屬於在全美

有競爭關係，因此利潤率比大多數僅有一報獨占的城市，來得低些。雖低，而華郵是有三年利潤低於 10%，但其平均及另兩報團每一年，還是高於 10% 甚多。紐時是美國菁英報龍頭、新聞集團在英國擁有最大報團且其中泰晤士報（與週日報）虧損多年（見後），而華郵在 2013 年以 2 億 5 千萬美元現金，易手給亞瑪遜網站創辦人貝佐斯（Jeff Bezos），尤見喧騰一時。因此，三報團在華人區乃至於世界流通，有關報業式微的新聞中，經常出列，成為形成人們印象的重要舉證對象。即便如前所說，較諸美國大多數一報獨占的城鎮，三報利潤已經較低。

表 2　發行全國或都會報的三家美國報團利潤率（%），2006~2011

報團	2006	2007	2008	2009	2010	2011
紐約時報	13.8	14.3	10.2	10.9	15.7	14.9
新聞集團	19.0	20.9	19.2	13.4	14.6	14.2
華盛頓郵報	22.3	18.2	6.8	0.7	10.9	7.1

資料來源：各集團年報，轉引及整理自 Edge 2012: 12-13。

　　英國報團與商業電視，同樣利潤不俗，儘管獲利比諸美國報業，稍有「遜色」。〈表 3〉顯示，資料不完整，英國報團中規模最小的快報（the Express）系統，報紙可能虧損，惟額度不大；梅鐸（Rupert Murdoch）旗下的英國報紙，俗稱統治階級閱讀的（星期）《泰晤士報》（*the Sunday*）（*Times*）是有虧損，但大致經由其《太陽報》（*the Sun*）利潤補回；唯一「滿江紅」，連年虧損的是號稱未來英國統治階級閱讀的《衛報》（*the Guardian*）與其週日報《觀察者報》（*the Observer*），雖然兩報連續虧損的年度，最慢從 2004 年起，就已開始（當年虧損是營業收入的 2.73%）（參見「附錄表 A9」）。前述三家之外，其餘五家報團或商業電視，

獲利無不豐厚。無線第三台（ITV）與《每日電訊報》從 2010
（含）年起，毛利都超過 15%；《金融時報》略差，平均也在
13% 以上；三一鏡報（另有大量地方報紙）與每日郵報在 2008
與 2009 兩個最壞年冬，都能維持 7-16% 利潤率。

　　因此，英美及德國報紙面對發行與廣告量下滑，反應持平，
大致相同：政府不必額外補助，這是《華爾街日報》與《紐約
時報》從 2008 年 3 月至 2010 年 3 月的言論大要（Chyi, Lewis
and Zheng 2012）。德國最大報業集團「騎士」（Springer）獲利創
歷史新高，其總裁杜納（Mathias Döpfner）說，「希望法國補助
報紙的事情永遠不會在德國出現。」（Hülsen and Tuma 2009）到
了 2009 年 6 月，德國報紙公會進而發表〈漢堡宣言〉（Hamburg
Declaration），集體重申「不要國家補助」（OECD 2010: 135）。當
然，這些報紙並不主張政府取消發行免稅或低稅，這個無補助
之名，但具有補助實質的金額更大。歐洲報紙與美國同業對「危
機」的差異反應，衍生自兩岸的公共服務廣電／傳媒（public
service broadcasting/media, PSB/M），規模懸殊。英德報業的利潤
雖然仍然可觀，但不忘利用金融核爆，再將高唱多年的聲音，分
貝拉高。它們表示，作為歐洲傳媒主軸的 PSB/M 的執照費或公
務預算，不能僅只是作為 BBC 等機構使用，它們也要分潤，以
便參與更多的公共服務。在英國，地方政府通過廣告提供與地方
勞務（含通稿）的提供，對多屬報團企業的地方報紙，補助亦
多，如《三一鏡報》的英格蘭東北區各報紙從 2008 至 2010 年，
得到這類補助 757 萬歐元，是同期利潤的 14%（另有報紙免徵發
行稅達 1400 萬）（Baines 2013: 350）。惟地方報業公會仍極力宣揚
與遊說，指 BBC 不該有「太多」地方網頁，不要與他們「競相
服務」地方（Deans 2014）。

表3　英國全國性報團與商業無線電視稅利潤率或利潤，2008~2014

	2008	2009	2010	2011	2012	2013	2014
第三台（商業無線 ITV）%	NA	NA	15.58	15.57	15.89	18.13	27.49
三一鏡報集團 *%	16.08/16.70	9.52/13.8	14.26/16.19/	9.92/14.00	2.68/13.97	15.26	16.08
每日郵報集團 %	7.43	7.08	10.08	8.82	9.20	10.09	NA
每日電訊報 %	-4.95	16.74	18.19	16.83	17.28	17.53	NA
金融時報 %	NA	NA	14.89	16.17	11.06	12.25	NA
$ 快報（含商業無線 C5）	NA	NA	5.77	5.84	-560(報紙)	377(報紙)	NA
$ 新聞集團	-4740	4350	NA	NA	NA	NA	3730
衛報 %	-10.08	-14.51	-15.57	-16.81	-22.74	- 15.74	NA

$：利潤（萬英鎊）。
資料來源：Baines 2013: 347，附錄相關表格。

　　英美報業的廣告與發行收入減少，利潤依舊可觀，原因大致有二。其一，如同縮短工時，也就減少物料等不變資本的消耗，因此節約了支出，於是不必然減少資本的利潤，馬克思通過「西尼耳的『最後一小時』」這個故事，已經說明。[4]再者，對資本來說，通過機器運用及其他方式，減少可變資本也就是勞動力的支出成本，或強化勞動強度，同樣能夠達到（相對）維持利潤（率）的目標。雖然資本不一定能夠如願以償。但〈表2〉與〈表3〉的資料顯示，英美報業資本至今尚未失敗，仍可

---

[4] 馬克思（Marx 1868／吳家駟譯1990: 251-256）在《資本論》第一卷第七章談「剩餘價值率」時，反駁牛津大學政治經濟學教授西尼耳（Nassau William Senior）的說法。1837年，西尼耳出版《關於工廠法對棉紡織業的影響的書信》，他稱，「勞動時間每天縮短1小時，純利潤就會消失」。但縮短工時也就減少物料、廠房……等「不變資本」的成本，影響利潤亦可另有因素，則該算法顯然失實，僅傳達部分工廠主的立場。西尼耳反對斯密至馬克思的勞動價值論，主張價值是效用、供給的有限及需求有其彈性等因素構成，堪稱後來邊際效用派的先驅。

達成其目標。〈表 1〉則明示，除了英國在這段期間是個例外，其平面傳媒的全職記者人數，由 3 萬增加至 3.7 萬人（Ponsford 2014a），因此是 23.33% 的成長，致使其數字似乎可疑，[5]或原因仍待探索之外，[6]其餘五國的編採人力都在減少，僅是幅度不一。在這段期間，編採人力減少高於收入減少額度的國家，僅有南韓，這是因爲其地方報減少 18.49% 所致，若僅看阿里郎全國日報的編採員工，人數反而增加 4.49%；日本下降 7.86%，但其他部門減少更多，致使編採人力占報業員工比例，反而從 2007 年的 48.8%，增加至 2013 年的 51.1%。台灣編採（新聞記者與攝影記者）人力則減少 20.72%。台日韓報業收入都減少，額度不等，三國報業是否如同歐美，仍有大幅盈餘？不得而知，雖然，若是三國報紙資本的性格與能力悉如歐美「同儕」，則應仍然有不能小覷的利潤。

　　台日韓報業資本的質能仍待確認，歐美資本則已定性。無論是否出現「危機」，其邏輯至今一以貫之，是「殘酷」或「進步」，人們可以各持觀點。因此，更早之前，2000 至 2005 年，美國報業解僱 3,500 位記者（占了 7% 編採記者人數），但 2004

5　比如，BBC（2014: 27）委請相關公司調查的材料顯示，2013年英國的全職記者（包括報紙、電視、收音機與線上，不含雜誌）僅2.4萬記者，雖然占總人口（0.04%）是高於美國（0.03%）。又如，英國全國與地方報業公會於2014年合併爲「新聞媒體公會」前（Ponsford 2014b），相關調查顯示2002至2007年，地方編採全職人力從12,032降至 10,337人（Neil 2010: 8）。

6　台灣與英國的記者人數，都是政府職業統計，日韓美是行業公會統計，是否因此造成差異，待查。其次，英國數位廣告比例領先各國，是否從事數位新聞等內容編採的人數爲此大增，亦可考察。2012至2014年，英國數位占所有廣告的百分比，依序是40.4、44.4，以及預估的47.9（電視是26.4、25.5，以及預估的24.6，報紙紙版部分則是17.3、15.3與13.6），2015年預估過半（50.4），數位廣告占所有廣告比例，預估第二至第十依序是挪威45、中國43.6、澳洲43.3、荷蘭35.4、加拿大34.3、美國31.3、瑞典30.5與南韓28.4%（'UK first country ...'）。

年 12 家最大報團利潤是 21%，比《福星》五百大公司還高一倍；2006 年上市報業公司稅前利潤是 17.6%（Kluth 2006: 8-9; Kuttner 2007）。2007 至 2013 年，美國編採人力裁減與收入減少幅度，幾乎相當，都在 30% 左右，不在〈表 2〉的路透社，其 2012 年營收比 2011 年增加 3%，但仍在 2013 年初宣布裁減 2,500 員工（Hagey 2013）。「騎士」2012 年的報紙獲利率是 20%，旗下最大、也是歐洲最大報《畫報》（*Bild*）盈餘是 3 億歐元而利潤率 30%，但仍在 2013 年表示要裁減 170 至 200 人（Schnibben 2013; Schultz et.al 2013）。「騎士」尚有其他節約方式，比如，於使用公司網路搜索自家集團資料庫，按 'Search' 鍵一次成本 1.6 歐元，其《世界報》（*Die Welt*）因此要求編採人員，「不妨先試試不花錢的搜索引擎如谷歌等。」（Müller 2013）

美國與歐洲的對比

　　歐美報業收入減少，利潤不減，主要秘訣是資本怠工而減量投資，若資本罷工而轉手或關廠，最多是一次性「效益」，斷絕了長期獲利的機會。[7]但無論是哪一種，勢將對新聞等內容生產條件，帶來衝擊，特別是主流論述都已一清二楚地認知到，「在許多國家，表意自由的主要障礙，不再是檢查，是貨幣。好的新聞事業耗用金錢……。」（'Press freedom ...'）並且，更麻煩的是，調查報導、揭發錯誤而遂行輿論監督，「雖然是『負責任的新聞事業之表現』，卻總是由媒介通過其他活動所得到的收入，給予

---

[7] 比如，《南德日報》（*Suddeutsche Zeitung*）是德國二戰之後，巴伐利亞邦第一家（1945年10月）從美軍取得辦報執照，中間偏左的報紙。2007年，其家族產權人想趁報社體質健全，能賣好價錢，表示要出脫62.5%股份由金融投機商或上市公司接手。消息傳出後，哈伯瑪斯以市場失靈與民主理論發表時評，呼籲政府介入，成就公共報紙（Habermas 2007）。

補貼。」(Standage 2011: 7)

在報業或傳媒資本怠工方面，欠缺 PSB/M 的美國，又與剛好擁有仍稱強勁的 PSB/M，以及擁有因緣際會所出現、舉世唯一、並非公共政策創設的公共服務報紙《衛報》之英國，呈現強烈對比。就此來說，將英美傳媒列爲同類，歸併爲「自由主義模式」(Hallin & Mancini 2004 ／ 展江、陳娟譯 2012)，確實相當可議 (Curran 2011)。英國的《衛報》及 BBC 的價值，不妨舉其競爭對手《經濟學人》的評斷，作爲扼要的參照。《經濟學人》經常反對《衛報》經濟與國際觀點，也反對 BBC 公產權而主張切割 BBC 並予私有化，但它說 1970 年代以來最重要的英國傳媒事件「竊聽醜聞」得以曝光，是因爲「有《衛報》傑出的耙糞」('Street of shame ...'，另見馮建三 2012)。對 BBC，它說，「必須大幅砍預算……這是政治壓力所致，不是品質……BBC……在提升英國人生活品質的貢獻，在提升英國海外形象的貢獻，比起政府所提出的任何其它構想與作爲，都要來得大。BBC 提供受眾繁複多端、變化有致的廣電內容組合，新聞、時事節目、紀錄片與藝文內容，其他國家都很羨慕。」('And now for something ...'，另見馮建三 2011)

在美國，至 2012 年，地方電視內容已有 40% 是氣象體育交通，長度超過一分鐘的地方電視新聞僅占 20%，半數不到 30 秒。現場採訪在 2007 至 2012 年間，少了三分之一。報紙新聞的長度也明顯減少，意思是記錄與說理的細緻度，相對萎縮，如 2003 與 2012 年，《洛杉磯時報》超過 2 千英文字的稿件，從 1,776 篇降至 256 篇；《華盛頓郵報》是 2,755 與 1,378 篇；《紐約時報》也減了 25%；不過，超過 3 千字的文稿，僅有紐時增加 (32%)，《華爾街日報》是 87 與 25，洛時則是 368 與 34。工作

宗旨有別於新聞的揭露與監督，有時是化解誤會或澄清混淆，有時是如實傳遞訊息，又有時是依據業主需要，包裝訊息以求傳媒給予正向宣揚或粉飾實情，因此形同是與記者執掌相反的公關人手，在 1960 年是每 1 位記者有 0.75 公關人，1980 年是 1.2 人對 1 位全職記者，到了 2012 年是 4 比 1（'The media: no ...'）。（英國在 2001 年有全職記者 4.1 萬人，公關 1.6 萬人，到了 2014 年 4 月是 3 萬與 3.3 萬，略低於美國 34 年前的比例。[8]）

　　裁減人力後，極端例子開始出現，如由機器依據人所設計的軟體撰寫新聞，或是草率寫就的新聞（比如，簽約聘用海外英語系國家的低薪人才，一週供應 250 則「新聞」，每則 35-40 美分）事例，開始增加。2006 年，供稿公司 Journatic 創辦後，已在 2008 年底易手的「論壇報」公司於 2012 年 4 月投資入股，將其擁有的芝加哥地區 90 個網站，以及 22 個週刊版所需的新聞，委託給 Journatic，半數員工遭資遣。引發抗議後，該公司 7 月起停用 Journatic 稿件，但其他報業市場繼續引進。2007 年，線上體育新聞自動生成平台 StatSheet 成立，在 2011 年更名為 Automated Insight，並拓展到了金融與房地產等內容的提供，2013 年左右每週生出 1 至 2 萬篇（McChesney 2013: 203, 213-4）。美聯社從 2014 年 7 月起採用，每季發稿數量從 3 百增加至 3 千（〈新聞倫理與機器人記者〉），2015 年春雙方簽約，準備 2017 年前將撰寫新聞由籃球擴大至足球（〈機器寫財報新聞 每秒 2 千則〉）。新聞機構與自動化公司都表示，不會為此減少記者僱用人數。

　　以上這些客觀情勢的變化，可能也反映在美國人的主觀認知。根據蓋勒普（Gallup）的定期調查，相當信任（quite a lot）

---

[8] 英國政府對各職業的勞動力調查，2001年起可在這裡查詢：http://www.ons.gov.uk/ons/rel/lms/labour-force-survey-employment-status-by-occupation/index.html

與極其信任（great deal）報紙新聞的受訪者比例，在 1979 年是百分之 51，其後只降不升，1999 年是 33，到了 2009 與 2014 年，是 25 與 22。電視跌勢更兇，第一次調查的 1993 年，相當與極其信任仍有百分之 46，其後（與報紙相同的）三年，依序是 34、23 與 18 ！網路新聞信任度僅調查兩次，是 1999 年的 21% 與 2014 的 19%（很少或全無信任的比例是 25% 與 34%）（'Confidence in Institutions'）。論者認為，當前（美國）人口組成與結構，由於人之流動及各種事務的繁複程度與變化速度，無不只增不減，因此按理來說，需要數倍於昔的記者，投入於報導與分析，但實情相反，全職記者減少，俗稱公民記者或兼差者，難以彌補（Cooper, 2011: 329）。

　　〈表 1〉至〈表 3〉及內文所示，至少西方三個國家的報業，並沒有「利潤率」的明顯危機，其利潤率或稍有減少，但直至利潤率低於資本的（借貸或儲存）利息，一般說來仍不會完全消失。惟利潤率雖可維持，或者，未來很長時間不會低於資本利息，但在科技變化的過程，紙張作為負載影音圖文等內容，相對於數位電子形式，其定期與逐日出版的成本，無疑更高，而其效益，長期研判，應該會是走低。因此，在傳統至新媒體資本的競爭過程，資本附身的科技形式會有改變，資本求利並據為己有的動能，一方面激發新技術形式的出現而使資本彼此（役使勞動力以）競爭，他方面資本又再通過合併或採取聯合行為，降低競爭的風險。金融核爆之前，資本主義的體制危機業已反覆多次；其後，系統危機可能加深，但體制的盡頭尚未明朗，是否終將遭致取而代之，言之過早。因此，資本假借報業而積累的利潤總量（不一定是利潤率）之危機，在各國的進展階並不均衡。重要的是，仍在通過報業而進行資本積累與私人占有的地方，如印度，

固然對於報業危機之說，較無感應；另一方面，即便在英美德等地，報業的利潤之總量危機已現，資本並不屈膝投降，而是變身轉進，另倚其他科技形式逞其積累之能。

面對這個情勢，新的聲音出現亦有時日，它指新聞質量至此更是堪慮，無論是地方與全國的民主進程，不進反退，所謂新聞事業的當前危機，其實就是民主危機，為此，民眾對於公共事務的理解能力將要減弱。沿著這個思路，不願坐以待斃的人轉而活絡心緒，他們說，積極地促進復興新聞事業，此其時也，眼前的新傳播科技可以，或必須被轉為希望之源（如方孝謙 2009；陳順孝 2007；戴瑜慧、郭盈靖 2012）。假借網路搜索資料與分享之便利，記者可以很快接觸到豐富的各類資訊，及時消化與整理，原本擷取資料以成就新聞的素習，在科技的年代已可另生「資料新聞學」之名（林麗雲 2013；林照真 2014b）。另一層寄望是，手機、電腦及網路，結合各種影音器材，降低了進入新聞編採的門檻，兼職或偶一為之的公民記者正可崛起，專職新聞人要與兼職者合作，專業記者要與公民記者結合；雖然，前景能否更見陽光，公民記者是否出頭天，會是另一些還待觀察與探討的課題（林宇玲 2015；胡元輝 2012, 2014）。

然而，無論是認定民主前景堪憂，或是憧憬新科技的解放潛能，它們都還沒有觸及公共政策這個層面。民主作為促進公平正義落實的一個機制，有待人們採取更加「積極主動」的認知與態度，以求「通過協調有致的行動改變未來」，迎向「公共改造」（Curran, 2010: 474）。這也是《二十一世紀資本論》作者皮凱提的強調，「社會科學家……不能自滿於乞靈宏大卻抽象的正義、民主與世界和平等原則。究竟是要選定哪些特定機構、制度與政策……他們必須採取立場。」（Piketty 2014: 574）

二、國家應該袖手

堅決旁觀

　　然而，儘管世界經濟出現危機，經濟學界某些人的自信或自得仍在。當中的極端者秉持抽象的市場與個人自利的理性概念，否認公共財或外部性足以造成市場失靈，或說否認市場失靈是個問題。他們反而認為，失靈是市場學習的過程，是拉高或極大化市場效率所需支付的學費。在這方面，理性選擇學派或稱公共選擇學派的高文，觸角更是延伸到了文化領域。在他筆下，商業（傳媒等）文化乃是「禮讚」的對象，一國如此，放諸四海亦復如是，即便在此過程會有「破壞」，其「創造性」仍可確保商業力量所推動的文化「全球化」會是「文化多樣性」的確保（Cowen 2000／嚴忠志譯 2005, 2002／王志毅譯 2007）。

　　高文說的是「文化」，更為晚近，另有經濟學者進入新聞領域，從事描述與「靜態」分析。他們的特徵是，絕口不提當前的閱聽人（讀者）偏好，是在哪些發展脈絡下成形。既然誕生與成長這個「動態」過程非為所問，這些偏好是否應該改變、需被挑戰，不是這類經濟分析所要探討的問題。這就是麥勞斯基（McCloskey, Donald N.）所說，她曾經批評這個類型的經濟學者是「讀到歷史就厭煩，看到其他社會科學家就高傲，對於自己的文明懵懂無知，對於倫理之事絕不省思，對於方法也絕不反省」。不過，麥氏栽入修辭，疏於強調這類經濟學的修辭與論述之物質面，亦即經濟學者的修辭得以「成功」與得到接受，是因他們所「提供的資訊、建言與政策」，服務了資本體制（Mosco 1996／馮建三、程宗明譯 1998: 103）。

　　木連納山（Sendhil Mullainathan）與施萊弗（Andrei Shleifer）在 2005 年，就已對新聞、意見與市場機制的關係，提出了研究。稍晚進入的根茨科（Matthew Gentzkow），更是新聞經濟分析的佼佼者。2014 年，他獲得約翰・貝茨・克拉克（John Bates Clark）獎項，克拉克則是新古典、邊際派經濟學者，以反對（舊）制度學派著稱。其後，根茨科獨自，或與同事夏皮羅（Jesse M. Shapiro）出版於 2007 至 2014 年間的五篇作品，引起更多注目。他們的作品得到相當援引，菁英刊物予以報導與評論的過程，再次顯示，他們並不關注變遷、變化這個問題。他們描繪現實，不予評價，這類狀似科學，狀似無涉價值判斷的學術論文，其實表彰了一個重要的價值立場，亦即現狀的維護。這個不言宣，但透露於字裡行間之「看的方法」，就在菁英刊物的報導中再次演練，得到儀式一般的肯認、流傳與推廣。在其眼中，社會秩序理當在時間洪流中繼續「自然演化」，公權力僅需隨侍在側，確認「自然」秩序的推演不遭中斷。

　　這類型論文的研究起點是，人們喜歡，或說，更願意接受他們已經擁有或接受的意見（立場），因此，如果人們這個傾向及習慣不變，則市場競爭就是如實的反映，傳媒必然迎合閱讀大眾的既存偏見。共和黨人比較多的地方，報紙就會傾向於共和黨。這個性質同樣表現在不同類型人們的用語，比如，通過電腦搜尋國會紀錄，他們找出美國兩大黨使用的詞彙，是有差異。共和黨使用「死亡稅」（death tax），聽來是每個人都會受到影響，民主黨使用「資產稅」（estate tax），讀來就只是對有錢人課稅。由於傳媒業界自會自利地營運，因此不至違逆，即便產生傾斜，也是一種「最合適的傾斜」，亦即，這是最能獲利的「政治傾斜」理性。總結，美國報紙的生態與秩序，主要就是市場競爭規律

所形成，讀者觀點僅能影響偏差 20%，至於報業主造成的「傾斜」，根本「微不足道」。這些繁複數字與數理公式，再次肯定的是「讀者要，我就給」這個人們耳熟能詳的修辭。老生常談的說法，得到新權威的加持，兩相激盪，致使質疑的聲音，顯得有氣無力。「一個出現偏見的市場：人們常說傾斜的新聞報導是傳媒失去功能的徵兆。事實上，這可能是健康競爭的跡象。」[9]

既然「健康」，公權力介入就是多餘，若真介入，注定欠缺正當性。這類看事的方法，如同人們置身迴聲室，久聞其聲就成自然（Jamieson and Cappella 2008；以親身經驗提出異見者，見 Clark and Slyke 2010, 2011），甚至另有慶賀之響，如《紐約太陽報》（*the New York Sun*）2008 年秋不支倒地，一年多之後，其前主編仍然忠誠表達信念：「強化私有財產權的保障，強化更多競爭，補助是競爭之敵。」（轉引自 Grueskin, and Graves 2011:3）

「讓子彈飛」

前類經濟學者反對政府介入，班克拉（Yochai Benkler）另有所圖。先前，他曾經主張通過「社會政策」導引網際網路，超越要以所謂智慧財產權，通過人為法律匡限科技自由的視野。當時，他主張政策介入，求使技術得以極致發揮，解放影音圖文，以利人們分享；其後，到了具體的美國報業出現「危機」之時，卻有不同，他提出的對策是，「讓子彈再飛一會兒」。

班克拉認為，十八與十九世紀，美國報業確實都得到聯邦政

---

[9] 'A biased market: skewed news reporting ...'(2008)，該篇及《經濟學人》的另一篇'The late edition: A young economist wins ...'(2014)摘述並討論了這裡提及的六篇論文（Mullainathan and Shleifer 2005; Gentzkow 2007, 2014; Gentzkow and Shapiro 2008, 2010a, 2010b），前面五篇2014/8/4依據google搜索記錄的徵引次數分別是650, 250, 1, 101, 419, 566。本段改寫自《經濟學人》前引兩篇報導。

府相當大的補助；歐洲 PSB/M 得到公費補助，其素質與獨立表現，確實也很不錯；但是，有利於新聞協作的網際網路，在美國得有慈善基金會的贊助，應該並且也已經有些成績。班克拉對於商業模式深有戒心，同時，他也對政府創設的機構常有懷疑。他舉了例子，指 2000 年 FCC 有意開放小功率電台供社區申請，卻在公共電視基金會與商業廣電業者聯手反對下，橫遭扼殺。基於這個理由，班克拉認為，值此報業「危機」，政府應該先袖手旁觀，一段時間（比如，5-10 年）若真沒有起色，屆時另議即可，否則，「我特別擔心的是，當前許多進步人士努力提出了許多建言……雖說要借用當前傳媒商業模式的危機，推動由政府出資的新聞事業，但到頭來卻會幫助了現有廠商，致使在美國政治治理的切香腸的過程，最終還是強化，且複製了二十世紀的產業模式，以致一切進步的聲音，反倒是幽暗不明。」（Benkler 2011: 226, 237）另一方面，台灣的朱元鴻教授反對政府介入傳媒的原因，亦與班克拉異曲同工，微妙地接近。即便沒有誤讀一筆資訊（以為半島年有廣告 5 億美元），朱元鴻（2014: 5, 19-21）的憧憬依舊勇邁且吸引人。他說，如果台灣如同「半島新聞台」（Al Jazeera），（參與或主導）創辦「全球新聞華語頻道」作為「21 世紀的當代文化創造」，那麼，這個需有物質基礎的願景，資金來源「不合適」來自公款，要因之一是「台灣立法院」不可信任。

　　當然，朱元鴻與班克拉說公權力現在應該縮手，可能並非指政府必須永遠卻步；實務考察是一回事，國家應否介入這個理論認知是另一回事，實然與應然之間，必有緊張關係，不一定相同。至於《理性》（*Reason*）這本主張經濟放任自由派的月刊，其主編魏爾區心中，並無實然與應然的辯證張力，他說「先前被人玩弄於股掌中，處於被動狀態」的人，如今搖身成為部落客、臉

書、*Youtube*、推特……等等玩家,「如今,每一天每一日,他們都在以自己的遊戲規則,打擊專業的人,在這個過程,所謂我們的民主因為報紙傾倒而陷入危險境地的說法,其空洞乏味也就暴露無遺。」這些人「已經從昨日整包成捆送上來的新聞遠去了……他們現在放棄了新聞,以雙腳跳進了生產過程 ... 我們什麼都不應該做,不要擋他們的路」(Welch 2011: 219, 222)。

傳播史學者史塔說,「單只是市場,再也無法供應民所所要求的、有品質的新聞,現在我們確實目睹市場失靈,致使(傳媒)無法提供社會所需要的公共財……。」(Starr 2011)對於這個論點,班克拉領首,魏爾區不會同意。但史塔也並不立刻擁抱政府大力介入的立場,這又與一些資深記者的反應,有了近似。儘管認定專業新聞是民主所需,同時又認為美國傳媒(報紙)必須重整,但媒體人依舊「相信新聞與傳統新聞標準的鐵律……必須是……商業模式才能持久」,一旦秉持這個認知架構,他們對於非營利組織的某種角色,就界定在「短期與中期」(Jones 2009: 199-200)。

慈善捐贈

這樣一說,品質良好而多樣的新聞,成本高昂,必須另找資助來源:「慈善部門」。因為,「在美國,納稅人通國國家之手,給予新聞事業大力支持,尚未成真,箇中有歷史的、法律的與憲法的原因,也有無法形成政治共識的原因……。」(Fiedland and Konieczna 2011: 8)不過,即便主張美國新聞事業的改革重心,在於個人或基金會志願捐輸,做此主張的人往往也察覺到了缺憾。他們發現,即便美國有 7.5 萬個財團或家庭慈善基金,資產達 6,820 億美元,捐贈總額 440 億(2007 年),但其中專做傳播

用途大約僅有 1 億美元（扣除公共廣電捐贈金額），約僅相當於慈善捐贈額的兩千分之一（ibid. p.10）。2009 年初，金融核爆之後，慈善家捐贈給新聞事業的額度，並無明顯增加。美國華盛頓大學曾有統計，指非營利新聞事業所獲捐贈，從 2005 至 2011 年，總計僅有 2.5 億美元（'Philanthro-journalism ...'）。另有一項 2012 年的調查，對像是美國 18 家（15 家在 2008 年以後成立）地方、州與全國慈善機構所支持的新聞組織，其發現是這些機構的年度預算總計約 4 千萬美元（最大兩家就占有將近一半），全職勞動力合計 256 人（Knight Foundation 2013: 5-6）。到了 2013 年底，創辦 eBay、個人資產達 85 億美元、允稱積極活躍的民主份子，外界認為與傳統捐贈人如卡內基、洛克斐勒或蓋茲的風格不同，更為重視其倡議的事業能夠在市場存活，因此人稱「風險慈善、公益創投」（venture philanthropy）的奧米迪亞似乎引起了新的期待或觀望（'The Omidyar way ...'）。他宣布將分期投入 2.5 億美元，委由甫從《衛報》（*the Guardian*）離職的格林沃爾德（Glenn Greenwald）創設並主持原生網站，貢獻新聞事業。該項贊助額的頭期款 5 千萬美元，已經用以創設「先看傳媒」（First Look Media）公司，並在紐約、舊金山與華盛頓設立記者站，聲稱將專攻「政治、政府、體育、娛樂、生活風格、藝術、商業、科技與調查報導」（Bell 2013; McCarthy 2014; Pilkington 2013）。

　　美國傳播史上，洛克斐勒等慈善機構曾經產生重要作用，參與了美國傳播主流效果研究的形成，遲滯了美國批判傳統的積累與養成（Schiller, 1996 ／ 馮建三、羅世宏 2010: 74-81）。當前，英國的准慈善新聞事業模式，或許可以舉《衛報》作為代表。[10]

---

[10] 《衛報》並無法律的慈善機構地位，但其作為符合慈善機構理當強調的精神，見賴子歆（2015）。

2013 年吹哨人史諾登（Edward Snowden）事件爆發後，格林沃爾德批評上市公司《紐約時報》「臣服於美國國安會之深，讓人不可置信」。[11] 反觀《衛報》，以其對英國國安體制窮追猛打，招來同業的保守側目（Petley 2014）。顯然，它的新聞專業認知觀，及其實際表現，是與《紐約時報》有相當程度的差別（Nolan and Marjoribanks 2011; Coddington 2012）。其創辦人遺囑得到屏障，《衛報》的存在就是目標，其他企業則是工具，二者的關係如同眾星拱月；《衛報》長年採取「交叉補貼模式」支持專業，市場效益卻吝於青睞，這是美國同業所不熟悉、「很不尋常」的財政安排方式（Bell 2013）。《衛報》與《紐約時報》各有專業，內涵不全相同，財政模式更有差異，晚近事件則又顯示，兩報對於國安體制的認知有別，有時甚至立場相背；那麼，除了指認兩報在數位年代，仍然不改其志，同樣認真地執守「記者應報導事實的專業價值」（林照真 2014a），更值得研究的課題應該是，兩報不同的專業認知與財政模式，何者更為可取從而值得推介。雖然《衛報》可以稱作是相對優秀的例子，但在欠缺公共政策奧援下，能否持續，是值得正視的課題（賴子歆 2015）。

　　認為慈善基金的贊助，是改善美國新聞事業的重要動能，這是一種意見。與此對立的聲浪，同樣存在。其一，論者指出，傳統上，調查報導在美國，是進步報章與主流報業的從事。惟近年來，保守派基金會揮兵進入，致使調查報導魚目混珠，出現不以事實作為依據的情形。比如，保守派的調查報導聯手主流頻道如「福斯」，抹黑服務中低收入戶的社工人員（Mcgann 2011）。批評慈善機構作為新聞金主的第二種意見，主要是著眼於其規模不

---

[11] 該句批評針對2014年紐時新任主編巴奎特（Dean Baquet）。巴奎特稍後則說，他已改變，「如今更為懷疑政府」（Lloyd 2014）。

足，他們認為事實具在，「新聞取向的網路媒體……無法從個人捐贈者或慈善機構……取得足夠資源，支付地方的、州的、全國的、國際的事務報導……即便是最好的網站，也只是集合與分析來自傳統媒體的報導，不是自己斥資進行報導。」（McChesney and Nichols 2011: 103）最後，慈善機構的作為是一種個人自得的獨善其身，主張者往往為此而忘卻，或是傾向於貶低公共政策的必要。因此，假使慈善捐贈走入這個方向，就是一種保守現狀的實踐，同時應驗了哈維（David Harvey）的警告。他說，「我們大多數人也被『新自由主義化』——那些資金充裕的運動，頌揚個人、頌揚私有化的社會服務、頌揚私有化的公共機構，但我們卻相信、也接受了這些運動的信條，反之，我們卻對政府的潛能，嗤之以鼻。如此一來，左派政治變成是『受害者的敘述』，這無法鼓舞人們的團結。當前，NGO 是處理不平等的主要工具，但它們卻是由富裕者支持，NGO 因此無法批判財富與餵養它們的財富。」（Carlson 2014）

　　強調慈善機構，卻又不及於公共政策的論點，除了可能出現哈維指出的問題，經常也忽視慈善捐贈的人抵稅需要，或說他們的捐贈動機也包括節稅，特別是對於並非個人小額捐贈的企業行號，更是如此。這個條件在英美的意義，尤其明顯。因為，在英國，新聞事業迄今不能列為慈善地位，不在免稅之列，倫敦市立大學設有「調查新聞中心」曾連續兩年申請，要使捐贈給它的財源可以抵稅，都不成功，原因之一是英國認定，慈善捐贈不能從事政治活動（'*Philanthro-journalism ...*'），在政治定義必然寬廣，而新聞事業很難與政治活動切割的前提下，要在英國以捐贈新聞事業作為抵稅的空間，必然低於美國。但究其實，即便慈善捐贈於新聞業可作抵稅的美國，學院人（Downie and Schudson 2009 ／

胡元輝、羅世宏譯 2010: 164-166）與媒改人（Pickard, Stearns and Aaron 2009: 36）仍在不停建言，希望法規再調整，以便讓新聞業的捐款來源及額度，能夠擴大。至此，可知慈善機構與新聞事業的關係，無法迴避公共政策的內涵。

三、政府必須進場

相對於歐洲，美國的慈善捐贈相對多，但稅捐相對低〈表4〉。這是眾多「美國例外」的表現之一。慈善捐贈與稅捐高低，可能互為表裡，前者是個人的志願行為，後者是政府對個人之總合所做的集體安排。若與歐洲對比，無疑美國人的政府從事，規模小於歐洲，美國前總統雷根（Ronald Reagan）說：「政府不能解決問題，政府就是問題。」（Government is not a solution to our problem, government is the problem）這個最小政府的立場認為，稅收若是高於維持守夜人所需的最低水平，往往就是官僚自肥，或是無效率與浪費的表徵；接受這個立場的人，在美國，會遠多於歐洲。即便在傳媒領域，在很多歐洲國家「看來，國家對大眾媒介負有一種責任……通過立法來正式……確保表達自由和新聞自由……國家有責任去創立和維護一個包容多種多樣聲音的信息和報刊體制」（轉引自 Hallin & Mancini 2004／陳涓、展江譯 2012: 159）。歐美的強烈對比，可以用法蘭西學人的陳述，作一表述：「在法國，報業要求法律以保障多樣的理由，確保其自由，藉此對抗金錢的過度權力……跨越大西洋，到了彼岸，國家資助變成了腐敗的軟調形式，有損報紙的獨立。」（Lardeau and Le Floch 2013: 203）第一本依據主流實證經濟學架構，撰寫英語世界第一本《媒介經濟學》的學者，在早於前書完成四年時，曾

經完成《報業與民主式微》一書，提出「民主社會主義者的公共
政策回應」。他說，歐美對政府與自由觀點的差異，根源就在美
國強調的新聞自由是「消極新聞自由」，源出洛克與霍布斯；歐
陸而特別是法國則有盧梭之說，作為其肯認與伸張「積極新聞自
由」的依據（Picard 1985: 38-50）。

表 4　美英德法捐贈與稅收占國民生產毛額 %

	美國	英國	德國	法國
捐贈 2006	1.67	0.73	0.22	0.14
稅收 2012	24.3	35.2	37.9	45.3

資料來源：Wood (2010), 'Revenue Statistics - Comparative tables'。

　　當然，歐洲人呼籲政府維持，或改善傳媒結構的呼聲，往
往不能及時得到回應，而是經常出現對現的時間落差。哈伯瑪
斯在金融核爆之前，批評美國聯邦傳播委員會主席在 1985 年拋
出的俏皮話，「電視就是跳出影像的麵包機。」他說，這是錯誤
的認知，若是不分青紅皂白，強將商業利潤的私人占有原則，套
用至傳媒，勢必致使政治與文化，雙雙遭受重大傷害。德國的
「雙元」廣電體制就是一種用心，企圖限縮這個傷害。因此，德
國的「廣電閱聽人不止是參與市場的消費者，他們還有權參與文
化，觀察政治事件，從中形成他們自己的意見」。假使廣播電視
值得，也必須由國家大力介入，才能不會使得其聽眾與觀眾，淪
為純粹的消費者，報紙何以不是這樣呢？特別是德國也與大多數
國家相同，「傳播學者的研究讓我們清楚了然，知道至少在政治
傳播這個部分……（類如《南德日報》這樣的）質報扮演了『主
要傳媒』的角色。廣播電視與其他報紙的政治報導與評論，向來

倚重這些『論理的』報紙提出的題材與新聞。」[12] 就德國的環境考察，政府是介入了廣播電視的結構維持，但沒有妨礙這些公共傳媒監督政商的言論表現，那麼，是否能夠以此作為例證，也讓「嚴肅的報紙與雜誌如《南德日報》、《法蘭克福匯報》或《明鏡週刊》，或者，甚至也讓品質優異的月刊，也經由這個方式組織起來呢？」（Habermas 2007/2009）當時，《南德日報》的產權易幟，不因哈伯瑪斯等人的時論而改變，但德國社會民主黨傳媒事務負責人在 2012 年底指出，「新聞事業基金應該由公共手段提供財政支持。」（Kolo and Weichert 2013: 230）

政府從未缺席 還原歷史

在美國，既然消極的新聞自由、傳媒的最小政府（結構）介入是主流見解，那麼，有心改變現狀的人，就不能不想方設法，進行意識攻防，爭取廣大中間份子的支持。因為，大多數美國人欠缺機會與資源，無法熟悉相關史實，難以有效理解或參與辯論。

在美國主張政府應該強力介入，調整傳媒宏觀結構的人，其努力分做縱橫兩類。「縱」是指向歷史求索，他們提醒與突出四個論點：（1）美國傳播體系的建成，政府居功厥偉；（2）憲法第一修正案不是僅有消極面向，另有力挺積極傳媒自由的空間；（3）美國最知名的傳媒改革文書，有其重視與強調政府的傳媒角色之成分；（4）二戰之後，美軍對西德重建新聞自由的貢獻。「橫」是借力使力，善用主流調查的「聲望」與「公信力」，說明美國的「新聞自由」落後許多國家，而落後的重要關鍵，出在

---

[12] 2013年，英國各傳媒投入新聞編採總計18.9億英鎊（平面媒體11億、電視4.3億、收音機1.5億，線上2.1億），亦即報紙以收入的25%、電視與線上傳媒，各以收入的5%與4%，投入於產製新聞（BBC 2014: 23-27）。

政府投入太少資源於 PSB/M。

　　美國在 18 世紀獨立建國，在其擴大國土的過程，郵政總局傳遞信件與報紙的低價與補貼政策，居功厥偉，使美國的「想像的共同體」得以成形。法國人托克維爾（Alexis de Tocqueville）前往美國，歸返後寫成《民主在美國》。旅途中，托克維爾發現他在中部、西部所碰到的內陸人，並非粗魯不文，這與他基於法國經驗而有的心理預設，並不相同。托氏在密西根州遇到的美國人，談吐舉止「就與他在東部所會見那些最為溫文深沈的都市人，驚人的相似」。箇中的重要原因之一，就在郵局。當時，除了外交及郵政業務歸屬聯邦政府負責，美國各州政府擁有幾乎各種權限，有段時間，聯邦政府甚至沒有任何直接稅收，僅能課徵進口貨品關稅、販售土地所得……等等。1790 年，美國郵局傳遞信件 30 萬份，報紙 50 萬份，人均 0.1 與 0.2 份，到了 1840年，二者數量已是 4,090 萬與 3,900 萬份，人均 2.9 與 2.7 份。1816 年郵政總局有 3,341 僱員，而所有聯邦僱員僅 4,837 人，亦即郵政總局占了聯邦政府員工的 69.1%，至 1841 年，郵局員工 1.429 萬人，占了 79.2%。郵局人數若對比聯邦軍力，就知其重要性：1831 年，聯邦政府的軍力是 6,332 人。1828 年，美國每 10 萬人有 74 家郵局，英國 17 家，法國只有 4 家。加拿大郵政服務太少，以致還習慣經由美國傳遞。蘇俄則在 1896 年還僅有 3 家（John 1995:1-5）。由於當時各報紙通過郵政，免費在報人之間互換，這個情況對於報紙內容（評論）的生產，甚至造成遲滯作用，因為「免費換報（按：就可以摘錄、抄寫或轉發，）致使任何人若想要生產或發布遍及全國的政治新聞，都無法賺錢；沒有任何有點頭腦的報人會『願意付錢購買資訊，他們只要交換報紙，就能看到這些內容啊』」（Pasley 2001: 173）。

　　這些情景是美國兩百多年前的「傳播革命」，趣味盎然。共和國得以建立的這段史實，在 2008 年金融核爆後，開始產生攸關現實的政治意涵，很多書寫無不援引前述往事，要求以史爲鑒。其中，最稱詳盡的書籍是《偉大美國報紙的生與死》（McChesney and Nichols 2010）。兩位作者希望從事的心理建設是，假使歷史上政府的大量補助是美國得以建國與茁壯的重要原因，現在的美國人何以需要反對政府的介入與補助傳播事業？第一個郵政法完成於 1792 年，國會歷經辯論，同意遞送報紙費用必須低於成本，亦即不只是被動同意補助業者，是政府主動認定有此需要。1845 年，報紙與其他小冊出版品重量占了郵局遞送物件的 95%，但只占郵局收入 15%（ibid. pp.123-124）。假使沒有這段政府資助，日後的商業報紙發行系統，乃至於人們的讀報習慣，不一定能夠建立，何況，美國政府外包油印業務給報社，亦可當作政府給予報社的補助，1860 年聯邦政府印刷署成立後，印務外包至 1875 年才結束。1913 年，發行補助若以 2009 年物價計算，相當於 50 億美元（ibid. p.128, 131）。美國各級政府在 2007 年僱用 2.3 萬公關人，無償提供公關新聞稿件，他們認爲也應該計入政府對傳媒的內容補助（ibid. p.143）。如今，美國補助報紙與雜誌發行雖然減少，但報紙依舊受惠於政府稅賦優惠，其發行所得的稅率比較低，以 2009 年爲例，相當於政府爲此短收了 9 至 10 億美元（Cowan and Westphal 2010: 8-10）。同理，美國政府未對對電視使用電波課費（或拍賣），在 20 世紀末，每年等於貼補業者 20-50 億美元（1994-1997 年間，FCC 拍賣部分電信使用之電波，價值達 200 億美元）（Scheuer 1999: 188）。

積極新聞自由

換句話說，美國政府不但在歷史上，構建傳播體系有功，當前，仍以稅賦減免或無償使用公共電波等方式，形同繼續大力補助業者，但正是得到補助的人，高舉憲法第一修正案在內的說詞，聲稱補助無理、有侵犯新聞自由之虞。但第一修正案，並不是只有不得立法限制新聞自由，若立法或以行政措施，促進新聞自由，難道還能違憲？

《傳播政策基本原理：電子媒體管制的原則》是本評介美國傳播政策的優秀作品。作者整理了美國憲法第一修正案的兩大解釋傳統，其中「個人主義」的詮釋，僅只重視傳播者的消極自由之權利，但對接收者（閱聽人）要有機會接觸不同與多樣觀點的憲法內涵，較少發揮。就此來說，第一修正案的「集體主義」顯得更為周延，作者列舉了屬於這個解釋傳統的碩學鴻儒名單，他們對於發言者的積極自由有所重視之外，同時強調閱聽人的權益；「可確認的是，第一修正案必須包括發送與接收面，才能有效實現所有功能……只強調傳送資訊的權利，並無法完全體現第一修正案的概念」，亦即第一修正案賦予人們的功能，固然包括維護個人的意見自由，卻也有「塑造一種言論環境，讓全體公民接收與發送意見的能力擴大至極限」的面向，這是「解放／自我滿足」、「個人技能發展」、「提升知識與發展真理」、「強化民主過程」、「監督政府權力」、「社區安定」與「自我實現／意識自主」的功能（Napoli 2001 ／ 邊道明、陳心懿譯 2005: 47, 35, 36-57）。

包林杰是美國憲法及言論自由法學專家。1986 年，他出版《寬容的社會》，沒有談及傳媒補助，亦未專對補助制度與財政來源等問題，有所置語。但在該書，他已明確指出，認為柏

林（Isaiah Berlin）掛念對積極自由的強調，很快就會淪爲一種壓制力的來源，實有不足，甚至在當世美國，會產生誤導，因爲，「他未能理解的是，消極與積極自由這兩種概念可以同負一軛……（他並未考量）消極自由的區塊或領域，可以如何變成是努力爭取某種積極自由的來源或方法。」（Bollinger, 1986: 173-174）其後，他在 2002 年出任哥倫比亞大學校長、積極改革哥大新聞教育，並在金融核爆之後，發表《不羈不絆、健全壯實、廣泛開放：論新世紀的自由傳媒》一書。他指出，十八世紀末至二十世紀初，美國傳媒沒有從第一憲法修正案得到太重要的保障，1919 年最高法院開始有了判例，維護傳媒自由的意義浮現，但一直到上世紀中葉、廣電成爲新聞主要來源後，該修正案的重要性才見「蓬勃發展」。

不過，美國第一憲法修正案有三個柱石，當中，第三個柱石要求政府「爲了改善傳媒表現而規範傳媒」，但這部分是「談及美國新聞自由與憲法傳統時，最被忽視的一個柱石」。包林杰說，單靠市場秩序無法提供充分的公共之善，因此「最爲重要的是，我們必須理出更好的系統，以公共基金興辦傳媒……情勢嚴峻……來日終將印證……挹注公共基金……這是維繫自由傳媒的唯一辦法」（Bollinger, 2010: 4, 29, 131-132）。

第一修正案不是只說國會不得立法限制，而是更有寬廣空間，足以讓國會立法提升新聞自由。二戰方酣的 1943 年底，美國雜誌業鉅頭魯斯（Henry Luce）出資邀請芝加哥大學校長哈欽斯（Robert Hutchins）擔任主席，成立委員會，診斷美國傳媒弊端並提興革分析。運作三年、委員們每兩個月群聚三日討論、訪談 58 位媒介批評人、政策制訂人與記者、另採集 2 百人證詞，最後在 1947 年提出六本報告書時，積極新聞自由及相應的政府

角色之建言，明顯現身。

　　委員會調查活動過半之時，非裔美國人提摩斯（William Tymous）以退伍軍人身分撰寫三頁長信給 FCC 委員杜爾（Clifford Durr），表達他作為投入反法西斯主義戰爭而返國的人，眼見美國電影與收音機充斥著對於黑人種族歧視的內容，簡直就是「美國的法西斯主義」，讓他不敢置信。杜爾回信，表示完全認同他的觀感與見解，並附上 FCC 當時完成不久的《廣電執照人的公共責任》（俗稱「藍皮書」），哈欽斯說說這是「收音機規範歷史的最重要里程碑」，首肯者也指這是「FCC 最進步時期的最進步之倡議」。但當時羅斯福驟然離世，繼任總統杜魯門（Harry S. Truman）與新政劃清界線。先前，藍皮書已經招惹市場自由派強烈反彈，在 1946 年國會大選共和黨人勝出後，情勢更是雪上加霜。於是，業界反擊，美國廣播公會主席等人說聯邦「傳播」委員會是聯邦「檢查」（Censorship）委員會、其委員則是「共產黨走狗」。面對排山倒海而來的「打紅」，業界猛說這不是藍皮書而是「粉紅書」之後，曾經任職 BBC、將 BBC 理念帶進藍皮書的英裔美國人史皮曼（Charles Siepmann）與 FCC 首席經濟學家，後來開創北美傳播政治經濟學的史麥塞（Dallas Smythe），相繼掛冠求去（Pickard 2011a: 172）。

　　哈欽斯委員會的境遇沒有更好。研究者深入檔案，拍攝（因不能影印）兩千多份文件後，發現多數委員都認定，在當時傳媒的商業集中與專權之外，實際上，仍有出路；時人與時論經常認為，不歸「私人暴虐」就要淪為「國家控制」，應該是錯誤的二分法。委員們從公眾知情權的觀點，以「積極自由」的角度，解讀第一修正案。他們主張政府介入，認為不必然造成對新聞自由的限制，相關主張包括：對收音機取稅補助所有報紙、政府背書

貸款或直接補助、政府持有傳媒，他們認為，這些作為都無違憲之虞。後來，這些建言沒有在總結報告完整出現，原因可能是他們多少認定，這作法不太可得到採納與執行，也有可能是委員們被自己的結論「驚嚇」到、覺得不該那麼批判，因此正式的「建言有所妥協」。但即便報告書退縮了一步，外界仍有驚嚇之人，比如，出資人魯斯尷尬而委婉地說，報告書「引不起（按：他的）興趣」。《芝加哥論壇報》則說，該報告書是「極權思想家」遊說活動的一部分；後來，該報更讓記者帶職帶薪，寫成 642 頁大書，指哈欽斯委員會是「邪惡的共產黨人先鋒隊！」（Pickard 2010）

其後，時代進入冷戰，在此背景中，美國近世最知名、穿透國際而流傳至今的這份報告書，若不是被理解為「社會責任論」（訴諸自律與專業，以此促進傳媒的自我更新）的濫觴；就是遭致指為是業界公關，用來消解批評與政府管制；最多，是有人看出報告存在激進成分，但報業嗤之以鼻，不予理會。1940 年代中後期這些改革方案最終沒有落實，是否真是因為太過菁英，未能與草根有更多互動與結合，已是難以論證或否證的觀點。這段美國歷史淹沒已久，世人少知，惟時代仍然留存了一些成績，比如，以紐約為主、不刊登廣告，曾被指為是共產黨支持者的報紙 PM，持續發行至 1948 年。再來，社區電台 Pacifica 在 1949年成立後，財政以聽眾捐輸支持為主，目前仍在運作（Pickard 2011b）。

學習海外

在美國境內，政府理當強力介入美國傳媒結構的建言，未曾落實。但在海外，光景迥異。論者引述史學家安布羅（Stephen

Ambrose）的研究成果，指出「美國政府扮演了關鍵角色，創造並滋潤了地球上最為強勁有力的傳媒體制——雖然飽受網際網路威脅，已在調適；儘管全球金融核爆，至今相對未受撼動的傳媒體制。唯一的問題是，這些傳媒並不是在美國」（McChesney and Nichols 2010: 267）。他們說的是，二戰之後，不僅是政府、並且是軍事共管體制之下，德日兩國成為實踐場地，兩國的傳媒秩序在盟軍干預下，逐漸正常化，成效不俗。

　　1945 年元月，盟軍光復第一個德國城市亞城（Aachen），當時納粹仍未戰敗，盟軍派出的首任市長遭暗殺。局勢還不明朗，盟軍估計，若以軍事政府公報推廣政務，將因公信力欠缺，影響成效，盟軍是以刻意維持多樣觀點，首張當地辦報執照由社會主義者取得，再過一年，第二張執照核給保守派。除了管制辦報證照，盟軍另為新興報紙提供財政資助，美國國務院提撥 350 萬美元當作基金，1945 年後，德國新創報紙的 20% 營業額亦須繳納作為部分基金，當時，有人逕以「准公共機構」稱呼這些報紙。不只是新興報紙，盟軍對收音機及電視體制的介入，同樣深刻。由於納粹時期，德國聯邦政府統合宣傳，盟軍因此刻意改變這個遺產，由各邦小規模控制廣電，也不使其與商業完全合作，BBC 的財政（執照費）模式得以在此產生部分的作用。1953 年，美國共和黨參議員麥卡錫（Joe McCarthy）甚至指控美國資助、主要在慕尼黑地區發行、一日收到 1,100 讀者投書的《新報》（*Die Neue Zeitung*）是由「共產黨人」主編。雖然《新報》確實常批評美方，但這個指控子虛烏有（McChesney and Nichols 2010: 249-251）。麥卡錫之流的美國人杯弓蛇影，見有政府規範之說，立刻急忙奉送紅帽子，指新聞自由即將受創的惡習，至今仍然存在。2009 年晚春，因應金融核爆對美國報業

的衝擊，聯邦交易委員會文官研修相關報告，舉辦工作坊，亦曾招來「新馬克思主義者刻正影響歐巴馬的傳媒政策」的說法（'The Neomarxist ...'），雖然事實的進展很快就暴露了這類反應的荒誕：歐巴馬未曾興革傳媒，他與選戰期間所展現的氣勢，並不相符（McChesney 2014）。

總之，恐共者移花接木，致使有關美國政府應該積極管理市場（包括給予傳媒較多補助的提案）之議，很快就成為爭端，被指為是實存社會主義對於言論的箝制，就要在美國重演。殊不知，實況相反，因為美國新聞史的研究成果顯示，美國社會主義者的訴求，未曾礙及（消極）新聞自由的伸張，反而是因為「維克多・柏杰（Victor Berger）及其社會主義者同僚在 1917 至 1921 年間的努力」，「我們（美國人）對於自由探索與自由評論的當代定義，方始得到彰顯。」（Nichols 2011: 163）更怪異的是，戰後的德國與日本不是特例，許多歐洲（尤其是北歐），乃至於亞非國家也有清楚的例子，顯示政府通過立法所提供的公共資金愈多之國家，其新聞自由度不但並不落後，而且優於美國。

美國的「自由之家」（Freedom House）與法國的「記者無疆界組織」近十多年來，各自製作世界百餘國的新聞自由指數，結果相當穩定。斯特恩斯（Josh Stearns）整理了 2011 年的材料，廣獲引用（如 McChesney 2013: Table 1），顯示美國在前兩個組織的新聞自由排名是 22 與 47，《經濟學人》所排比的民主指數，美國是 19，太多國家領先美國；比如，芬蘭在前三個指標排名是 1, 1, 9；挪威是 2, 2, 1；瑞典是 3, 12, 4；丹麥是 5, 11, 2。公共媒體所得到的補助額度，在美國低得驚人，人均 1.43 美元，挪威與丹麥及芬蘭是 130, 110 與 104，南韓都有 10 美元。論證美國必須「向海外學習」的人，於是更能義正辭嚴。畢竟，「自由

之家」與「記者無疆界組織」的指標，儘管各自有其缺點，卻都從美國政府手中，得到部分經費的贊助，若說出資者會設限，兩單位歷年的調查資料剛好是反證，其評比都肯認美國自由的相對落後。除了借此佐證，他們更是另以更為深入的個案研究，說明即便歐洲國家對傳媒贊助，但這也絲毫並不影響歐洲消極新聞自由的水平，事實反而逆轉，亦即因為納稅人的稅收通過政府，給予 PSB/M 贊助之後，其傳媒市場因為有 PSB/M 作為領頭羊，歐洲許多國家的傳媒與新聞自由度，不但較高，它們的新聞專業表現，亦更為可取。

在這方面，本森做了質量相當值得稱道的研究（Benson 2011）。本森比較了七家法國報紙與八家美國報紙，分析它們對 1990 年代移民問題的報導。本森發現，即便政府補助約占法國報紙總收入的 13%，但它們沒有成為軟腳蝦。他以各報引述的消息來源，判斷其對政府、政黨、工商業界或其他有權勢機構，傾向於順服或是監督／批評。結果是，法國報紙比起美國同業，批判次數「兩倍之多」。法國報紙根據「意識型態多樣標準」而給予「額外補助」的報紙，如天主教的《十字報》或共產黨人的《人道報》（但不是共黨機關報），同樣不因這些額外補助而少了批判，事實上，兩報對於執政黨都有最多批評。

與此同時，這項規模不小的研究，亦比較了 1960 與 1990 兩個年代，兩種法國報紙（保守派的《費加羅報》，以及中間偏左的《世界報》）與美國自由派的《紐約時報》。他的發現讓人驚訝，亦即法國兩報都比《紐約時報》更為批判。針對 1970 與 1980 年代的移民議題，研究結論亦復如此，法國報紙比美國報紙提供了「更多視野」。最後，他還研究了瑞典與美國的選舉新聞，結論是美國重賽馬式的、選戰策略的報導，瑞典因有公費補

助的報紙，走向「更議題取向，提供較多的分析與解釋報導」。若在德英法美的公共與私人電視之間，做個比較，同樣得出定論，PSB/M 對選戰的報導，是比商業頻道，呈現了更廣泛的題材。以 BBC 為主的研究更是長年不變，無不顯示「這個國有的」頻道之獨立與品質，優於其他媒體。本森追問，這些較好的表現是因為政府補助所致嗎？引述了若干作此結論的研究後，他的推理是「財政來源與新聞風格是存在親和關係」（Benson 2011: 316）。美國新聞事業的書寫與敘事型態，是在廣告支配下為了取悅讀者，因此就有比較大的壓力走向個人特質的、人物化的描寫與交待，有關概念的耙梳與發揮，以及其多方評議，比較不受青睞。本森與同僚對丹麥、美國與法國的傳統報紙，及線上報紙的研究，有個相當重要的發現，亦即網際網路固然影響報導模式，但公共政策介入的深淺（最具體的表現是，財政投入的多寡），仍然是極為重要的因素，明顯牽制線上與傳統媒體的表現（Benson et.al. 2012）。

結語

「網際網路」作為新興科技，先公共化、納進商業化之後，至今 20 年。本文主要在於指認，歐美報業雖然因為發行量減少，廣告轉入網路空間，致使利潤總量減少，但其「利潤率」在 2008 年金融核爆之後，至今（2014）年還是相當可觀。因此，就此來說，歐美報業並無「危機」，至於亞洲如日本、南韓或台灣，由於欠缺財政資料，僅知報份與廣告是有下跌，但無法確認其利潤率正負與高低。

惟相同的是，在這些工業發展已有時日的國家，網際網路既

然持續擴大滲透與普及，則原先已經存在的（代議）民主危機，並未減緩。特別是，假使以新聞作爲社會監督、揚善舉惡及娛樂與教育的需要，正是民主所依賴，那麼，由於報業投資的減少，並未因爲網路投資的增加而獲得彌補（在數位廣告量舉世最發達，即將占有所有廣告一半以上的英國，2013 年的新聞編採投資，網路僅占 11% 左右），致使新聞編採人力減少，並且勞動條件變得更不理想，那麼，民主在這個年代所能得到的民主新聞／傳媒之服務，質量是在減弱的，娛樂則有「致死」的衝動，教育尤爲不彰。

　　不過，並非所有人都有此認識，或說，當前體制具有內在的藏匿機制，不讓這個看法得到更多的曝光與週知機會，甚至，它已催生衛隊，輕則對此局面視若無睹，不以爲意，重則另提論述與主張，否認前述現象，反駁據此現象而提出的導正看法。這就構成政府作爲公權力的行使者，是否應該介入報業，或者，更正確地說，在數位技術普及下，影音圖文各色內容已經能夠更爲輕易地變身，四處出現，從手機到電腦螢幕，再至傳統居家與戲院螢幕，公權力是否應該，以及是否可以研擬不同作爲，善事運用網際網路等新技術條件，使其作爲厚實民主的用途，而不僅徒然放縱其作爲資本增殖的管道。

　　針對公權力是不是應該介入網際網路所協助捲動的民主與傳媒議題，本文整理了兩類看法，亦即「國家應該袖手」，與「政府必須進場」的對立。若是袖手，則無須另言。若說要進場，那麼傳統以「廣告」作爲大眾傳播的財源，是有弊端，但至今出現哪些改良辦法，這些途徑的成效如何評估，而未來的傳媒財政又當如何分析與釐定，就得持續關注與商議（馮建三 2015a）。不取或減少對廣告的依賴，而由傳媒使用人，直接支付，在報紙表

現為付費牆（pay-wall）這個機制，在廣播電視除公務預算與執
照費之外，法國、西班牙、德國與芬蘭等國家近年來所實施的新
財政，應該值得認識後研判優劣（馮建三 2015b）。

最後，政府若說服民眾而介入傳媒財政，究竟不從商業廣告
取得之財政規模要有多大，才稱合適。這個財政總量是要委由
傳統的 PSB/M 使用，或是值得另創標準，開放部分及多大的部
分，也讓從個人到傳統 PSB/M 以外的組織或機構，也能運用。
最後，若取後者，則 PSB/M 與這些公共財政的新使用者（傳
媒），關係理當如何釐定。這些課題無不亟待認真思考與歸納經
驗。

參考文獻

方孝謙。2009。〈網路平台對北投社區之可能影響研究： 資訊科技、
　　公民團體與民主關係的初步分析〉，《新聞學研究》100 期，頁
　　57-100。
吉密歐。2011。〈中國報紙發行量全球居首〉，1 月 7 日，http://www.
　　ftchinese.com/story/001036382?full=y。
李雪昆。2011。〈去年我國報紙廣告收入達 381.5 億元〉，《中國新聞出
　　版報》，3 月 30 日。
那福忠。2014。〈全球報業的營運版圖〉，9 月 4 日，http://www.feja.org.
　　tw/modules/news007/article.php?storyid=1541
林麗雲。2013 編。《資料新聞學開講》，優質新聞發產協會出版。
林照真。2014a。〈聚合對傳統報紙轉型的衝擊：《紐約時報》與《衛報》
　　的比較研究〉，《新聞學研究》120 期，頁 1-45。
──。2014b。〈資料新聞學興起：後印刷時代應用電腦軟體說故事的新
　　聞挑戰〉，《傳播研究與實踐》4 卷 2 期，頁 93-115。
林宇玲。2015。〈從組織運作探討台灣制度化公民新聞的發展：以四家
　　台灣新聞組織為例〉，《新聞學研究》123 期，頁 91-143。
胡元輝。2012。〈新聞作為一種對話──台灣發展非營利性「協作新聞」
　　之經驗與挑戰〉，《新聞學研究》112 期，頁 31-76。
胡元輝。2014。〈更審議的公民，更開放的公共──公共新聞與公民新

聞相互關係的思考〉，《新聞學研究》119 期，81-120。

陳順孝。2007。《打造公民媒體：輔大「生命力」新聞團隊的行動研究》，輔仁大學出版社。

陳鳳英、林瑩秋、尤子彥。2008。〈蔡衍明：我不要看到一報獨大！〉，《商業周刊》1094 期，11 月 10 日，頁 54-58。

馮建三。2011。〈公共廣播電視的錢、人與問責：多重模式，兼論中國媒體改革〉，收於《媒體公共性與市場》，馮建三，2012，頁 103-135，台北：巨流。

——。2012。〈倫敦竊聽風暴的前世、今生與未來〉，《讀書》，頁 63-74。

—— 2015a。〈公共政策與（新）媒介財政〉，《傳播、文化與政治》，6 月，第一期。(出版中)

—— 2015b。〈公共政策、廣告與傳媒財政改革，《南華社會科學論叢》，6 月，第一期。(出版中)

賴子歆。2015。〈簡析《衛報》信託所有權之治理模式〉，《傳播、文化與政治》，6 月，第一期。(出版中)

劉昌德。2008。〈大媒體，小記者：報禁解除後的新聞媒體勞動條件與工作者組織〉，《新聞學研究》95 期：239-268。

戴瑜慧、郭盈靖。2012。〈資訊社會與弱勢群體的文化公民權：以台灣遊民另類媒體的崛起為例〉，《新聞學研究》113 期，頁 123-66。

顏伯勤。1987。《二十五年來台灣廣告量研究》，中央日報編印。

Baines, David. 2013. 'United Kingdom: Subsidies and Democratic Deficits in Local News', in Murschetz (2013), pp.337-355.

BBC. 2014. The provision and consumption of online news – current and future. December, http://downloads.bbc.co.uk/aboutthebbc/insidethebbc/howwework/reports/pdf/mediatique_online_news_report_dec_2014.pdf

Bell, Emily. 2013. 'US journalism makes break with market forces', November 1, *Guardian.* http://www.theguardian.com/media/media-blog/2013/nov/01/us-journalism-market-forces

Benkler, Yochai. 2011. 'Giving the Networked Public Sphere Time to Develop', in McChesney and Pickard (2011, eds.), pp.225-237

Benson, Rodney. 2011. 'Public funding and journalistic independence: what does research tell us', in McChesney and Pickard (2011,eds.), pp.314-349.

Benson, Rodney, Blach-Ørsten, Mark, Powers, Matthew, Willig, and Ida Zambrano. 2012. 'Media Systems Online and Off: Comparing the

Form of News in the United States, Denmark, and France.', *Journal of Communication*, 62(1: 21-38).

Bollinger, Lee C. 1986. *The Tolerant Society*, Oxford University Press.

—— 2010. *Uninhibited, Robust, and Wide-Open: A Free Press for a New Century*, Oxford University.

Carlson, Scott. 2014. 'Mapping a New Economy -The geographer David Harvey says fixing inequality will take more than tinkering', May 12, http://chronicle.com/article/Mapping-a-New-Economy/146433?cid=megamenu

Chyi, H., Lewis, S., & Zheng, N. 2012. 'A matter of life and death? Examining how newspapers covered the newspaper "Crisis"'. *Journalism Practice*, 13(3), 305-325.

Clark, Jessica and Tracy Van Slyke. 2010. *Beyond the Echo Chamber: re-shaping progressive politics through Networked media*, New York: the New Press.

—— 2011. 'How journalists must operate in new networked media environment', in McChesney and Pickard (2011,eds.), pp.238-248.

Coddington, Mark. 2012. 'Defending a Paradigm by Patrolling a Boundary: two global Newspapers' approach to WikiLeaks', *Journalism & Mass Communication Quarterly*, 89(3: 377–396).

Cooper, M. 2011. 'The future of journalism: addressing pervasive market failure withpublic policy', pp. 320-339, in R. McChesney, & V. Pickard (2011 eds.).

Cowan, Geoffrey and David Westphal.2010.Public Policy and Funding the News, January, http://fundingthenews.usc.edu/docs/Funding%20the%20News_report-optimized.pdf

Cowen, Tyler 2000/ 嚴忠志譯 2005。《商業文化禮贊》，北京：商務印書館。

—— 2002/ 王志毅譯 2007。《創造性破壞：全球化與文化多樣性》，北京：世紀文景。

Curran, James. 2010. The future of journalism. *Journalism Studies*, 11(4: 464–476).

—— 2011. 'Questioning a new orthodoxy', in *Media and Democracy*, pp.28-46, Routledge.

Deans, Jason. 2014. 'BBC news chief: problems facing local newspapers 'not our fault'', Janurary 14, *Guardian*. http://www.theguardian.com/media/2014/jan/14/bbc-news-local-newspapers-james-harding-speech

Downie, Leonard Jr. and Michael Schudson. 2009. *The Reconstruction of*

American Journalism: a report, October 20, 該報告由胡元輝、羅世宏譯，收錄於羅世宏、胡元輝（2010 編）頁 118-176。

Edge, Marc. 2012. Not dead yet: Newspaper company annual reports show chains still profitable, a paper for presentation to the Association for Education in Journalism and Mass Communication Annual Convention, Chicago, August 9-12. http://marcedge.com/Notdeadyet.pdf

Ewertsson, Lena. 2002. *The Triumph of Technology over Politics? Reconstructing Television Systems: the Example of Sweden*, Department of Technology and Social Change, Linköping universitet, Sweden.

Freiberg, J. W. 1981. *The French press: class, state, and ideology*, New York: Praeger.

Gentzkow, Matthew. 2007. 'Valuing new goods in a model with complementarity: Online newspapers', *American Economic Review*, June, 97(3:713-744).

—— 2014. 'Trading dollars for dollars: The price of attention online and offline', *American Economic Review*, Papers and Proceedings, January.

Gentzkow, Matthew and Jesse Shapiro. 2008. 'Competition and Truth in the Market for News', *Journal of Economic Perspectives*, spring, 22(2: 133–154).

—— 2010a. 'What drives media slant? Evidence from U.S. daily newspapers', *Econometrica*, January, 78(1: 35-71)

—— 2010b. 'Media bias and reputation', *Journal of Political Economy*, April, 114(2: 280-316).

Grueskin, Bill, Ava Seave, and Lucas Graves. 2011. *The Story So Far: What We Know About the Business of Digital Journalism*, May, a report from the Columbia University Graduate School of Journalism, http://cjrarchive.org/img/posts/report/The_Story_So_Far.pdf

Habermas, Jurege. 1962/Thomas Burger 英譯 1989/ 曹衛東、王曉珏、劉北成、宋偉傑中譯。《公共領域的結構轉型》，上海：學林。（2004 年臺北市聯經公司繁體版）

Habermas, Jurgen (2007) 'Keine Demokratie kann sich das leistenSüddeutsche,' Süddeutsche Zeitung, May16, 英譯為 'How to save the quality press?' 刊登於 http://www.signandsight.com/features/1349.html (May 21), 後以 'Media, markets, and consumers: the quality press as the backbone of the political public sphere.' 收於 *Europe : the faltering project*, translated by Ciaran Cronin, Polity.

Hagey, Keach. 2013. 'Thomson Reuters to Cut 2,500 Jobs', February 13, http://www.wsj.com/articles/SB10001424127887324616604578301770726249226

Hallin, Daniel C. and PaoloMancini. 2004/ 展江、陳娟譯 2012。《比較媒介體制：媒介與政治的三種模式》，北京：人民大學出版社。

Hooke, Paolo. 2012. 'Why newspaper markets are growing in China and India, while they decline in the US and UK', 2014.5.4 讀取自 http://ejournalist.com.au/v12n1/Hooke.pdf

Hülsen, Isabell 2011. 'Journalistic success, economic failure: can free web content save the Guardian?', September 30, *Der Spiegel*, http://www.spiegel.de/international/business/0,1518,789108,00.html（上網日期：2011.10.6）

Jamieson, Kathleen Hall and Joseph N. Cappella. 2008. *Echo Chamber: Rush Limbaugh and the Conservative Media Establishment*, Oxford University Press.

Jenkins, Blair. 2012. *Better Journalism in the Digital Age*, Dunfermline: the Carnegie UK Trust.

Jones, Alex, S. 2009. *Losing the News: the future of the news that feeds democracy*, Oxford University Press.

John, Richard R. 1995. *Spreading the News: The American Postal System from Franklin to Morse*, Harvard University Press.

Kluth, Andreas. 2006. *A survey of new media: among the audience*, a *Economist* special survey, April 22.

Knight Foundation. 2013. *Finding a Foothold: how nonprofit news ventures seek sustainability*, October, http://knightfoundation.org/features/nonprofitnews/

Kuttner, Robert.2007,'The race', *Columbia Journalism Review*, March/April. http://www.cjr.org/cover_story/the_race.php

Kolo, Castulus and Stephan Weichert (2013) 'Germany: evaluating alternatives to finance quality journalism', in Murschetz (2013), pp.215-235.

Lardeau, Matthieu and Patrick Le Floch.2013. 'France: Press Subsidies --Inefficient but Enduring', in Murschetz (2013), pp.195-214.

Lloyd, John. 2014. 'Full monty journalism - Assange, Greenwald and Snowden', August 13, https://www.opendemocracy.net/john-lloyd/full-monty-journalism-assange-greenwald-and-snowden

Marx, Karl. 1868/ 吳家駟譯 1990。《資本論》（第一卷），台北：時報出版公司。

McCarthy, Tom. 2014. 'First Look Media to launch with Snowden-themed online magazine', February 6, *Guardian*. http://www.theguardian.com/media/2014/feb/06/first-look-media-online-magazine-snowden

Mallet, Victor. 2013. 'India's newspapers shrug off industry woes', *Financial Times*, August 13, http://www.ft.com/intl/cms/s/0/436ce7f4-027d-11e3-880d-00144feab7de.html#axzz2bv29XNJy

McChesney, Robert W. 2013. *Digital Disconnect: how capitalism is turning the internet against democracy*, The New Press.

McChesney, Robert W. 2014. 'Sharp left turn for the media reform movement: towards a post-capitalist democracy', *Monthly Review*, February, pp.1-14.

McChesney, Robert W. and John Nichols. 2010. *The Death and Life of American journalism: the media revolution that will begin the world again*, Philadelphia: Nation Books.

—— 2011. 'Down the news hole', in McChesney and Pickard (2011,eds.), pp.103-112.

McChesney, Robert and Victor Pickard. 2011, eds. *Will the Last Reporter Please Turn Out the Lights: the Collapse of Journalism and What Can Be Done To Fix It*, New York: The New Press.

Mcgann, Laura. 2011. 'The rise of the right: conservatives are wading into investigative reporting. Can their journalism survive their politics', in McChesney and Pickard (2011,eds.), pp.257-263.

Mosco, Vincent. 1996/ 馮建三、程宗明譯 1998。《傳播政治經濟學》，台北：五南。

Mullainathan, Sendhil, and Andrei Shleifer.2005.'The Market for News', *American Economic Review*, 95(4: 1031-1053).

Müller, Martin U. 2013. 'Crisis or Strategy Shift? Cuts Planned at German Tabloid Bild', May 15 http://www.spiegel.de/international/germany/axel-springer-said-to-be-planning-major-cuts-at-largest-german-newspaper-a-899742.html

Murschetz, Paul. 2013, ed. *State Aid for Newspapers: theories, cases, actions*, Springer.

Napoli, Philip M. 2001/ 邊道明、陳心懿譯 2005。《傳播政策基本原理：電子媒體管制的原則與過程》，台北：揚智。

Nel, François. 2010. *Laid Off What do UK journalists do next?*, https://www.journalism.co.uk/uploads/laidoffreport.pdf

Nichols, John.2011.'Simply a piece of stupid despotism: how socialists saved the

First Amendment', in McChesney and Pickard (2011, eds.), pp.162-173.

Nolan, David & Tim Marjoribanks. 2011. '"Public editors" and media governance at the Guardian and the New York Times', *Journalism Practice*, 5(1:3-17).

OECD 2010. *News in the Internet Age: New Trends in News Publishing*, June http://dx.doi.org/10.1787/9789264088702-en

Pasley, Jeffrey L. 2001. *The Tyranny of Printers: newspaper politics in the early American Republic*, University Press of Virginia.

Petley, Julian.2014. 'The State journalism is in: Edward Snowden and the British press', *Ethical Space* (*The International Journal of Communication Ethics*) 11(1/2), http://journals.communicationethics.net/free_article. php?id=00057

Picard, Robert. 1985. *The Press and the Decline of Democracy: the democratic socialist response in public policy*, Greenwood Press.

Pickard, Victor. 2010.'"Whether the Giants Should Be Slain or Persuaded to Be Good": revisiting the Hutchins Commission and the Role of Media in a Democratic Society', *Critical Studies in Media Communication*, 27(4: 391-411).

——— 2011a. 'The battle over the FCC Blue Book: determining the role of broadcast media in a democratic society, 1945–8', *Media, Culture & Society* 33(2: 171–191).

——— 2011b. 'Revisiting the road not taken: a social democratic vision of the press', in McChesney and Pickard (2011, eds.), pp.174-84.

Pickard, Victor, Josh Stearns and Craig Aaron. 2009. *Saving the News: toward a National Journalism Strategy*, May, http://www.freepress.net/sites/default/files/fp-legacy/saving_the_news.pdf

Pilkington, Edward. 2013. 'Pierre Omidyar plunges first $50m into media venture with Glenn Greenwald', December 19, *Guardian*. http://www.theguardian.com/media/2013/dec/19/pierre-omidyar-first-50m-media-venture-glenn-greenwald

Piketty, Thomas. 2014. *Capital in the Twenty-First Century*, translated by Arthur Goldhammer, Harvard University Press.

Ponsford, Dominic. 2014a. 'Labour Force Survey suggests surge of 12,000 in number of UK journalists since 2009', January 14, http://www.pressgazette.co.uk/content/labour-force-survey-suggests-surge-12000-number-uk-journalists-2009

Ponsford, Dominic. 2014b. "178 years on, Newspaper Society drops the word 'newspaper' from its title in merger with NPA", http://www.pressgazette.co.uk/178-years-after-launch-newspaper-society-drops-word-newspaper-its-title-merge-npa

Scheuer, Jeffrey. 1999. *The Sound Bite Society : television and the American Mind*, NY: Four Walls Eight Windows.

Schiller, Dan 1996/ 馮建三、羅世宏譯 2010。《傳播理論史：回歸勞動》，台北：五南出版公司。

Schnibben, Cordt. 2013. 'Extra, Extra! Newspaper Crisis Hits Germany', August 13, http://www.spiegel.de/international/germany/circulation-declines-hit-german-papers-a-decade-after-america-a-915574.html

Schultz, Stefan ,Vanessa Steinmetz and Christian Teevs. 2013. 'Sell-Off: Newspaper Giant Turns Back on Journalism', July 26, http://www.spiegel.de/international/business/axel-springer-sells-off-clutch-of-newspapers-and-magazines-a-913296.html

Standage, Tom. 2011. 'The News Industry: bulletins from the future', *Economist* July 9th special report.

Starkman, Dean. 2013. 'Major papers' longform meltdown', January 17, http://www.cjr.org/the_audit/major_papers_longform_meltdown.php

Starr, Paul. 2011. 'Goodbye to the age of newspapers (hello to a new era of corruption): why American politics & society are to be changed for the worse', in McChesney and Pickard (2011, eds.), pp.18-37.

Welch, Matt.2011.'When losers write history', in McChesney and Pickard (2011, eds.), pp.214-222.

Wood, Jaoni. 2010. 'The poor: the unintended victims of tax hikes', March 4, http://americanmajority.org/tag/charities-aid-foundation/

〈33 家報紙聲請破產〉《聯合報》，2009/2/25，AA2 版。

〈英媒體倒 60 家 地方記者上街頭〉《中國時報》，2009/3/28，A2。

〈新聞倫理與機器人記者〉《人間福報》，2015/3/25，A2。

〈論壇公司 擬聲請破產：擁有洛杉磯時報等八大日報〉《經濟日報》，2008/12/9，A9。

〈論壇公司聲請破產 地產大亨辦報變挖墳人〉《聯合報》，2008/12/10，AA1。

〈機器寫財報新聞 每秒 2 千則〉《人間福報》，2015/2/2，A4。

〈虧損千億 英獨立電視台大裁員〉《中國時報》，2009/3/5，A2。

'A biased market: skewed news reporting is taken as a sign of a dysfunction media. In fact, it may be a sign of healthy competition', *Economist*, 2008.11.1: 78.

'And now for something completely different: Cuts at the BBC', *Economist*, 2011.7.4: 68-69.

'Charity and taxation, Sweetened charity', *Economist*, 2012.6.9: 27-29.

'Confidence in Institutions'. 2015. April 15, ttp://www.gallup.com/poll/1597/confidence-institutions.aspx

'East Africa's news business', *Economist*, 2013.1.19: 61.

'Indian newspapers: let 1,000 titles bloom', *Economist*, 2007.2.17: 67.

'Media, Not all bad news: newspapers are thriving in many developing countries', *Economist*, 2008.7.26: 70.

'Newspapers: the strange survival of ink', *Economist*, 2010.6.12: 69-70.

'Philanthro-journalism: reporters without orders', *Economist*, 2012.6.9: 59-60

'Press freedom: Prometheus unbound, a bit', *Economist*, 2004.12.16: 67-69.

'Revenue Statistics - Comparative tables', https://stats.oecd.org/Index.aspx?DataSetCode=REV

'Street of shame: Britain's phone-hacking scandal', *Economist*, 2011.7.9: 12.

'The End of Financial Times Deutschland: Germany Hit by Wave of Newspaper Bankruptcies'

2012.11.23, http://www.spiegel.de/international/business/media-woes-hit-germany-as-financial-times-deutschland-goes-under-a-869001.html

'The magazine industry: non-news is good news, the threat of the internet has forced magazines to get smarter', *Economist*, 2012.6.9: 66.

'The late edition: A young economist wins a prize for his work on the economics of news and opinion', *Economist*, 2014.4.26: 63.

'The Neo-marxist who is helping to influence Obama's media policy', June 11, 2011 http://dailycaller.com/2010/06/11/the-neomarxist-who-is-helping-to-influence-obamas-media-policy/

'The news business: tossed by a gale', *Economist*, 2009.5.16: 74-6.

'The Omidyar way of giving', *Economist*, 2013.10.26: 70.

'UK first country where digital media makes up half of ad spend', March 30, 2015, http://www.digitalstrategyconsulting.com/intelligence/2015/03/uk_first_country_where_digital_media_makes_up_half_of_ad_spend.php

附錄　台灣、南韓、日本、英國、德國與美國報業資料彙編 15 表格

表 A1　台灣每百戶報紙份數、昨日閱報率與報紙廣告收入，1977-2013

	每百戶報紙份數 *1	昨日閱報率 (%)*2	廣告收入（億台幣）*3	新聞記者	攝影記者	合計
1977	50.9	尚未調查	19.415	NA		
1982	62.9		51.064			
1986	75.5**		75.817			
1990	69.5	75.6(1991)	197.504			
1996	56.45	71.2	405.627*4			
2000	46.9	59.0	187.455*4			
2004	35.4	49.0	180.973	2990	1050	4040
2006	29.5	45.8	147.714	2251	861	3112
2007	27.9	45.1	136.680	NA		
2008	24.5	43.9	110.789	1718	731	2449
2013	18.0	35.4	86.791	2036	428	2426
廣告收入增減 %	1990-2000	2007-2013	2000-2013			
	-5.09	-36.51	-53.7			

** 歷年最高

資料來源：

*1 行政院主計處「家庭收支調查報告」，轉引自蕭旭智，2014: 230，以及台灣廣告公司，台灣市場指標 1992 年版，台灣廣告公司印行，頁 133, 147。
*2 Nielsen 媒體大調查。*3 廣告收入，台北市廣告同業公會統計，轉引自中華民國廣告年鑑編委會，1996: 37, 39, 43; 2008: 208; 2014: 77, 79；顏伯勤 (1987: 17, 55, 186)。*4 但若依潤利公司統計，是 207.193 與 303.912 億，引自台灣市場指標 2001 年版，頁 83。勞動部網站 https://pswst.mol.gov.tw/psdn/Default.aspx，劉昌德 (2008)。

表 A2　南韓報紙廣告收入與人力，1990~2013

廣告收入 （兆韓圓）	1990	2000	2007	2013	減少 %	
					2007-2013	2000-2013
	0.8526	2.1214	1.7801	1.6569	- 6.92	-21.9
日報員工 人數 *1	全國		5008	5232	4.49	2007-13 全 國與地區日 報員工減少 9.24
	地區		7432	6058	-18.49	
2009 年日報員工總數			編採 人數	編採比例占總人數 %		
全國			4770	2570	53.9	
地區			7677	4143	54.0	
前 10 大日報發行量（萬）*2			2012	2013	十大報發行減少 %	
			501.169	473.751	-5.31	

*1 不含財經／體育／特殊／外語／免費等五種報紙；

*2 南韓文化部 2009 年 9 月宣布，僅在接受 ABC 稽核的報紙與雜誌刊登廣告（2008 韓國政府的報紙與雜誌廣告額是 1217 億韓圓），擔至 2012 年才有各報稽核數字。

資料來源：Korea Press 2002: 142; 2010: 9, 36, 38, 58; 2013: 45; 2014: 25, 28, 43.

表 A3　日本報紙 *1 發行量、廣告收入與人力，2000~2014

	1993	2000	2007	2014	增減 % 2007-2014	增減 % 2000-2014
普查						
發行量 (萬)		5371	5202	4536	-12.80	-15.55
每戶訂報數	1.22	1.13	1.01	0.86	-14.85	-23.90
廣告收入 (億日圓)		12474	9462	6057	-35.99	-51.44
發行人力 (萬)#		46.4827*2	42.4478	34.4513	-18.84	25.89
非普查 (合作並接受調查報紙 71 至 98 家，各年不同)						
總收入		2.3576 *3	2.2490	1.8990*4	-15.56	-19.46
廣告占報紙收入 (%)		32.3 *3	29.6	23.0*4	-22.30	-28.80
編採人數 (萬)		2.3409*2	2.3441	2.1941*4	-7.86	-7.75
編採人力占報業員工 (%)		42.9*2	48.8	51.1	4.71	19.11

*1 含綜合與體育報紙日及晚報；*2 2001 年；*3 2003 年；*4 2013 年
不列入報業員工總數。
資料來源：整理自 http://www.pressnet.or.jp/english/data/media/ ，以及伊良富
(2005)《日本報業集團研究》，廣州：南方日報，頁 371。

表 A4　英國「獨立電視台」* 營收與營業利潤，2010~2014

億英鎊	2010	2011	2012	2013	2014*1
營收	20.6	21.0	21.9	27.0	12.0
營業利潤	3.21	3.27	3.48	4.35*2	2.50*3

* Independent TV
說明：1.「獨立電視台」名稱實有誤導，1955 年開業，以廣告做為收入的無
線電視台。英國有三家無線台、五個主頻道。其中，公共產權的是 BBC 與
「第四頻道」（Channel 4），前者有 2 個主頻，後者 1 個。ITV 與 Channel 5
各有 1 主頻。*1 前六個月；*2 另一算法是 5.81 億，因利潤增加 30%，但加
薪僅 2%，低於通膨的 2.4%，ITV 員工在 2014 年 12 月威脅要罷工；*3 但
預算刪減額比原定 500 萬增為 1500 萬英鎊
資料來源：http://www.theguardian.com/media/2011/mar/02/itv-profits-rise-advertising-revenue
http://www.theguardian.com/media/2012/feb/29/itv-profits-crozier-production
http://www.theguardian.com/media/2013/feb/27/itv-profits-rise
http://www.theguardian.com/media/2014/feb/26/itv-profits-channel-5-bid
http://www.theguardian.com/media/2014/jul/30/itv-profits-rise-brazil-world-cup?
http://www.theguardian.com/media/2014/dec/04/itv-staff-strike-pay-rise?

表 A5　英國「新聞集團」＊報紙營收與營業利潤，2008~2014＊0

億英鎊		2009	2010	2011	2012	2013	2014
營收	泰晤士報 *1	NA				7.302	7.162
	太陽報 *2	6.39	6.54	NA		5.147	4.89
利潤	泰晤士報	-0.877	-0.451	-0.116	NA		0.017*3
	太陽報	0.403	0.886	NA		0.621	0.356*4

*News Corporation

說明：「新聞集團」的創辦人是梅鐸（Rupert Murdoch），總部在美國，在英國及愛爾蘭擁有《泰晤士報》、《週日泰晤士報》、《太陽報》與《世界新聞週報》（*News of the World*），後者在 2011 年 7 月因「竊聽風暴」後，梅鐸另在 2012 年 2 月創《週日太陽報》（*The Sun on Sunday*）（與「三一鏡報」集團在英格蘭東北發行，創辦於 1919 年的 *Sunday Sun* 不同）

*0 至該年 6 月底前一年；*1 含《週日泰晤士報》；*2 含《世界新聞週報》或《週日太陽報》；*3 2001 年以來首次獲利；*4 若計入集團因竊聽案法律與賠償支出 1 億英鎊，則虧損。

相關新聞在 2011 年說，「老故事仍然相同：獲利豐厚的《太陽報》供應虧損的《泰晤士報》。」

2012 年的報導則說，「《泰晤士報》的虧損當然又由獲利豐厚、但沒人知道金額的《太陽報》沖銷。」其餘年份未能找到詳細資料，但《經濟學人》指《泰晤士報》與《週日泰晤士報》從 2001（含）年起開始虧損（*Economist* 2011.7.16: 21-22）該刊又說，「新聞集團」將旗下報紙的盈虧數字分別列舉的最後一年是 2010 年。（*Economist*, 2012.3.3, 'News Corporation's travails, Rising Sun, setting son'）

資料來源：

http://www.theguardian.com/media/greenslade/2011/jan/15/newsinternational-rupert-murdoch

http://www.theguardian.com/media/2010/mar/23/news-international-times-sun

http://www.theguardian.com/media/2012/jul/01/truth-behind-murdoch-economics

http://www.theguardian.com/media/greenslade/2014/dec/17/news-corp-uk-suffers-35m-loss-after-51m-profit-the-year-before

表 A6　英國「三一鏡報」集團 * 營收與營業利潤，2008~2014

億英鎊	2008	2009	2010	2011	2012	2013*1	2014*2
營收	8.711	7.633	7.615	7.460	7.065	6.638	6.363
利潤	1.242	0.727	1.086*3 1.233	0.740*3 0.919 1.045	0.189 0.987	1.013	1.023

*Trinity Mirror

說明：*1 2013 年鏡報集團有 4758 員工。*2 2014 年收入減少 4%，且提撥 1200 萬英鎊作爲竊聽案可能連帶引發的支出，但利潤仍增加 0.1%。*3 報導數字不同，均列。

資料來源：

https://www.journalism.co.uk/news/gmg-regionals-purchase-helps-trinity-mirror-to-2010-profit-boost/s2/a543067/

http://www.mediaweek.co.uk/article/1284957/trinity-mirrors-pre-tax-profits-rise-26-digital-focus-takes-hold

http://www.theguardian.com/media/2013/mar/14/trinity-mirror-75-fall-pretax-profits

http://www.theguardian.com/media/2012/mar/15/trinity-mirror-profit-falls-40-percent

http://www.mediaweek.co.uk/article/988074/trinity-mirror-profits-slump-41-satisfactory-performance-forecast-2010

http://www.theguardian.com/media/2014/jul/28/trinity-mirror-phone-hacking-claims

http://www.pressgazette.co.uk/cost-cuts-help-trinity-mirror-increase-profit-£1023m-despite-£12m-hacking-costs-and-falling-revenue

表 A7　英國「每日郵報信託」* 報紙營收與利潤，2008~2013

億英鎊	2008	2009	2010	2011	2012	2013
營收	9.83	8.76	8.83	8.62	8.48	7.93
營業利潤	0.73	0.62	0.89	0.76	0.78	0.80

* Daily Mail & General Trust

資料來源：

Daily Mail and General Trust Plc Annual Report, 2009: 22, 2010: 14, 24, 2011: 32, 2013: 20.

http://resource.ancreative.co.uk/4miah27v8ow 0gw08cgkc0s4s404s0k40/100-31110

http://resource.ancreative.co.uk/19wttchsjp 9co4g4osg8c4wo8wsc44k0/100-668

http://resource.ancreative.co.uk/68b1kl6j wwowsog8go8ocgcc8ggos8o4/100-632

http://resource.ancreative.co.uk/346e9md9vq 04wwk0kkk8kswk0gk4g0oc/100-644

http://www.theguardian.com/media/2014/jul/31/local-world-profits-david-montgomery

表 A8　英國「快報報團」*(含 Channel 5) 營收與營業利潤，2006~2013

億英鎊	2006	2007	2008/2009	2010	2011	2012	2013
營收	2.75	2.85	資料未找到	5.248*1	6.888	NA	
營業利潤	0.089	0.05485		0.303*2	0.402	-0.221*3	0.715*4

* Express

說明：集團業主是 Richard Desmond，他在 2014 年 10 月宣布 2013 年利潤創新高，但同時宣布旗下三報編採記者要從 650 人裁減至 450 人，集團在 2014 年稍早以 4.633 億英鎊將 Channel 5 賣給美商 Viacom。集團的五個經理人在 2013 年薪資收入是 196 萬英鎊。集團員工 1190 人（2012 年是 1242 人）的薪資總額是 7870 萬英鎊。

*1 另一數字是 4.926 億英鎊，*2 另一數字是 0.525 億英鎊，*3 其中報紙虧 560 萬，電視虧 1160 萬，*4 其中報紙賺 3770 萬，電視營收₤3.597 億，賺 3380 萬。

資料來源：

http://mediatel.co.uk/newsline/2008/06/04/express-newspapers-reports-pre-tax-profits-of-55m/

http://www.theguardian.com/media/2011/jun/13/desmond-northern-shell-triple-pre-tax-profits

http://www.pressgazette.co.uk/200-job-losses-express-newspapers-come-parent-company-sees-profit-boosted- ₤37m

表 A9　英國《衛報》集團財務及其他資料，1998~2013

至該年三月底前一年	新聞業務			所有業務		EBITA**	現金與投資基金	債務	淨資產
	營收	數位營收	虧損	營收	盈(虧)				
				萬英鎊					
1998	NA			39082	4292	5304	12839	732	18499
1999	NA			41100	6820	5010	13670	700	23530
2000	NA			43900	7350	4740	18350	770	28500
2001	NA			43990	6730	3040	20090	840	32760
2002	NA			*33550	850	-1690	17150	720	33280
2003	NA	數位收入增39%	750	*35560	3700	130	16810	710	35670
2004	22750	NA	620	*51780	4360	6010	8520	46230	38960
2005	23380	NA	1860	*70500	5370	12720	6730	41220	42490
2006	23740	NA	1930	70030	6640	11640	7540	39440	46730
2007	24570	數位收入增加49%	1590	71610	9770	10520	3530	15170	53330
2008	26190	數位收入增加49%	2640*1	*38160	30640	5280	57750	6590	83630
2009	25360	NA	3680	*31090	(9670)	3580	26770	7960	75390
2010	22100	NA	3440*2	*28000	(17100)	3770	26080	7250	58590
2011	19630	3740	3300	*20800	900	4960	19740	6490	59200
2012	19440	4340	4420	*20630	(7560)	4590	22580	5870	51190
2013	19630	5590	3090	20080	2270	5590	25370	NA	55190

* 不同年度報告卻另有數字，依序是 45640、52600、63480、85190、50520、54340、47620、46610、46670。

**「營業、利息及攤銷費用前的淨利收入」(earnings before the deduction of interest, tax and amortization expenses)

*1 但 GMG Regional Media 營業額 2008 年是 1.205 億英鎊，利潤 1430 萬 (2007 是 1.222 億與 1940 萬；2006 是 1.268 億與 2160 萬；2005 數字不詳；2004 是 1.272 億與 3000 萬。

*2 2009-2010 衛報裁員 299 人，省了 2600 萬英鎊。以前賺錢的 GMG Regional Media 在 2009-2010 也虧錢了。

資料來源：

Guardian Media Group Annual Report, GMG, 1999: 13; 2003: 1; 2004: 1, 2005: 1, 8, 9; 2006: 1; 2007: 6-7, 10; 2008: 11-12; 2009: 10; 2012: 2; 2013: 4.

http://image.guardian.co.uk/sys-files/Guardian/documents/2010/07/14/Sustainability_report_2010_Strategy.pdf

表 A10　英國《每日電訊報》、《金融時報》營收與營業利潤，2008~2013

每日電訊報（Daily Telegraph）			金融時報（Financial Times）		
營收	營業利潤	2013年初併日／週報為中央廚房，砍80編採工作，增50數位工作。 4月起採付費牆，但仍可一個月免費看20篇，基本費一個月£1.99。（FT在2007給予一個月30篇免費，後來減至7篇與3篇） 11月，數位專才Jason Seiken全職工作，不久後取代日報主編Tony Gallagher。網路流量是日均298萬，2014年3月是355萬，衛報是567萬。	營收	營業利潤	2006年數位收入占14%，廣告占67%，2010年增減至40%與45%（FT.com用戶超過3百萬，付費用戶是20.7萬）。 2011年數位訂戶26.7萬，增29%，占所有訂戶44%，加上紙本，總訂戶60萬。 2013年，訂戶65.2萬，紙本23.4萬，數位41.5萬，包括26萬企業用戶，數位訂戶62%以手機讀，佔總流量45%。 2014.6，數位訂戶45.5萬，紙本22.0532萬。
萬英鎊			萬英鎊		
2013	32520	5700	44900	5500	
2012	33098	5720	44300	4900	
2011	33100	5570	42700	7600	
2010	32380	5890	40300	6000	
2009	31714	5310	39941	3896	
2008	31700	-1570	再結構成本4710萬	NA	NA

資料來源：

http://www.pressgazette.co.uk/telegraph-cements-place-only-profitable-mainstream-quality-daily-%C2%A3584m-surplus-2012

www.pressgazette.co.uk/node/46836

http://www.pressgazette.co.uk/node/46746

www.pressgazette.co.uk/node/45203

http://www.theguardian.com/media/greenslade/2014/jan/10/telegraphmediagroup-mediabusiness

http://www.journalism.co.uk/news/digital-subscribers-boost-financial-times-revenue-and-profit/s2/a548046/

http://www.theguardian.com/media/2011/feb/28/pearson-ft-revenue-rise

http://www.pressgazette.co.uk/ft-boosts-profits-%C2%A355-million-despite-plunging-print-circulation-figures

http://www.pressgazette.co.uk/content/paying-online-news-what-we-have-learned-telegraphs-metered-paywall-one-year

http://www.theguardian.com/media/2014/may/31/telegraph-media-group-pre-tax-profits-flat

表 A11　英國記者與公關人數變動統計，2007~2013

	記者人數 *1		公關人數
	全職	加上兼職	全職
	萬人		
2007	3.0	5.7	3.6
2008	3.9	6.7	2.7
2009	3.4	5.8	3.3
2010	3.6	6.3	3.6
2011	3.9	6.2	3.9
2012	4.0	6.5	3.8
2013	3.7	7.0*2	3.7

說明：原始資料取自英國政府職業統計。*1 指「記者及報紙與期刊編輯」。
*2 全職以外的 3.3 萬人是兼職 5 千、全職自雇 1.7 萬人，兼職自雇 1 萬人。
資料來源：Ponsford 2014a

表 A12　英國全國性與地方性報紙展示與分類廣告統計，2006~2013

	全國報紙			地方報紙			合計
	展示	分類	小計	展示	分類	小計	
	億英鎊						
2006	12.66	3.60	16.26	7.51	16.14	23.65	39.91
2007	13.12	3.32	16.44	7.40	15.95	23.35	39.79
2008	12.95	2.87	15.85	6.72	12.98	19.70	35.55
2009	10.90	2.16	13.06	5.87	8.65	14.52	27.58
2010	11.83	2.04	13.87	5.87	7.72	13.59	27.46
2011	11.15	1.69	12.84	5.58	6.70	12.28	25.12
2012	10.22	1.50	11.72	4.97	5.85	10.82	22.54
2013*	9.76	1.38	11.14	4.57	5.27	9.84	20.98

* 推估。
資料來源：

Taylor, Henry.2013.'7 graphs that show how the UK ad market has changed over the last 7 years', December 4.
http://www.themediabriefing.com/article/7-graphs-advertising-groupm-uk-classifieds-marketing-services-internet

表 A13　德國報紙發行量，1991~2014

年	1991	1999	2001	2003	2005	2007	2009	2010	2011	2012	2013	2014
萬	2730	2410	2370	2260	2170	2080	1995	1940	1880	1840	1750	1680

資料來源：http://www.statista.com/statistics/380784/circulation-daily-newspapers-germany/

表 A14　美國報紙營收及報紙記者人數，1989~2014

	總營收			廣告營收			新營收	編採人力（萬）
	億美元	發行營收	廣告營收	紙版廣告	數位廣告	直銷等廣告		
2014	NA	NA	NA	164	35	NA	NA	NA
2013	375.9	108.7	235.7	173	34.2	28.5	31.5	3.67
2012	386.5	104.5	252	189	34	29	30	3.80
2011	395.9	99.9	269	207	32	30	27	4.06
2010	359.3	100.9	258.4	228	30.4	美國報紙公會尚未製作這兩個項目的營收。數位廣告 2003 起統計。		4.16
2009	376.3	100.7	275.6	248	27.4			4.15
2008	479.0	100.5	378.5	347	31.1			4.67
2007	556.8	103.0	453.8	422	31.7			5.26
2006	598.3	105.5	492.8	466	26.6			5.50
2005	601.9	107.5	494.4	474	20.3			5.36
2004	592.3	109.9	482.4	467	15.4			5.41
2003	573.4	112.2	461.2	449	12.2			5.42
1989	407.4	83.7	323.7	NA				5.69

資料來源：

http://www.journalism.org/files/2015/04/FINAL-STATE-OF-THE-NEWS-MEDIA1.pdf

http://www.journalism.org/2014/03/26/state-of-the-news-media-2014-key-indicators-in-media-and-news/

http://stateofthemedia.org/2013/newspapers-stabilizing-but-still-threatened/newspapers-by-the-numbers/

http://www.naa.org/Trends-and-Numbers/Newspaper-Revenue/Newspaper-Media-Industry-Revenue-Profile-2013.aspx

http://www.naa.org/Trends-and-Numbers/Newspaper-Revenue/Newspaper-Media-Industry-Revenue-Profile-2012.aspx

http://www.naa.org/~/media/NAACorp/Public%20Files/TrendsAndNumbers/
Newspaper-Revenue/Annual-Newspaper-Ad-Revenue.ashx
http://www.naa.org/~/media/NAACorp/Public%20Files/TrendsAndNumbers/
Circulation/Total-Paid-Circulation.ashx

表 A15　美國各種傳媒記者人數，1970~2010

	報章雜誌	廣播電視	線上	總數
	萬人			
1970	3.48	1.4	0	4.88
1980	4.64	3.48	0	8.12
1990	5.87	3.55	0	9.42
2000	6.07	3.37	1.0	10.44
2010	4.42	2.82	0.81	8.05

說明：根據美國普查與「美國新聞人公會」（American Society of News
Editors）資料的計算。
資料來源：Cooper 2011: 374

索引

（條目後的頁碼係原著頁碼，檢索時請查正文頁邊的數碼）